NCS

건강보험
심사평가원

직업기초능력평가

PREFACE

우리나라 기업들은 1960년대 이후 현재까지 비약적인 발전을 이루었다. 이렇게 급속한 성장을 이룰 수 있었던 배경에는 우리나라 국민들의 근면성 및 도전정신이 있었다. 그러나 빠르게 변화하는 세계 경제의 환경에 적응하기 위해서는 근면성과 도전정신 이외에 또 다른 성장 요인이 필요하다.

최근 많은 공사·공단에서는 기존의 직무 관련성에 대한 고려 없이 인·적성, 지식 중심으로 치러지던 필기전형을 탈피하고, 산업현장에서 직무를 수행하기 위해 요구되는 능력을 산업부문별·수준별로 체계화 및 표준화한 NCS를 기반으로 하여 채용공고 단계에서 제시되는 '직무 설명자료'상의 직업기초능력과 직무수행능력을 측정하기 위한 직업기초능력평가, 직무수행능력평가 등을 도입하고 있다.

건강보험심사평가원에서도 업무에 필요한 역량 및 책임감과 적응력 등을 구비한 인재를 선발하기 위하여 고유의 직업기초능력평가를 치르고 있다. 본서는 건강보험심사평가원 신규직원 채용대비를 위한 필독서로 건강보험심사평가원 직업기초능력평가의 출제경향을 철저히 분석하여 응시자들이 보다 쉽게 시험유형을 파악하고 효율적으로 대비할 수 있도록 구성하였다.

신념을 가지고 도전하는 사람은 반드시 그 꿈을 이룰 수 있습니다. 처음에 품은 신념과 열정이 취업 성공의 그 날까지 빛바래지 않도록 서원각이 수험생 여러분을 응원합니다.

STRUCTURE

01 의사소통능력

1 의사소통과 의사소통능력

(1) 의사소통

① 개념 … 사람들 간에 생각이나 감정, 정보, 의견 등을 교환하는 총체적인 행위로, 직장생활에서의 의사소통은 조직과 팀의 효율과 효과성을 실현할 목적으로 이루어지는 구성원 간의 정보와 지식 전달 과정이라고 할 수 있다.

② 기능 … 공동의 목표를 추구해 나가는 집단 내의 기본적 존재 기반이며 성과를 결정하는 핵심 기능이다.

③ 의사소통의 종류
   ⊙ 언어적인 것 : 대화, 전화통화, 토론 등
   ⊙ 문서적인 것 : 메모, 편지, 기획안 등
   ⊙ 비언어적인 것 : 몸짓, 표정 등

01 인성검사의 개요

1 인성(성격)검사의 개념과 목적

인성(성격)이란 개인을 특징짓는 평범하고 일상적인 사회적 이미지, 즉 지속적이고 일관된 공적 성격(Public – personality)이며, 환경에 대응함으로써 선천적·후천적 요소의 상호작용으로 결정화된 심리적·사회적 특성 및 경향을 의미한다.

인성검사는 직무적성검사를 실시하는 대부분의 기업체에서 병행하여 실시하고 있으며, 인성검사만 독자적으로 실시하는 기업도 있다.

기업체에서는 인성검사를 통하여 각 개인이 어떠한 성격 특성이 발달되어 있고, 어떤 특성이 얼마나 부족한지, 그것이 해당 직무의 특성 및 조직문화와 얼마나 맞는지를 알아보고 이에 적합한 인재를 선발하고자 한다. 또한 개인에게 적합한 직무 배분과 부족한 부분을 교육을 통해 보완하도록 할 수 있다.

인성검사의 측정요소는 검사방법에 따라 차이가 있다. 또한 각 기업체들이 사용하고 있는 인성검사는 기존의 개발된 인성검사방법에 각 기업체의 인재상을 적용하여 자신들에게 적합하게 재개발하여 사용하는 경우가 많다. 그러므로 기업체에서 요구하는 인재상을 파악하여 그에 따른 대비책을 준비하는 것이 바람직하다. 본서에서 제시된 인성검사는 크게 '특성'과 '유형'의 측면에서 측정하게 된다.

2 성격의 특성

(1) 정서적 측면

정서적 측면은 평소 마음에서 당연시하는 자세나 정신상태가 얼마나 안정되어 있는지 또는 불안정한지를 측정한다.

정서의 상태는 직무수행이나 대인관계와 관련하여 태도나 행동으로 드러난다. 그러므로 정서적 측면을 측정하는 것에 의해, 장래 조직 내의 인간관계에 어느 정도 잘 적응할 수 있을까(또는 적응하지 못할까)를 예측하는 것이 가능하다.

CONTENTS

PART

I

건강보험심사평가원 소개

01 기관소개 및 채용안내

1 평가원 소개

(1) 개요

심사평가원은 요양기관의 진료비 심사와 요양급여의 적정성 평가, 의약품·치료재료의 관리 및 보험수가 개발 등 건강보험을 포함한 보건의료정책 개발 업무를 수행하고 지원하는 공공기관으로서의 사회적 역할과 책임을 다하고 있다. 또한 "건강보험과 보건의료의 발전을 통한 국민 건강 증진"이라는 목표를 실현하기 위해 열린 전문역량을 토대로 업무에 임하고 있다.

(2) 비전

① 미션 및 비전

미션	건강보험과 보건의료의 발전을 통한 국민건강 증진
비전	건강하고 안전한 의료문화를 열어가는 국민의료 평가기관

② 핵심가치 및 경영목표

핵심가치	경영목표
공정과 균형	공정하고 전문적인 심사평가 실현(적정진료율 70% & 의료서비스 질 향상률 30%)
열린 전문성	지속 가능한 의료보장 달성(정책 이행률 100%)
안전 최우선	국민과 근로자가 안전한 환경 조성(부적절한 의약품 사용 예방 성과35%)
소통과 협력	국민과 함께하는 사회적 가치 구현(이행목표100%)

(3) 사회적 가치 실현

① 사회적 가치 비전 : 국민과 같이, 건강한 삶의 가치

② 사회가치 구현 핵심가치

ㄱ 본원적 사회가치 : 적정진료 유도와 보장성 강화로 국민중심 의료서비스 제공

ㄴ 나눔기반 사회가치 : 사회취약계층 지원, 사회 안전망 강화로 의료사각지대 해소

ㄷ 책임기반 사회가치 : 혁신성장 지원과 상생·협력 강화로 공공의 가치 공유

2 업무안내

(1) HIRA 시스템

의료자원의 효율적 사용으로 의료의 질 향상과 비용의 적정성을 보장하는 가치중심보건의료서비스 실현 시스템이다. 한국의 건강보험제도는 급속한 성장과 한정된 자원하에 효율적인 제도를 운영해 오고 있으며, 이를 위해 건강보험심사평가원은 1977년부터 약 40년간 보건의료서비스 지출 효율화의 역할을 충실히 해오고 있다. 합리적인 보건의료서비스 지출을 위해 급여기준을 관리하는 '의료서비스 기준 설정', 진료비 심사 등을 통해 제공된 서비스가 적절했는지 확인하는 '모니터링 & 피드백', 의료자원 등 보건의료정보관리를 수행하는 '인프라 관리' 기능을 수행하고 있다.

(2) 의료행위 관리

의료행위 관리는 의사의 진료행위를 분류하고 행위별 표준코드를 부여하며, 적정한 가격 산정과 급여기준 등을 설정하여 관리하는 업무이다.

(3) 치료재료 관리

치료재료 관리는 스텐트, 인공관절, 임플란트 등을 분류하고 용도, 기능 등을 고려하여 코드를 부여하며 적정한 가격 산정과 급여기준 등을 설정하여 관리하는 업무이다.

(4) 의약품 관리

의약품 관리는 임상적으로 치료적 가치가 높은 의약품에 대해 적정한 가격을 책정하고 급여기준 등을 설정하여 관리하는 업무이다.

(5) 진료비 청구/심사 운영

심사운영은 의료공급자가 진료비를 청구하면 국민건강보험법 등에서 정한 기준에 의해 진료비와 진료 내역이 올바르게 청구되었는지, 의·약학적으로 타당하고 비용 효과적으로 이루어졌는지 확인하는 업무이다.

(6) 의료 질 평가 운영

평가는 진찰·수술·의약품 사용 등 의료서비스에 대해 의약학적 측면과 비용 효과적인 측면에서 적정하게 행하였는지를 평가하는 업무이다.

(7) 의약품안전사용서비스(DUR)

실시간으로 환자의 투약이력까지 점검하는 세계 유일의 의약품 안전점검시스템으로 의약품안전사용서비스(DUR, Drug Utilization Review)는 의사 및 약사에게 의약품 처방·조제 시 금기 등 의약품 안전성과 관련된 정보를 실시간으로 제공하여 부적절한 약물사용을 사전에 점검할 수 있도록 지원하는 업무이다.

(8) 현지조사

현지조사는 요양기관이 지급받은 요양급여비용 등에 대해 세부 진료내역을 근거로 사실관계 및 적법여부를 확인·조사하고, 그 결과에 따라 부당이득 환수 및 행정처분 등을 실시하는 보건복지부장관의 행정조사이다.

(9) 의약품유통정보관리

의약품유통정보관리는 국내에서 유통되는 모든 의약품에 대해 국가 표준코드를 부여하고 생산·수입·공급·소비 실적을 수집하여 관리하는 업무이다.

(10) 의료자원관리

의료자원관리는 진료비 심사 및 의료서비스 질 평가에 기초자료가 되는 의료자원 현황(의료 인력·시설·장비 등)을 의료공급자로부터 신고 받아 전산 등록·관리하는 업무이다.

(11) 환자분류체계 개발

환자분류체계(Patient Classification System, PCS)는 상병, 시술 등을 이용해서 외래나 입원 환자를 자원소모나 임상적 측면에서 유사한 그룹으로 분류하는 체계이다. 의료기관 간 진료비나 질적 수준을 비교하기 위해서는 비교 대상이 되는 의료기관의 환자구성이 동일해야 하는데, 이를 보정하기 위한 도구로서 가장 널리 사용되고 있는 것이 환자분류체계이다.

(12) 보건의료 Big data 분석

보건의료 빅데이터는 전 국민 진료정보, 의약품, 의료자원 정보 등을 축적한 자료로 근거 기반의 국가 보건의료 정책 수립 및 학술 연구 등에 활용되고 있습니다.

3 인재상 및 복리후생

(1) 인재상

① 전문인(Professional)

핵심역량 : 전문성, 학습 능력, 글로벌 시야

-의료 서비스 분야의 최고 전문가가 되기 위하여 학습하는 인재

-전문지식과 노하우로 국가 의료서비스의 품질을 끊임없이 높이는 인재

② 소통인(Open Communication)

　핵심역량 : 협동심, 리더십, 의사소통 능력

　－국민과 산업계를 포함한 이해관계자와 소통하고 협업하는 인재

　－조직 내·외부에서 상하좌우 열린 소통을 하는 인재

③ 혁신인(Renovation)

　핵심역량 : 창의성, 통합적 사고, 실행력

　－창의적인 생각과 신속한 실행을 통해 변화를 주도하는 인재

　－의료제도 발전을 위하여 고정관념을 버리고 더 나은 가치를 창조하는 인재

④ 윤리인(Integrity)

　핵심역량 : 공감 능력, 청렴성, 공정성

　－국민 모두가 공감할 수 있도록 공정하고 균형 잡힌 업무를 수행하는 인재

　－엄격한 윤리 기준과 원칙을 스스로 준수하는 인재

(2) 복리후생

① 4대보험(국민연금, 건강보험, 고용보험, 산재보험)

② 부임지 및 비연고지 임차보증금 대여

③ 생활안정자금 대여

④ 자녀 학자금 및 경조금 지급

⑤ 동호회 활동지원, 모범직원 국내외 견학

⑥ 우리원 보유콘도 이용 가능

⑦ 직장보육시설 이용 가능

⑧ 구내식당, 근무복 지급 등

⑨ 유학·육아·질병·간병휴직 등 가능

⑩ 연차휴가 등은 근로기준법에 준함

⑪ 질병시 질병휴가(병가) 가능

⑫ 결혼, 가족사망 등 경조사시, 임산부 검진시 등 특별휴가 가능

⑬ 건강관리실 운영 및 정기건강검진 실시

⑭ 출산시 출산용품비 지원

4 채용분야

직종·직무		직급		자격조건
총 계				-
행정직		소계		-
	사무행정	6급갑	일반	• 제한 없음
심사직		소계		-
	약사	4급		• 약사 면허 취득 후 관련업무 1년 이상 경력자 – 관련업무 : 면허 취득 후 당해분야 경력
	간호사 등	5급	일반 시간 선택제	• 면허 취득 후 관련업무 1년 이상 경력자 – 관련면허 : 간호사, 의료기사, 보건의료정보관리사 – 관련업무 : 종합병원급 이상 의료기관의 임상이나 심사경력 또는 진료비 심사기관의 심사경력 * 치과기공사·위생사의 경우 치과대학 부속 치과병원 근무도 포함하여 경력 인정 * 진료비 심사기관 인정 범위 : 건강보험심사평가원, 국민연금공단 장애심사센터, 근로복지공단 산재심사센터 * 시간선택제 : 1주간의 소정 근로시간이 30시간인 근무형태
연구직		주임연구원		• 직무 관련 석사학위 이상 소지자
공통 자격조건				• 병역법 제76조의 병역의무 불이행자에 해당하지 않는 자(군필, 미필, 면제 및 2020.9.6. 이전 전역예정자는 응시 가능) • 건강보험심사평가원 인사규정 제14조 임용결격사유에 해당하지 않는 자 • 건강보험심사평가원 인사규정 제71조에 따라 수습 임용(예정)일 기준 정년(만 60세)이 도래하지 않는 자 • 수습 임용(예정)일('20.9.7.)부터 근무가능한 자

※ 직종·직무별 수행업무, 관련자격 등은 「NCS기반 채용 직무설명자료」 참고

※ 최초 시간선택제 근로자로 채용된 자가 전일제 근무로 전환하고자 하는 경우에는 반드시 공개경쟁을 통한 신규 채용 절차를 거쳐야 함

5 채용절차

서류 심사 → 필기 시험 → 증빙서류 등록 → 면접 심사 → 임용(증빙)서류 등록·확인 → 수습 임용

서류전형		교육사항, 경험사항, 경력사항, 자격사항, 자기소개서
필기시험	NCS기반 직업기초능력평가 (50문항)	[행정직·심사직] 총 50문항 - 의사소통능력, 문제해결능력, 정보능력, 조직이해능력 [연구직] 총 50문항 - 의사소통능력, 수리능력, 문제해결능력, 정보능력, 자원관리능력
	직무수행능력평가 (30문항)	[보건의료지식] 행정직·연구직 각 10문항 / 심사직 30문항 ※ 보건의료지식 : 보건의료 관련 이슈, 건강보험제도, 심평원 업무 및 역할 등 [직무관련 전공지식 평가] 행정직·연구직 각 20문항 - 행정직 : 법학, 행정학, 경영학, 경제학 등 통합전공지식 등 - 연구직 : 보건의료분야 정책현안 지식, 통계 분석·해석 등
	온라인 인성검사	[공통] 총 443문항 - 성격유형 및 건강보험심사평가원 조직적합도 등 검사
면접심사	다대일 집중면접 (면접위원 다수 / 면접자 1인)	직무역량, 조직적합성 및 인성 동시 평가 ※ 연구직 : 학위논문요약서 및 직무수행계획서 기반 면접 병행

02 관련기사

심사평가원, 공동학습네트워크 코로나 19 대응 국제 화상회의 개최

- 한국의 의료자원 확보, 진료비 설정, 의약품 수급 방법론 등 공유
- 1차 회의 19개국 60여명 참여, 2차 회의는 34개국 전체 대상 개최

건강보험심사평가원(원장 김선민, 이하 '심사평가원')은 4월 22일(수) 공동학습네트워크(JLN) 일차의료협의체 회원국을 대상으로 코로나19 대응을 위한 화상회의를 개최했다.

JLN(Joint Learning Network)는 세계 34개 회원국의 보편적 건강보장(Universal Health Coverage, UHC) 달성 지원을 목적으로 설립된 학습 네트워크로 일차의료, 지불제도, 정보기술, 의료 질, 재정 등 보건의료 개혁에 필요한 지식, 정보 등을 공유하는 공동학습네트워크이다. 이번 진행된 1차 회의는 JLN 일차의료협의체 운영위원인 Agnes Munyua의 요청으로 개최되어, 한국의 코로나19 대응 방법에 관심을 갖는 JLN 일차의료협의체 회원국 19개국 60여명이 참여했다.

회의는 JLN 일차의료협의체 3개국(한국, 중국 등)의 코로나19 대응상황 공유와 질의응답 등으로 진행됐다. 심사평가원은 한국의 코로나19 대응 관련 정책을 소개하고 국민안심병원 등 의료자원 정책 정보, 코로나19 관련 진료 수가개발, 의약품유통정보시스템(KPIS)를 이용한 코로나19 치료약품 정보제공 등 그 간의 대응 경험과 교훈을 공유했다.

2차 회의는 4월 28일(화) JLN의 전체 회원국의 참여로 진행 될 예정이다. 이 날 회의는 심사평가원의 단독 세션으로 한국의 코로나19 대응 전략 등을 심사평가원 국제협력부 고은경 팀장과 권순만 서울대 보건대학원 교수가 발표한다.

김선민 원장은 "이번 화상회의를 통해 심사평가원의 역할과 경험이 세계의 코로나19 확산 방지에 도움이 되길 바란다"며 "앞으로도 심사평가원의 경험을 적극적으로 공유하고 협력하겠다"고 강조했다.

– 2020. 4. 23

면접질문	• 우리 평가원과 JLN의 협력으로 창출할 수 있는 기대가치에 대해 말해보시오. • 코로나 사태와 같은 비상상황에서 우리 평가원이 가장 우선하여 지켜야할 핵심가치에 대해 말해보시오.

심사평가원, '2020년 보건의료빅데이터를 활용한 창업경진대회' 개최

– 비즈니스모델별 맞춤형 데이터 컨설팅 등 후속 지원

보건복지부(장관 박능후)가 주최하고 건강보험심사평가원(이하 '심사평가원'), 국민건강보험공단(이하 '건보공단')이 공동주관하는 '2020년 보건의료빅데이터를 활용한 창업경진대회' 공모가 4월27일 시작된다.

올해 6회 차를 맞는 이 대회는 보건의료빅데이터를 기반으로 한 혁신적 비즈니스모델을 발굴하기 위해 2015년부터 매년 실시해 왔다.

특히 올해는 아이디어 기획 부문을 중심으로 공모를 진행했던 지난 대회와는 달리 제품 및 서비스 개발 부문을 추가하여 총 2개 부문으로 나누어 신청을 받는다. 이는 보건의료산업 내 다양한 분야의 공모 참여를 확대하고, 분야별 후속지원 체계를 강화하기 위한 취지이다.

국내에 거주하고 있는 대한민국 국민이라면 누구나 참여할 수 있는 이번 대회는 4월 27일(월)부터 6월 10일(수)까지 보건의료빅데이터개방시스템을 통해 참가를 신청할 수 있다.

접수된 아이디어는 심사위원 평가를 통해 15개 내외 후보가 선정되고(6.29.), 캐주얼 인터뷰(7.6. – 7.7.)와 발표심사(7월 말)를 거쳐 최종 수상자 5팀이 결정된다. 단, 대회 일정은 코로나19 방역대응 상황에 따라 변동될 수 있다.

총 상금은 1,500만 원으로 최우수상(부문 무관 1팀), 우수상(부문별 1팀), 장려상(부문별 1팀) 등 총 5팀에게 주어진다. 또한, 입선 10팀을 포함한 총 15팀은 비즈니스 모델별 맞춤형 데이터 컨설팅뿐만 아니라 투자전문가의 1:1 가이드, 비즈니스 역량 강화 교육 등 심사평가원이 운영하는 후속지원 프로그램에 참여할 수 있다.

지난 대회('15–'19년)에서 수상한 49개팀 중 25개팀(51%)이 사업화 또는 서비스 개발에 성공했고, 기업 고유기술 개발을 통한 특허출원 및 투자유치 등 혁신 성장을 향해 계속 도전하고 있다.

더불어 각 부문별 상위 1팀은 행정안전부(장관 진영) 주최 '제8회 범정부 공공데이터 활용 창업경진대회(9월)'에 보건복지부 대표과제로 참가할 수 있는 기회가 주어진다. 그 동안 보건복지분야 대표과제로 이 대회에 진출해 수상한 3개팀이 범정부 차원의 지원 혜택을 받아 혁신적인 서비스를 개발·제공 중에 있다.

김현표 빅데이터실장은 "이번 대회를 통해 보건의료빅데이터를 융합한 혁신적인 아이템을 발굴하고 지속적으로 지원하여 데이터경제 활성화에 기여할 수 있기를 기대한다"고 전했다.

– 2020. 4. 27

면접질문	• 보건의료빅데이터의 활용방안에 대해 말해보시오. • 우리 평가원이 보건의료빅데이터를 활용한 창업경진대회 개최를 통해 얻고자하는 기대가치에 대해 말해보시오.

PART

II

직업기초능력평가

01 의사소통능력

1 의사소통과 의사소통능력

(1) 의사소통

① **개념** … 사람들 간에 생각이나 감정, 정보, 의견 등을 교환하는 총체적인 행위로, 직장생활에서의 의사소통은 조직과 팀의 효율성과 효과성을 성취할 목적으로 이루어지는 구성원 간의 정보와 지식 전달 과정이라고 할 수 있다.

② **기능** … 공동의 목표를 추구해 나가는 집단 내의 기본적 존재 기반이며 성과를 결정하는 핵심 기능이다.

③ **의사소통의 종류**
　　㉠ 언어적인 것 : 대화, 전화통화, 토론 등
　　㉡ 문서적인 것 : 메모, 편지, 기획안 등
　　㉢ 비언어적인 것 : 몸짓, 표정 등

④ **의사소통을 저해하는 요인** : 정보의 과다, 메시지의 복잡성 및 메시지 간의 경쟁, 상이한 직위와 과업지향형, 신뢰의 부족, 의사소통을 위한 구조상의 권한, 잘못된 매체의 선택, 폐쇄적인 의사소통 분위기 등

(2) 의사소통능력

① **개념** … 의사소통능력은 직장생활에서 문서나 상대방이 하는 말의 의미를 파악하는 능력, 자신의 의사를 정확하게 표현하는 능력, 간단한 외국어 자료를 읽거나 외국인의 의사표시를 이해하는 능력을 포함한다.

② **의사소통능력 개발을 위한 방법**
　　㉠ 사후검토와 피드백을 활용한다.
　　㉡ 명확한 의미를 가진 이해하기 쉬운 단어를 선택하여 이해도를 높인다.
　　㉢ 적극적으로 경청한다.
　　㉣ 메시지를 감정적으로 곡해하지 않는다.

2 의사소통능력을 구성하는 하위능력

(1) 문서이해능력

① 문서와 문서이해능력

　㉠ 문서 : 제안서, 보고서, 기획서, 이메일, 팩스 등 문자로 구성된 것으로 상대방에게 의사를 전달하여 설득하는 것을 목적으로 한다.

　㉡ 문서이해능력 : 직업현장에서 자신의 업무와 관련된 문서를 읽고, 내용을 이해하고 요점을 파악할 수 있는 능력을 말한다.

예제 1

다음은 신용카드 약관의 주요내용이다. 규정 약관을 제대로 이해하지 못한 사람은?

> [부가서비스]
> 카드사는 법령에서 정한 경우를 제외하고 상품을 새로 출시한 후 1년 이내에 부가서비스를 줄이거나 없앨 수가 없다. 또한 부가서비스를 줄이거나 없앨 경우에는 그 세부내용을 변경일 6개월 이전에 회원에게 알려주어야 한다.
> [중도 해지 시 연회비 반환]
> 연회비 부과기간이 끝나기 이전에 카드를 중도해지하는 경우 남은 기간에 해당하는 연회비를 계산하여 10 영업일 이내에 돌려줘야 한다. 다만, 카드 발급 및 부가서비스 제공에 이미 지출된 비용은 제외된다.
> [카드 이용한도]
> 카드 이용한도는 카드 발급을 신청할 때에 회원이 신청한 금액과 카드사의 심사 기준을 종합적으로 반영하여 회원이 신청한 금액 범위 이내에서 책정되며 회원의 신용도가 변동되었을 때에는 카드사는 회원의 이용한도를 조정할 수 있다.
> [부정사용 책임]
> 카드 위조 및 변조로 인하여 발생된 부정사용 금액에 대해서는 카드사가 책임을 진다. 다만, 회원이 비밀번호를 다른 사람에게 알려주거나 카드를 다른 사람에게 빌려주는 등의 중대한 과실로 인해 부정사용이 발생하는 경우에는 회원이 그 책임의 전부 또는 일부를 부담할 수 있다.

① 혜수 : 카드사는 법령에서 정한 경우를 제외하고는 1년 이내에 부가서비스를 줄일 수 없어.

② 진성 : 카드 위조 및 변조로 인하여 발생된 부정사용 금액은 일괄 카드사가 책임을 지게 돼.

③ 영훈 : 회원의 신용도가 변경되었을 때 카드사가 이용한도를 조정할 수 있어.

④ 영호 : 연회비 부과기간이 끝나기 이전에 카드를 중도 해지하는 경우에는 남은 기간에 해당하는 연회비를 카드사는 돌려줘야 해.

답 ②

[출제의도]
주어진 약관의 내용을 읽고 그에 대한 상세 내용의 정보를 이해하는 능력을 측정하는 문항이다.
[해설]
② 부정사용에 대해 고객의 과실이 있으면 회원이 그 책임의 전부 또는 일부를 부담할 수 있다.

② **문서의 종류**

　　㉠ **공문서** : 정부기관에서 공무를 집행하기 위해 작성하는 문서로, 단체 또는 일반회사에서 정부기관을 상대로 사업을 진행할 때 작성하는 문서도 포함된다. 엄격한 규격과 양식이 특징이다.

　　㉡ **기획서** : 아이디어를 바탕으로 기획한 프로젝트에 대해 상대방에게 전달하여 시행하도록 설득하는 문서이다.

　　㉢ **기안서** : 업무에 대한 협조를 구하거나 의견을 전달할 때 작성하는 사내 공문서이다.

　　㉣ **보고서** : 특정한 업무에 관한 현황이나 진행 상황, 연구·검토 결과 등을 보고하고자 할 때 작성하는 문서이다.

　　㉤ **설명서** : 상품의 특성이나 작동 방법 등을 소비자에게 설명하기 위해 작성하는 문서이다.

　　㉥ **보도자료** : 정부기관이나 기업체 등이 언론을 상대로 자신들의 정보를 기사화 되도록 하기 위해 보내는 자료이다.

　　㉦ **자기소개서** : 개인이 자신의 성장과정이나, 입사 동기, 포부 등에 대해 구체적으로 기술하여 자신을 소개하는 문서이다.

　　㉧ **비즈니스 레터(E-mail)** : 사업상의 이유로 고객에게 보내는 편지다.

　　㉨ **비즈니스 메모** : 업무상 확인해야 할 일을 메모형식으로 작성하여 전달하는 글이다.

③ **문서이해의 절차** … 문서의 목적 이해→문서 작성 배경·주제 파악→정보 확인 및 현안문제 파악→문서 작성자의 의도 파악 및 자신에게 요구되는 행동 분석→목적 달성을 위해 취해야 할 행동 고려→문서 작성자의 의도를 도표나 그림 등으로 요약·정리

(2) 문서작성능력

① 작성되는 문서에는 대상과 목적, 시기, 기대효과 등이 포함되어야 한다.

② **문서작성의 구성요소**

　　㉠ 짜임새 있는 골격, 이해하기 쉬운 구조

　　㉡ 객관적이고 논리적인 내용

　　㉢ 명료하고 설득력 있는 문장

　　㉣ 세련되고 인상적인 레이아웃

다음은 들은 내용을 구조적으로 정리하는 방법이다. 순서에 맞게 배열하면?

> ㉠ 관련 있는 내용끼리 묶는다.
> ㉡ 묶은 내용에 적절한 이름을 붙인다.
> ㉢ 전체 내용을 이해하기 쉽게 구조화한다.
> ㉣ 중복된 내용이나 덜 중요한 내용을 삭제한다.

① ㉠㉡㉢㉣　　　　　　② ㉠㉡㉣㉢
③ ㉡㉠㉢㉣　　　　　　④ ㉡㉠㉣㉢

[출제의도]
음성정보는 문자정보와는 달리 쉽게 잊혀 지기 때문에 음성정보를 구조화 시키는 방법을 묻는 문항이다.

[해설]
내용을 구조적으로 정리하는 방법은 '㉠ 관련 있는 내용끼리 묶는다. → ㉡ 묶은 내용에 적절한 이름을 붙인다. → ㉣ 중복된 내용이나 덜 중요한 내용을 삭제한다. → ㉢ 전체 내용을 이해하기 쉽게 구조화한다.'가 적절하다.

답 ②

③ 문서의 종류에 따른 작성방법

　㉠ 공문서

　　• 육하원칙이 드러나도록 써야 한다.
　　• 날짜는 반드시 연도와 월, 일을 함께 언급하며, 날짜 다음에 괄호를 사용할 때는 마침표를 찍지 않는다.
　　• 대외문서이며, 장기간 보관되기 때문에 정확하게 기술해야 한다.
　　• 내용이 복잡할 경우 '-다음-', '-아래-'와 같은 항목을 만들어 구분한다.
　　• 한 장에 담아내는 것을 원칙으로 하며, 마지막엔 반드시 '끝'자로 마무리 한다.

　㉡ 설명서

　　• 정확하고 간결하게 작성한다.
　　• 이해하기 어려운 전문용어의 사용은 삼가고, 복잡한 내용은 도표화 한다.
　　• 명령문보다는 평서문을 사용하고, 동어 반복보다는 다양한 표현을 구사하는 것이 바람직하다.

　㉢ 기획서

　　• 상대를 설득하여 기획서가 채택되는 것이 목적이므로 상대가 요구하는 것이 무엇인지 고려하여 작성하며, 기획의 핵심을 잘 전달하였는지 확인한다.
　　• 분량이 많을 경우 전체 내용을 한눈에 파악할 수 있도록 목차구성을 신중히 한다.
　　• 효과적인 내용 전달을 위한 표나 그래프를 적절히 활용하고 산뜻한 느낌을 줄 수 있도록 한다.
　　• 인용한 자료의 출처 및 내용이 정확해야 하며 제출 전 충분히 검토한다.

ⓔ 보고서
- 도출하고자 한 핵심내용을 구체적이고 간결하게 작성한다.
- 내용이 복잡할 경우 도표나 그림을 활용하고, 참고자료는 정확하게 제시한다.
- 제출하기 전에 최종점검을 하며 질의를 받을 것에 대비한다.

예제 3

다음 중 공문서 작성에 대한 설명으로 가장 적절하지 못한 것은?

① 공문서나 유가증권 등에 금액을 표시할 때에는 한글로 기재하고 그 옆에 괄호를 넣어 숫자로 표기한다.
② 날짜는 숫자로 표기하되 년, 월, 일의 글자는 생략하고 그 자리에 온점(.)을 찍어 표시한다.
③ 첨부물이 있는 경우에는 붙임 표시문 끝에 1자 띄우고 "끝."이라고 표시한다.
④ 공문서의 본문이 끝났을 경우에는 1자를 띄우고 "끝."이라고 표시한다.

---

④ 문서작성의 원칙
　ⓐ 문장은 짧고 간결하게 작성한다(간결체 사용).
　ⓑ 상대방이 이해하기 쉽게 쓴다.
　ⓒ 불필요한 한자의 사용을 자제한다.
　ⓓ 문장은 긍정문의 형식을 사용한다.
　ⓔ 간단한 표제를 붙인다.
　ⓕ 문서의 핵심내용을 먼저 쓰도록 한다(두괄식 구성).

⑤ 문서작성 시 주의사항
　ⓐ 육하원칙에 의해 작성한다.
　ⓑ 문서 작성시기가 중요하다.
　ⓒ 한 사안은 한 장의 용지에 작성한다.
　ⓓ 반드시 필요한 자료만 첨부한다.
　ⓔ 금액, 수량, 일자 등은 기재에 정확성을 기한다.
　ⓕ 경어나 단어사용 등 표현에 신경 쓴다.
　ⓖ 문서작성 후 반드시 최종적으로 검토한다.

⑥ 효과적인 문서작성 요령
  ㉠ 내용이해 : 전달하고자 하는 내용과 핵심을 정확하게 이해해야 한다.
  ㉡ 목표설정 : 전달하고자 하는 목표를 분명하게 설정한다.
  ㉢ 구성 : 내용 전달 및 설득에 효과적인 구성과 형식을 고려한다.
  ㉣ 자료수집 : 목표를 뒷받침할 자료를 수집한다.
  ㉤ 핵심전달 : 단락별 핵심을 하위목차로 요약한다.
  ㉥ 대상파악 : 대상에 대한 이해와 분석을 통해 철저히 파악한다.
  ㉦ 보충설명 : 예상되는 질문을 정리하여 구체적인 답변을 준비한다.
  ㉧ 문서표현의 시각화 : 그래프, 그림, 사진 등을 적절히 사용하여 이해를 돕는다.

(3) 경청능력

① 경청의 중요성 … 경청은 다른 사람의 말을 주의 깊게 들으며 공감하는 능력으로 경청을 통해 상대방을 한 개인으로 존중하고 성실한 마음으로 대하게 되며, 상대방의 입장에 공감하고 이해하게 된다.

② 경청을 방해하는 습관 … 짐작하기, 대답할 말 준비하기, 걸러내기, 판단하기, 다른 생각하기, 조언하기, 언쟁하기, 옳아야만 하기, 슬쩍 넘어가기, 비위 맞추기 등

③ 효과적인 경청방법
  ㉠ 준비하기 : 강연이나 프레젠테이션 이전에 나누어주는 자료를 읽어 미리 주제를 파악하고 등장하는 용어를 익혀둔다.
  ㉡ 주의 집중 : 말하는 사람의 모든 것에 집중해서 적극적으로 듣는다.
  ㉢ 예측하기 : 다음에 무엇을 말할 것인가를 추측하려고 노력한다.
  ㉣ 나와 관련짓기 : 상대방이 전달하고자 하는 메시지를 나의 경험과 관련지어 생각해 본다.
  ㉤ 질문하기 : 질문은 듣는 행위를 적극적으로 하게 만들고 집중력을 높인다.
  ㉥ 요약하기 : 주기적으로 상대방이 전달하려는 내용을 요약한다.
  ㉦ 반응하기 : 피드백을 통해 의사소통을 점검한다.

■ 예제 4

다음은 면접스터디 중 일어난 대화이다. 민아의 고민을 해소하기 위한 조언으로 가장 적절한 것은?

> 지섭 : 민아씨, 어디 아파요? 표정이 안 좋아 보여요.
> 민아 : 제가 원서 넣은 공단이 내일 면접이어서요. 그동안 스터디를 통해서 면접 연습을 많이 했는데도 벌써부터 긴장이 되네요.
> 지섭 : 민아씨는 자기 의견도 명확히 피력할 줄 알고 조리 있게 설명을 잘 하시니 걱정 안하셔도 될 것 같아요. 아, 손에 꽉 쥐고 계신 건 뭔가요?
> 민아 : 아, 제가 예상 답변을 정리해서 모아둔거예요. 내용은 거의 외웠는데 이렇게 쥐고 있지 않으면 불안해서
> 지섭 : 그 정도로 준비를 철저히 하셨으면 걱정할 이유 없을 것 같아요.
> 민아 : 그래도 압박면접이거나 예상치 못한 질문이 들어오면 어떻게 하죠?
> 지섭 : _____

① 시선을 적절히 처리하면서 부드러운 어투로 말하는 연습을 해보는 건 어때요?
② 공식적인 자리인 만큼 옷차림을 신경 쓰는 게 좋을 것 같아요.
③ 당황하지 말고 질문자의 의도를 잘 파악해서 침착하게 대답하면 되지 않을까요?
④ 예상 질문에 대한 답변을 좀 더 정확하게 외워보는 건 어떨까요?

답 ③

(4) 의사표현능력

① **의사표현의 개념과 종류**
  ㉠ **개념** : 화자가 자신의 생각과 감정을 청자에게 음성언어나 신체언어로 표현하는 행위이다.
  ㉡ **종류**
   • 공식적 말하기 : 사전에 준비된 내용을 대중을 대상으로 말하는 것으로 연설, 토의, 토론 등이 있다.
   • 의례적 말하기 : 사회·문화적 행사에서와 같이 절차에 따라 하는 말하기로 식사, 주례, 회의 등이 있다.
   • 친교적 말하기 : 친근한 사람들 사이에서 자연스럽게 주고받는 대화 등을 말한다.

② **의사표현의 방해요인**
  ㉠ **연단공포증** : 연단에 섰을 때 가슴이 두근거리거나 땀이 나고 얼굴이 달아오르는 등의 현상으로 충분한 분석과 준비, 더 많은 말하기 기회 등을 통해 극복할 수 있다.

   ⓒ 말 : 말의 장단, 고저, 발음, 속도, 쉼 등을 포함한다.

   ⓒ 음성 : 목소리와 관련된 것으로 음색, 고저, 명료도, 완급 등을 의미한다.

   ⓔ 몸짓 : 비언어적 요소로 화자의 외모, 표정, 동작 등이다.

   ⓜ 유머 : 말하기 상황에 따른 적절한 유머를 구사할 수 있어야 한다.

③ 상황과 대상에 따른 의사표현법

   ㉠ 잘못을 지적할 때 : 모호한 표현을 삼가고 확실하게 지적하며, 당장 꾸짖고 있는 내용에
      만 한정한다.

   ㉡ 칭찬할 때 : 자칫 아부로 여겨질 수 있으므로 센스 있는 칭찬이 필요하다.

   ㉢ 부탁할 때 : 먼저 상대방의 사정을 듣고 응하기 쉽게 구체적으로 부탁하며 거절을 당해
      도 싫은 내색을 하지 않는다.

   ㉣ 요구를 거절할 때 : 먼저 사과하고 응해줄 수 없는 이유를 설명한다.

   ㉤ 명령할 때 : 강압적인 말투보다는 '○○을 이렇게 해주는 것이 어떻겠습니까?'와 같은 식
      으로 부드럽게 표현하는 것이 효과적이다.

   ㉥ 설득할 때 : 일방적으로 강요하기보다는 먼저 양보해서 이익을 공유하겠다는 의지를 보
      여주는 것이 좋다.

   ㉦ 충고할 때 : 충고는 가장 최후의 방법이다. 반드시 충고가 필요한 상황이라면 예화를 들
      어 비유적으로 깨우쳐주는 것이 바람직하다.

   ㉧ 질책할 때 : 샌드위치 화법(칭찬의 말 + 질책의 말 + 격려의 말)을 사용하여 청자의 반발
      을 최소화 한다.

예제 5

당신은 팀장님께 업무 지시내용을 수행하고 결과물을 보고 드렸다. 하지만 팀장님께서는 "최대리 업무를 이렇게 처리하면 어떡하나? 누락된 부분이 있지 않은가."라고 말하였다. 이에 대해 당신이 행할 수 있는 가장 부적절한 대처 자세는?

① "죄송합니다. 제가 잘 모르는 부분이라 이수혁 과장님께 부탁을 했는데 과장님께서 실수를 하신 것 같습니다."

② "주의를 기울이지 못해 죄송합니다. 어느 부분을 수정보완하면 될까요?"

③ "지시하신 내용을 제가 충분히 이해하지 못하였습니다. 내용을 다시 한 번 여쭤보아도 되겠습니까?"

④ "부족한 내용을 보완하는 자료를 취합하기 위해서 하루정도가 더 소요될 것 같습니다. 언제까지 재작성하여 드리면 될까요?"

답 ①

[출제의도]
상사가 잘못을 지적하는 상황에서 어떻게 대처해야 하는지를 묻는 문항이다.

[해설]
상사가 부탁한 지시사항을 다른 사람에게 부탁하는 것은 옳지 못하며 설사 그렇다고 해도 그 일의 과오에 대해 책임을 전가하는 것은 지양해야 할 자세이다.

④ 원활한 의사표현을 위한 지침

　　㉠ 올바른 화법을 위해 독서를 하라.

　　㉡ 좋은 청중이 되라.

　　㉢ 칭찬을 아끼지 마라.

　　㉣ 공감하고, 긍정적으로 보이게 하라.

　　㉤ 겸손은 최고의 미덕임을 잊지 마라.

　　㉥ 과감하게 공개하라.

　　㉦ 뒷말을 숨기지 마라.

　　㉧ 첫마디 말을 준비하라.

　　㉨ 이성과 감성의 조화를 꾀하라.

　　㉩ 대화의 룰을 지켜라.

　　㉪ 문장을 완전하게 말하라.

⑤ 설득력 있는 의사표현을 위한 지침

　　㉠ 'Yes'를 유도하여 미리 설득 분위기를 조성하라.

　　㉡ 대비 효과로 분발심을 불러 일으켜라.

　　㉢ 침묵을 지키는 사람의 참여도를 높여라.

　　㉣ 여운을 남기는 말로 상대방의 감정을 누그러뜨려라.

　　㉤ 하던 말을 갑자기 멈춤으로써 상대방의 주의를 끌어라.

　　㉥ 호칭을 바꿔서 심리적 간격을 좁혀라.

　　㉦ 끄집어 말하여 자존심을 건드려라.

　　㉧ 정보전달 공식을 이용하여 설득하라.

　　㉨ 상대방의 불평이 가져올 결과를 강조하라.

　　㉩ 권위 있는 사람의 말이나 작품을 인용하라.

　　㉪ 약점을 보여 주어 심리적 거리를 좁혀라.

　　㉫ 이상과 현실의 구체적 차이를 확인시켜라.

　　㉬ 자신의 잘못도 솔직하게 인정하라.

　　㉭ 집단의 요구를 거절하려면 개개인의 의견을 물어라.

　　ⓐ 동조 심리를 이용하여 설득하라.

　　ⓑ 지금까지의 노고를 치하한 뒤 새로운 요구를 하라.

　　ⓒ 담당자가 대변자 역할을 하도록 하여 윗사람을 설득하게 하라.

　　ⓓ 겉치레 양보로 기선을 제압하라.

　　ⓔ 변명의 여지를 만들어 주고 설득하라.

　　ⓕ 혼자 말하는 척하면서 상대의 잘못을 지적하라.

(5) 기초외국어능력

① 기초외국어능력의 개념과 필요성

  ㉠ 개념 : 기초외국어능력은 외국어로 된 간단한 자료를 이해하거나, 외국인과의 전화응대
    와 간단한 대화 등 외국인의 의사표현을 이해하고, 자신의 의사를 기초외국어로 표현
    할 수 있는 능력이다.

  ㉡ 필요성 : 국제화·세계화 시대에 다른 나라와의 무역을 위해 우리의 언어가 아닌 국제적
    인 통용어를 사용하거나 그들의 언어로 의사소통을 해야 하는 경우가 생길 수 있다.

② 외국인과의 의사소통에서 피해야 할 행동

  ㉠ 상대를 볼 때 흘겨보거나, 노려보거나, 아예 보지 않는 행동

  ㉡ 팔이나 다리를 꼬는 행동

  ㉢ 표정이 없는 것

  ㉣ 다리를 흔들거나 펜을 돌리는 행동

  ㉤ 맞장구를 치지 않거나 고개를 끄덕이지 않는 행동

  ㉥ 생각 없이 메모하는 행동

  ㉦ 자료만 들여다보는 행동

  ㉧ 바르지 못한 자세로 앉는 행동

  ㉨ 한숨, 하품, 신음소리를 내는 행동

  ㉩ 다른 일을 하며 듣는 행동

  ㉪ 상대방에게 이름이나 호칭을 어떻게 부를지 묻지 않고 마음대로 부르는 행동

③ 기초외국어능력 향상을 위한 공부법

  ㉠ 외국어공부의 목적부터 정하라.

  ㉡ 매일 30분씩 눈과 손과 입에 밸 정도로 반복하라.

  ㉢ 실수를 두려워하지 말고 기회가 있을 때마다 외국어로 말하라.

  ㉣ 외국어 잡지나 원서와 친해져라.

  ㉤ 소홀해지지 않도록 라이벌을 정하고 공부하라.

  ㉥ 업무와 관련된 주요 용어의 외국어는 꼭 알아두자.

  ㉦ 출퇴근 시간에 외국어 방송을 보거나, 듣는 것만으로도 귀가 트인다.

  ㉧ 어린이가 단어를 배우듯 외국어 단어를 암기할 때 그림카드를 사용해 보라.

  ㉨ 가능하면 외국인 친구를 사귀고 대화를 자주 나눠 보라.

01 출제예상문제

1 다음은 포괄수가제도 도입과 그 현황에 대한 보건복지부의 자료이다. 건강보험심사평가원 신입사원 甲~丁은 이 자료를 바탕으로 진행된 회의에서 〈보기〉와 같이 발언하였다. 甲~丁 중 잘못된 발언으로 지적을 받았을 사람은 누구인가?

> 현행 건강보험수가제도는 행위별 수가제를 근간으로 하며, 동 제도는 의료기관의 진찰, 검사, 처치 등 각각의 진료 행위들을 일일이 계산하여 사후적으로 비용을 지불하는 방식이다. 이러한 행위별 수가제는 급격한 진료량 증가와 이에 따른 의료비용 상승 가속화의 요인이 되고 있으며, 그 밖에도 의료서비스 공급 형태의 왜곡, 수가 관리의 어려움, 의료기관의 경영 효율화 유인장치 미비 등 많은 문제점들이 파생되었다.
>
> 이에 보건복지부는 행위별 수가제의 문제점을 개선하고 다양한 수가지불제도를 운영하기 위한 방안으로 질병군별 포괄수가제도의 도입을 추진하게 되었다. 이를 위해 1995년 1월에 질병군별(DRG)지불제도 도입 검토협의회를 구성하고, 일부 질병군을 대상으로 희망의료기관에 한하여 1997년부터 질병군별 포괄수가제도 시범사업을 시작하여 2001년까지 제3차 시범사업을 실시하였다.
>
> 동 시범사업 실시 및 평가를 통하여 2002년부터 8개 질병군에 대하여 요양기관에서 선택적으로 참여하는 방식으로 본 사업을 실시하였고, 2003년 9월 이후에는 정상 분만을 제외하여 7개 질병군(수정체수술, 편도선수술, 항문수술, 탈장수술, 맹장수술, 자궁수술, 제왕절개 수술)을 선택 적용하였으며, 2012년 7월 병·의원급에 당연적용 및 2013년 7월 종합병원급 이상 모든 의료기관을 대상으로 확대 적용하였다.
>
> 한편, 7개 질병군 포괄수가제도가 비교적 단순한 수술에 적합한 모형으로 개발되어 중증질환 등 복잡한 수술을 포함하는 전체 질병군으로 확대하기 어렵다는 한계가 있다. 이를 극복하기 위해 2009년 4월부터 국민건강보험공단 일산병원에 입원한 환자를 대상으로 신포괄수가 시범 사업을 실시하여 2011년 7월부터는 지역거점 공공병원으로 시범사업을 확대 실시하고, 2016년 말 기준으로 41개 병원, 559개 질병군을 대상으로 시범사업을 실시하고 있다.

<보기>
- 甲 : 포괄수가제는 단순히 부도덕한 의료서비스의 공급만을 개선하기 위한 것은 아닙니다.
- 乙 : 국민건강보험공단은 포괄수가제를 7개 해당 질병군에서 더 확대 적용하기 위한 노력을 하고 있습니다.
- 丙 : 포괄수가제는 이전의 행위별 수가제이던 것을 일부 질병군에 한해 질병군별 수가제로 변경한 제도라고 할 수 있습니다.
- 丁 : 시범사업 기간인 만큼 7개 질병군에 해당되어도 종합병원에서 진료 시에는 포괄수가제 적용 여부를 사전에 확인하여야 합니다.

① 甲
② 乙
③ 丙
④ 丁

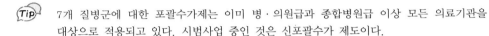 7개 질병군에 대한 포괄수가제는 이미 병·의원급과 종합병원급 이상 모든 의료기관을 대상으로 적용되고 있다. 시범사업 중인 것은 신포괄수가 제도이다.

2 다음은 ○○기관 디자인팀의 주간회의록이다. 자료에 대한 내용으로 옳은 것은?

<주간회의록>

회의일시	2018-07-03(월)	부서	디자인팀	작성자	D 사원
참석자	김 과장, 박 주임, 최 사원, 이 사원				
회의안건	1. 개인 주간 스케줄 및 업무 점검 2. 2018년 회사 홍보 브로슈어 기획				

	내용	비고
회의내용	1. 개인 스케줄 및 업무 점검 • 김 과장 : 브로슈어 기획 관련 홍보팀 미팅, 외부 디자이너 미팅 • 박 주임 : 신제품 SNS 홍보이미지 작업, 회사 영문 서브페이지 2차 리뉴얼 작업 진행 • 최 사원 : 2018년도 홈페이지 개편 작업 진행 • 이 사원 : 7월 사보 편집 작업 2. 2018년도 회사 홍보 브로슈어 기획 • 브로슈어 주제 : '신뢰' -창립 ○○주년을 맞아 고객의 신뢰로 회사가 성장했음을 강조 -한결같은 모습으로 고객들의 지지를 받아왔음을 기업 이미지로 표현 • 20페이지 이내로 구성 예정	• 7월 8일 AM 10:00 디자인팀 전시회 관람 • 7월 5일까지 홍보팀에서 2018년 브로슈어 최종원고 전달 예정

	내용	작업자	진행일정
결정사항	브로슈어 표지 이미지 샘플 조사	최 사원, 이 사원	2018-07-03 ~2018-07-04
	브로슈어 표지 시안 작업 및 제출	박 주임	2018-07-03 ~2018-07-07

① ○○기관은 외부 디자이너에게 브로슈어 표지 시안을 요청하였다.

② 디자인팀은 이번 주 금요일에 전시회를 관람할 예정이다.

③ 김 과장은 이번 주에 내부 미팅, 외부 미팅이 모두 예정되어 있다.

④ 이 사원은 이번 주에 7월 사보 편집 작업만 하면 된다.

③ 김 과장은 이번 주에 홍보팀과 내부 미팅 예정이며, 외부 디자이너와도 미팅 업무가 잡혀 있다.
① 브로슈어 표지 시안 작업 및 제출은 박 주임 담당이다.
② 회의일시에 따르면 7월 3일이 월요일이다. 따라서 디자인팀이 전시회를 관람하는 7월 8일은 토요일이다.
④ 이 사원은 이번 주에 7월 사보 편집 작업과 함께 브로슈어 표지 이미지 샘플 조사도 해야 한다.

3 다음은 건강보험심사평가원의 서비스헌장이다. 밑줄 친 단어를 한자로 바꾸어 쓴 것으로 옳지 않은 것은?

> 건강보험심사평가원은 <u>요양</u>기관이 국민에게 제공하는 의료서비스의 적정성을 보장함으로써 국민의료의 질 향상과 건강증진에 공헌하도록 최선을 다하겠습니다. 또한, 우리 임·직원은 밝고 열린 의식으로 국민 여러분께 도움이 되는 새로운 창조적 서비스 창출과 대내외 이해관계자와 함께 성장·발전하는 <u>상생</u> 협력 관계 구축을 위해 노력할 것을 다짐하며 다음과 같이 실천하겠습니다.
> 1. 우리는 고객의 소리에 항상 귀 기울이고, 고객의 관점에서 생각하고 행동하겠습니다.
> 2. 우리는 고객에게 신속 공정 정확하고 편안한 서비스를 제공하겠습니다.
> 3. 우리는 고객과의 약속은 반드시 지키며, 고객의 비밀을 <u>보호</u>하겠습니다.
> 4. 우리는 고객이 원하는 정보를 최대한 <u>공개</u>하여 투명경영을 실천해 나가겠습니다.
> 5. 우리는 고객의 불편과 불만사항을 경청하여 잘못된 점은 바로 시정하고 개선하겠습니다.

① 요양 – 療養
② 상생 – 常生
③ 보호 – 保護
④ 공개 – 公開

Tip 상생(常生) : 영원한 생명
상생(相生) : 두 가지 또는 여럿이 서로 공존하면서 살아감을 비유적으로 이르는 말

Answer ⌐➤ 2.③ 3.②

4 다음은 어느 시의회의 2018년도 업무보고 청취 회의의 회의록의 일부이다. 회의에 임하는 태도로 가장 부적절한 것은?

> A 위원장 : 2018년도 업무보고 청취의 건을 계속해서 상정합니다. 다음은 부문별 보고로 보건관리과 소관 업무보고를 받도록 하겠습니다. ㉠보건관리과장 나오셔서 신규사업 위주로 보고해 주시기 바랍니다.
>
> 보건관리과장 : 보건관리과장 ○○○입니다. 보건관리과 소관 2018년도 주요업무 계획을 보고 드리겠습니다.
>
> (보고사항 생략)
>
> A 위원장 : 수고하셨습니다. 다음은 질의하실 위원 질의하여 주시기 바랍니다.
>
> B 위원 : ㉡B 위원입니다. ○○○과장님 보고 잘 받았습니다. 우리 시 시민의 건강을 위해 늘 애쓰심에 감사의 말씀을 드리고요. 질의 들어가겠습니다. 보고서 11쪽, 보건소 제증명 인터넷 재발급 서비스를 보면 신규사업인데 비예산 사업이네요. 저는 이런 부분에 대해서 직원 분한테 감사하다는 말씀드리고 싶어요. 기존에 있는 시스템, 프로그램을 활용해서 제증명을 발급하는 거죠?
>
> 보건관리과장 : 동은 작년도에 실시했고요. 59.3%를 동에서 발급했습니다.
>
> B 위원 : 비예산으로 사업을 함으로써 우리 시민이 편안하게 행정서비스를 받을 수 있다는 것에 박수를 보내드립니다. 이런 것들이 정말 중요한 사업이 아닌가 생각을 합니다. 감사하고요. 14쪽 '4분의 기적' 꼭 필요한 겁니다. 지금 우리 시 전체 설치된 자동심장충격기가 몇 개죠? 2017년 실적을 보면 종합운동장 등 78개소라고 돼 있는데요.
>
> 보건관리과장 : ㉢올해부터 5월 31일까지 500세대 이상 되는 아파트라든지 집단시설에 의무적으로 설치하도록 되어 있습니다.
>
> B 위원 : 강제조항이 있습니까?
>
> 보건관리과장 : 법이 개정돼서 올해부터 점검을 통해서 주택과에서 감사도 하고요. 저희 점검을 통해서, 관리비로 다 세우기 때문에……
>
> B 위원 : ㉣잘 하시는 사업인데요. 본 위원이 걱정스러운 게 4분의 기적이에요. 일반적으로 평상 시 다니다 보면 '자동심장충격기 여기 있구나.' 알아요. 그런데 급한 시 사용하잖아요. 그때 "자동심장충격기 보신 분 가져다 주세요." 하면 사람들이 위치가 어디인지 파악할 수가 없게 되어 있어요. 효과적으로 홍보가 안됐다는 거죠.

① ㉠   ② ㉡

③ ㉢   ④ ㉣

 ③ B 위원은 시 전체 설치된 자동심장충격기가 몇 개인지 물었는데 보건관리과장은 ㉢에서 다른 답변을 하고 있다. 회의 중 받은 질의에 대해서는 질의자의 질문에 적절한 답변을 해야 한다.
① 명령을 할 때에는 강압적인 말투보다는 요청하듯 부드럽게 표현하는 것이 효과적이다.
② 회의에서 질의를 할 때에는 가장 먼저 자신의 소속이나 이름을 밝히고, 발표자의 보고를 경청했다는 표현 등을 함께 해 주면 좋다.
④ 질책을 하기 전에는 칭찬의 말을 먼저 하고 질책의 말을 하는 것이 바람직하며, 질책 후에는 격려를 함께 하는 것이 청자의 반발을 최소화할 수 있다.

5 ○○에너지에 근무하고 있는 甲은 신입사원 乙이 쓴 보고서 중 잘못된 문구를 어법에 맞게 수정해 주었다. 다음 중 甲이 지적한 내용으로 잘못된 것은?

> A : 지속가능보고서를 2007년 창간 이래 <u>매년 발간에 의해</u> 이해 관계자와의 소통이 좋아졌다.
> B : 2012년부터 시행되는 신재생에너지 공급의무제는 회사의 <u>주요 리스크로</u> 이를 기회로 승화시키기 위한 노력을 하고 있다.
> C : 전력은 필수적인 에너지원이므로 과도한 사용을 <u>삼가야 한다.</u>
> D : <u>녹색 기술 연구 개발 투자 확대 및</u> 녹색 생활 실천 프로그램을 시행하여 온실가스 감축에 전 직원의 역량을 결집하고 있다.

① A : '매년 발간에 의해'가 어색하므로 문맥에 맞게 '매년 발간함으로써'로 고친다.
② B : '주요 리스크로'는 조사의 쓰임이 어울리지 않으므로, '주요 리스크이지만'으로 고친다.
③ C : '삼가야 한다'는 어법상 맞지 않으므로 '삼가해야 한다'로 고친다.
④ D : '및'의 앞은 명사구로 되어 있고 뒤는 절로 되어 있어 구조가 대등하지 않으므로, 앞 부분을 '녹색 기술 연구 개발에 대한 투자를 확대하고'로 고친다.

 　③ '몸가짐이나 언행을 조심하다.'는 의미를 가진 표준어는 '삼가다'로, '삼가야 한다'는 어법에 맞는 표현이다. 자주 틀리는 표현 중 하나로 '삼가해 주십시오' 등으로 사용하지 않도록 주의해야 한다.
　① 어떤 일의 수단이나 도구를 나타내는 격조사 '-로써'로 고치는 것이 적절하다.
　② 어떤 사실이나 내용을 시인하면서 그에 반대되는 내용을 말하거나 조건을 붙여 말할 때에 쓰는 연결 어미인 '-지마는(-지만)'이 오는 것이 적절하다.
　④ '및'은 '그리고', '그 밖에', '또'의 뜻으로, 문장에서 같은 종류의 성분을 연결할 때 쓰는 말이다. 따라서 앞뒤로 이어지는 표현의 구조가 대등해야 한다.

Answer 4.③　5.③

┃6~7┃ 다음은 골밀도 검사에 관한 급여기준 자료이다. 다음을 보고 물음에 답하시오.

골밀도 검사(bone densitometry)

골밀도 검사의 정의
　인체 특정 부위의 뼈의 양을 골밀도라고 하는 지표로 측정하고 이를 정상인의 골밀도와 비교하여 얼마나 뼈의 양이 감소되었는지를 평가하는 검사

급여대상
1. 65세 이상의 여성과 70세 이상의 남성
2. 고위험요소가 1개 이상 있는 65세 미만의 폐경후 여성
3. 비정상적으로 1년 이상 무월경을 보이는 폐경전 여성
4. 비외상성(fragility) 골절
5. 골다공증을 유발할 수 있는 질환이 있거나 약물을 복용중인 경우
6. 기타 골다공증 검사가 반드시 필요한 경우
※ 고위험요소
　저체중(BMI(체질량지수)<18.5), 외상에 의하지 않은 골절의 과거력이 있거나 가족력이 있는 경우, 외과적인 수술로 인한 폐경 또는 40세 이전의 자연 폐경.

산정횟수
　진단 시에는 1회 인정하되, 말단골 골밀도검사 결과 추가검사의 필요성이 있는 경우 1회에 한하여 중심뼈에서 추가검사 인정

검사비용
　위의 급여기준에 해당되어 요양급여대상인 경우, 골밀도검사비용은 검사당 최저 약 1만 2천만 원 ~ 최고 약 3만 7천 원(2013년 의원급 기준)까지이다.

본인부담금
　입원인 경우는 총진료비(비급여제외) 중 20%을 부담(식대는 50%)하고, 외래로 치료한 경우에는 기관 종별에 따라 본인부담율은 차등적용된다.

6   위의 급여기준 자료를 보고 고객의 문의에 따라 답변한 내용으로 옳지 않은 것은?

① Q : 제가 올해로 60세되는 여성인데요, 골밀도 검사를 하려고 합니다. 급여 대상이 되나요?

  A : 급여대상이 되지 않습니다. 여성의 경우에는 65세 이상이어야 합니다.

② Q : 골밀도 검사가 인정되는 산정횟수를 알고 싶습니다.

  A : 진단 시에는 1회 인정됩니다. 다만, 말단골 골밀도검사 결과 추가검사의 필요성이 있는 경우 1회에 한하여 중심뼈에서 추가검사가 인정됩니다.

③ Q : 제가 외래로 치료하였는데 본인부담율은 어느 정도 되는건가요?

  A : 비급여를 제외하고 총진료비 중 20%를 부담하여야 합니다.

④ Q : 급여기준에 해당된다면 골밀도검사비용은 대략 얼마정도인가요?

  A : 검사당 최저 약 1만 2천만 원 ~ 최고 약 3만 7천 원 정도입니다.

  ③ 입원인 경우는 총진료비(비급여제외) 중 20%을 부담(식대는 50%)하고, 외래로 치료한 경우에는 기관 종별에 따라 본인부담율은 차등적용된다.

7   다음 중 골밀도 검사 급여대상에 해당되지 않는 경우를 모두 고르면?

ⓐ 외상성(fragility) 골절인 경우
ⓑ 비정상적으로 6개월 무월경을 보이는 폐경 전 여성
ⓒ 체질량지수가 17이고 50세의 폐경 후 여성
ⓓ 골다공증을 유발할 수 있는 약물을 복용중인 경우
ⓔ 70세의 남성

---

① ㉠㉡   ② ㉠㉢
③ ㉡㉣   ④ ㉣㉤

  ㉠ 비외상성(fragility) 골절
     ㉡ 비정상적으로 1년 이상 무월경을 보이는 폐경 전 여성

Answer ⌐ 6.③ 7.①

▮8~9▮ 다음은 토론의 일부 내용이다. 물음에 답하시오.

사회자(남) : 네, 알겠습니다. 지금까지 수돗물 정책을 담당하시는 박 과장님의 말씀을 들었는데요. 그럼 이번에는 시민 단체의 의견을 들어 보겠습니다. 김 박사님~.

김 박사(여) : 네, 사실 굉장히 답답합니다. 공단 폐수 방류 사건 이후에 17년 간 네 번에 걸친 종합 대책이 마련됐고, 상당히 많은 예산이 투입된 것으로 알고 있습니다. 그런데도 이번에 상수도 사업을 민영화하겠다는 것은 결국 수돗물 정책이 실패했다는 걸 스스로 인정하는 게 아닌가 싶습니다. 그리고 민영화만 되면 모든 문제가 해결되는 것처럼 말씀하시는데요, 현실을 너무 안이하게 보고 있다는 생각이 듭니다.

사회자(남) : 말씀 중에 죄송합니다만, 수돗물 사업이 민영화되면 좀 더 효율적이고 전문적으로 운영된다는 생각에 동의할 분도 많을 것 같은데요.

김 박사(여) : 전 동의할 수 없습니다. 우선 정부도 수돗물 사업과 관련하여 충분히 전문성을 갖추고 있다고 봅니다. 현장에서 근무하는 분들의 기술 수준도 세계적이고요. 그리고 효율성 문제는요, 저희가 알아본 바에 의하면 시설 가동률이 50% 정도에 그치고 있고, 누수율도 15%나 된다는데, 이런 것들은 시설 보수나 철저한 관리를 통해 정부가 충분히 해결할 수 있다고 봅니다. 게다가 현재 상태로 민영화가 된다면 또 다른 문제가 생길 수 있습니다. 수돗물 가격의 인상을 피할 수 없다고 보는데요. 물 산업 강국이라는 프랑스도 민영화 이후에 물 값이 150%나 인상되었다고 하는데, 우리에게도 같은 일이 일어나지 않을까 걱정됩니다.

사회자(남) : 박 과장님, 김 박사님의 의견에 대해 어떻게 생각하십니까?

박 과장(남) : 민영화할 경우 아무래도 어느 정도 가격 인상 요인이 있겠습니다만 정부와 잘 협조하면 인상 폭을 최소화할 수 있으리라고 봅니다. 무엇보다도 수돗물 사업을 민간 기업이 운영하게 된다면, 수질도 개선될 것이고, 여러 가지 면에서 더욱 질 좋은 서비스를 받을 수 있을 겁니다. 또 시설 가동률과 누수율의 문제도 조속히 해결될 수 있을 겁니다.

---

8 여성 토론자의 발언으로 볼 때, 정책 담당자가 이전에 말했을 내용으로 가장 적절한 것은?

① 민영화를 통해 수돗물의 가격을 안정시킬 수 있다.
② 수돗물 사업의 전문성을 위해 기술 교육을 강화해야 한다.
③ 종합적인 대책 마련으로 수돗물을 효율적으로 공급하고 있다.
④ 효율성을 높이기 위해 수돗물 사업을 민간 기업에 맡겨야 한다.

　① 정책 담당자는 민영화할 경우 어느 정도 가격 상승 요인이 있을 것이라고 말하고 있다.
　② 정책 담당자가 주장한 내용은 '기술 교육 강화'가 아니라 '수돗물 사업의 민영화'이므로 적절하지 않다.
　③ 종합적인 대책 마련으로 수돗물을 효율적으로 공급하고 있다면 굳이 민영화할 필요가 없는 셈이므로 정책 담당자의 의견과 상반된다.

9 여성 토론자의 말하기에 대한 평가로 가장 적절한 것은?

① 전문가의 말을 인용하여 자신의 견해를 뒷받침하고 있다.
② 구체적인 정보를 활용하여 상대방의 주장을 비판하고 있다.
③ 예상되는 반론에 대해 사회적 통념을 근거로 논박하고 있다.
④ 이해가 되지 않는 부분에 대해서 타당한 근거 자료를 요구하고 있다.

　② 여성 토론자는 시설 가동률 50%, 누수율 15%, 민영화 이후 물 값이 150% 인상된 프랑스의 사례 등 구체적인 정보의 활용을 통해 상대방인 수돗물 정책 담당자의 주장을 논리적으로 비판하고 있다.

Answer ⤶ 8.④ 9.②

10 다음은 어느 공단에서 제공하고 있는 혼례비 융자 서비스와 관련된 내용이다. 이 공단에 근무하고 있는 A가 고객의 문의에 답변한 것 중 적절하지 않은 것은?

❏ 신청대상

융자 신청일 현재 소속 사업장에 3개월 이상 근로 중(다만, 일용근로자는 신청일 이전 90일 이내에 고용보험 근로내용 확인신고서에 따른 근로일수가 45일 이상인 경우)인 월 평균 소득 246만 원(세금 공제 전) 이하일 것. 다만, 비정규직 근로자는 소득요건을 적용하지 않음

❏ 융자한도

1,250만 원 범위 내

❏ 융자조건

연리 2.5% / 1년 거치 3년 매월 원리금균등분할상환(거치기간 및 상환기간변경 불가)

❏ 증빙서류

공통	• 비정규직 근로자(기간제, 단시간, 파견, 일용) : 근로계약서, 가족관계증명서(융자대상자가 근로자 본인이 아닌 경우 및 혼례비 신청에 한함) • 정규직(비정규직 외) : 소득자별 직전년도 원천징수영수증 사본, 가족관계증명서(융자대상자가 근로자 본인이 아닌 경우 및 혼례비 신청에 한함)
결혼 예정자	• 예식장 계약서 또는 청첩장 • 결혼 후 90일 이내에 결혼 증빙자료 제출(혼인관계증명서)
결혼후 신청자	혼인관계증명서

❏ 융자 신청기한

결혼일 전후 90일 이내 또는 혼인신고일로부터 90일 이내

❏ 신청제한

• 이미 융자한도액(신용보증 한도액)까지 융자를 받은 자
• 허위ㆍ부정한 방법으로 융자금을 지급받아 융자금이 회수가 결정된 적이 있는 자

① Q : 한 달 전에 결혼식을 치르고 오늘 혼인신고를 했습니다. 혼례비 융자 신청은
　　　언제까지 가능한가요?

　　A : 융자 신청기한은 결혼일 전후 90일 이내, 또는 혼인신고일로부터 90일 이내
　　　입니다. 오늘부터 90일 이내까지 신청가능하십니다.

② Q : 어제 결혼식을 올렸습니다. 혼례비 융자를 신청하려고 하는데 제출서류가 어
　　　떻게 되나요?

　　A : 결혼후 신청자의 경우 혼인관계증명서만 제출하시면 됩니다.

③ Q : 혼례비 융자로 1,000만 원을 받고 싶습니다. 1회차 이자가 얼마인가요?

　　A : 1회차 이자는 약 20,830원입니다.

④ Q : 비정규직 근로자입니다. 월평균 소득이 세금 공제 전 250만 원인데 혼례비
　　　융자가 가능한가요?

　　A : 비정규직 근로자는 소득요건을 적용하지 않습니다. 근로기간을 만족하시고 신
　　　청제한에 해당되지 않으시면 융자가 가능하십니다.

Tip ② 혼인관계증명서와 함께 비정규직 근로자의 경우 근로계약서, 가족관계증명서를, 정규직 근
로자의 경우 소득자별 직전년도 원천징수영수증 사본, 가족관계증명서를 함께 제출해야 한다.

Answer ⟿ 10.②

11 다음은 안전한 스마트뱅킹을 위한 스마트폰 정보보호 이용자 6대 안전수칙이다. 다음 안전수칙에 따르지 않은 행동은?

> 1. 의심스러운 애플리케이션 다운로드하지 않기
>   스마트폰용 악성코드는 위·변조된 애플리케이션에 의해 유포될 가능성이 있습니다. 따라서 의심스러운 애플리케이션의 다운로드를 자제하시기 바랍니다.
> 2. 신뢰할 수 없는 사이트 방문하지 않기
>   의심스럽거나 알려지지 않은 사이트를 방문할 경우 정상 프로그램으로 가장한 악성 프로그램이 사용자 몰래 설치될 수 있습니다. 인터넷을 통해 단말기가 악성코드에 감염되는 것을 예방하기 위해서 신뢰할 수 없는 사이트에는 방문하지 않도록 합니다.
> 3. 발신인이 불명확하거나 의심스러운 메시지 및 메일 삭제하기
>   멀티미디어메세지(MMS)와 이메일은 첨부파일 기능을 제공하기 때문에 스마트폰 악성코드를 유포하기 위한 좋은 수단으로 사용되고 있습니다. 해커들은 게임이나 공짜 경품지급, 혹은 유명인의 사생활에 대한 이야기 등 자극적이거나 흥미로운 내용을 전달하여 사용자를 현혹하는 방법으로 악성코드를 유포하고 있습니다. 발신인이 불명확하거나 의심스러운 메시지 및 메일은 열어보지 마시고 즉시 삭제하시기 바랍니다.
> 4. 블루투스 등 무선인터페이스는 사용 시에만 켜 놓기
>   지금까지 국외에서 발생한 스마트폰 악성코드의 상당수가 무선인터페이스의 일종인 블루투스(Bluetooth) 기능을 통해 유포된 것으로 조사되고 있습니다. 따라서 블루투스나 무선랜을 사용하지 않을 경우에는 해당 기능을 비활성화(꺼놓음) 하는 것이 필요합니다. 이로써 악성코드 감염 가능성을 줄일 뿐만 아니라 단말기의 불필요한 배터리 소모를 막을 수 있습니다.
> 5. 다운로드한 파일은 바이러스 유무를 검사한 후 사용하기
>   스마트폰용 악성프로그램은 인터넷을 통해 특정 프로그램이나 파일에 숨겨져 유포될 수 있으므로, 프로그램이나 파일을 다운로드하여 실행하고자 할 경우 가급적 스마트폰용 백신프로그램으로 바이러스 유무를 검사한 후 사용하는 것이 좋습니다.
> 6. 비밀번호 설정 기능을 이용하고 정기적으로 비밀번호 변경하기
>   단말기를 분실 혹은 도난당했을 경우 개인정보가 유출되는 것을 방지하기 위하여 단말기 비밀번호를 설정하여야 합니다. 또한 단말기를 되찾은 경우라도 악의를 가진 누군가에 의해 악성코드가 설치될 수 있기 때문에 비밀번호 설정은 중요합니다. 제품출시 시 기본으로 제공되는 비밀번호(예 : "0000")를 반드시 변경하여 사용하시기 바라며, 비밀번호를 설정할 때에는 유추하기 쉬운 비밀번호(예 : "1111", "1234" 등)는 사용하지 않도록 합니다.

① 봉순이는 유명인 A씨에 대한 사생활 내용이 담긴 MMS를 받아서 열어보고선 삭제했다.
② 형식이는 개인정보 유출을 방지하기 위해 1개월에 한번 씩 비밀번호를 변경하고 있다.
③ 음악을 즐겨듣는 지수는 블루투스를 사용하지 않을 때에는 항상 블루투스를 꺼놓는다.
④ 평소 의심이 많은 봉기는 신뢰할 수 없는 사이트는 절대 방문하지 않는다.

(Tip) ① 발신인이 불명확하거나 의심스러운 메시지 및 메일은 열어보지 말고 즉시 삭제해야 한다.

12 다음은 S기업에서 진행하는 낙후지역 벽화그리기 프로그램 제안서이다. 다음과 같은 〈조건〉으로 기대 효과에 대해 작성하려고 할 때 가장 적절한 것은?

프로그램명	낙후지역 벽화그리기
제안부서	홍보부
제안이유	우리 S기업 사옥에서 멀지 않은 ○○동은 대표적인 낙후지역으로 한부모가정 또는 조부모가정, 기초생활수급가정 등이 밀집되어 있는 곳이라 어린 아이들이 많음에도 불구하고 칠이 벗겨진 벽이 그대로 방치되어 있는 건물이 매우 많습니다. 그런 건물들 때문에 주변 공간까지 황폐해 보입니다. 저희는 이런 건물들에 생동감을 불어넣고 기업 홍보효과도 얻기 위해 벽화그리기를 제안합니다.
제안내용	벽화에는 최대한 밝은 분위기를 담아내려고 합니다. 이를 위해 함께하는 직원들과 주민들에게 설문조사를 하여 주제와 소재를 결정하려고 합니다. 프로그램 기간에는 각자 역할을 나누어 밑그림을 그리고 채색을 할 것입니다. 또한 이를 축하하는 행사도 마련하려고 하오니 좋은 아이디어가 있으면 제공해주시고, 원활하게 진행될 수 있도록 협조해 주십시오.
기대효과	

〈조건〉
• 참여 직원들에게 미치는 긍정적 효과를 드러낼 것
• 지역 주민들에게 가져올 생활상의 변화를 제시할 것

① 이 활동은 사무실에서만 주로 일하는 직원들의 사기증진과 회사에 대한 자부심, 서로 간의 협동 정신을 심어줄 수 있습니다. 또한 개선된 생활공간에서 주민들, 특히나 어린 아이들은 밝은 웃음을 되찾을 수 있을 것입니다.

② 저희 홍보부는 최선을 다해 이 일을 추진할 것입니다. 직원 여러분들께서도 많은 관심과 참여로 격려와 지원을 해 주시기 바랍니다.

③ 벽화 그리기는 사내의 분위기를 활발하게 움직이기에 매우 적합한 활동입니다. 앞으로도 홍보부는 이러한 많은 활동들을 통해 직원들의 사기증진을 위해 노력하겠습니다.

④ 벽화 그리기는 자율적이고 창의적인 사내 문화를 만들어 나가는 출발점이 될 것입니다. 이런 활동들에 주변 주민들이 함께한다면 회사 홍보효과도 함께 가져올 수 있을 것입니다.

(Tip) ②③ 기대효과라기보다 홍보부의 다짐 또는 포부이다.
④ 지역 주민들의 변화를 제시하지 못했다.

|13~14| 다음은 환전 안내문이다. 이를 보고 물음에 답하시오.

일반 해외여행자(해외체재자 및 해외유학생이 아닌 분)의 해외여행경비

• 관광, 출장, 방문 등의 목적으로 해외여행시 아래와 같이 외화를 환전할 수 있다.

환전 한도	제출 서류
• 금액 제한 없음(다만, 외국인 거주자는 1만 불 이내) ※ 동일인 기준 미화 1만 불 초과 환전 시 국세청 및 관세청에 통보된다. ※ 미화 1만 불 초과하여 휴대 출국 시, 출국 전에 관할 세관의장에게 신고하여야 한다.	• 실명확인증표 • 여권(외국인 거주자의 경우)

해외체재자(해외유학생 포함)의 해외여행경비

• 상용, 문화, 공무, 기술훈련, 6개월 미만의 국외연수 등으로 외국에 체재하는 기간이 30일을 초과하는자(해외체재자) 및 외국의 교육기관 등에서 6개월 이상 수학, 연구, 연수목적 등으로 외국에 체재하는 자(해외유학생)에 대해 아래와 같이 외화를 환전할 수 있다.

환전 한도	제출 서류
• 금액 제한 없음 ※ 건당 미화 1만 불 초과 환전 시, 지정거래은행으로부터 "외국환신고(확인)필증"을 발급 받으시기 바랍니다. ※ 연간 미화 10만 불 초과 환전 및 송금 시, 국세청에 통보된다.	• 여권 • 입학허가서 등 유학사실 입증서류(해외유학생) • 소속 단체장 또는 국외연수기관장의 출장, 파견 증명서(해외체재자)

소지 목적의 외화환전

• 국민인 거주자는 소지를 목적으로 외국환은행으로부터 금액 제한 없이 외국통화 및 여행자수표를 매입할 수 있다.

환전 한도	제출 서류
• 금액 제한 없음 ※ 동일인 기준 미화 1만 불 초과 환전 시 국세청 및 관세청에 통보된다.	• 실명확인증표

북한지역 관광객 및 남북한 이산가족 방문여행자

환전 한도	제출 서류
• 미화 2천 불	• 여권 • 북한지역관광경비 지급영수증

13 관광 목적으로 미국을 여행하려는 자가 미화 1만 5천불을 휴대하여 출국하려는 경우에는 누구에게 신고하여야 하는가?

① 한국은행 총재

② 국세청장

③ 관세청장

④ 관할 세관의장

(Tip) ④ 미화 1만 불을 초과하여 휴대 출국 시, 출국 전에 관할 세관의장에게 신고하여야 한다.

14 해외유학생이 미화 1만 5천 불을 환전하는 경우에는 지정거래은행으로부터 어떤 서류를 발급받아야 하는가?

① 소요 경비확인서

② 외국환신고(확인)필증

③ 취득경위 입증서류

④ 수수료 지급영수증

(Tip) ② 건당 미화 1만 불 초과 환전시, 지정거래은행으로부터 "외국환신고(확인)필증"을 발급받아야 한다.

Answer↝ 13.④   14.②

15 다음 글을 읽고 (A)~(D)를 옳게 짝지은 것은?

> 하드웨어란 컴퓨터 시스템의 구성물 중에서 손으로 만질 수 있는 모든 것, 이를테면 PC에서 본체 및 모니터, 키보드 등을 의미한다. 그리고 소프트웨어란 물리적으로는 존재하지 않고 논리적으로만 존재하는 것, 즉 PC에서는 '윈도우' 등의 운영체제나 '워드'와 같은 응용 프로그램 등을 의미하는 것이다. 따라서 하드웨어와 달리 수정이 용이하다는 특징이 있다. 소프트웨어를 통해 전달된 정보를 받아들인 하드웨어는 내부의 논리 회로를 거쳐 사용자가 원하는 형태의 결과물로 표현한다. 여기서 말하는 결과물이란 계산 결과의 출력이나 특정 기기의 동작 등을 의미한다.
>
> 그런데 컴퓨터 시스템의 활용 범위가 넓어지고, 소프트웨어에서 전달되는 정보 역시 방대해지다 보니 하드웨어 내 제한된 종류의 논리 회로만으로는 이러한 다양한 상황에 모두 대응하기가 어렵게 되었다. 물론, 새로운 소프트웨어가 등장할 때마다 그에 해당하는 기능을 갖춘 논리 회로를 추가한 하드웨어를 새로 만들 수도 있겠지만, 이렇게 하면 비용이나 시간 면에서 큰 낭비가 아닐 수 없다. 그래서 컴퓨터 개발자들은 하드웨어 내부의 제어 부분에 저장 공간을 만들어, 그곳에 논리 회로의 기능을 보강하거나 대신할 수 있는 프로그램을 넣을 수 있게 하였는데, 이것이 바로 '펌웨어(Firmware)'이다.
>
> 따라서, 같은 종류의 하드웨어라고 해도 내부의 펌웨어가 달라지면 기능이나 성능, 혹은 사용하는 소프트웨어의 종류가 달라질 수 있다. 즉, (A)는 프로그램의 형태를 갖추고 있으므로 기능적으로는 (B)에 가깝고 (C) 내부에 위치하며, 사용자가 쉽게 그 내용을 바꿀 수 없으므로 (D)적인 특성도 함께 가지고 있다고 할 수 있다.

	(A)	(B)	(C)	(D)
①	펌웨어	소프트웨어	소프트웨어	하드웨어
②	펌웨어	소프트웨어	하드웨어	하드웨어
③	소프트웨어	하드웨어	하드웨어	펌웨어
④	하드웨어	하드웨어	펌웨어	소프트웨어

 즉, <u>펌웨어</u>는 프로그램의 형태를 갖추고 있으므로 기능적으로는 <u>소프트웨어</u>에 가깝고 <u>하드웨어</u> 내부에 위치하며, 사용자가 쉽게 그 내용을 바꿀 수 없으므로 <u>하드웨어</u>적인 특성도 함께 가지고 있다고 할 수 있다.

16 丙은 경영지원 관련 직무를 담당하게 된 신입사원으로 다른 신입사원들과 사원위생과 관련된 스터디 모임을 조직하였다. 다음 대화에서 빈 칸에 들어갈 丙씨의 답변으로 가장 적절한 것은?

> 많은 질병은 비누나 손 세정제 등으로 손을 깨끗이 씻기 등 개인위생 수칙을 준수하는 것으로도 예방이 된다. 씻지 않은 손으로 눈, 코, 입을 만지는 것을 삼가고 기침할 때는 입안 분비물이 튀지 않도록 입을 막아야 다른 사람에게 질병을 옮기는 것을 막을 수 있다.
>
> – 스터디 사전 예습 자료 中

> 甲 : 많은 사원들이 요즘 유행하는 독감 때문에 연차를 내고 있어서 회사에 손실이 커. 독감 예방법을 사원들에게 알리는 캠페인을 실시하라는 지시가 내려왔어.
> 乙 : 회사 특성상 다른 사람들을 만나는 업무가 주를 이루는데, 미팅이 끝난 후 다른 곳으로 이동하기 전에 꼭 손을 씻으라고 하는 것은 어떨까?
> 丙 : (   )
> 丁 : 기침할 때 팔로 입을 막거나 손수건을 이용하도록 홍보해야겠어.

① 하지만 가장 중요한 것은 꾸준한 운동을 통해 면역력을 키우는 것이지.
② 질병이 감염된 사람이 다른 사람의 감염을 초래하지 않도록 해야 해.
③ 손 세정제를 사원 개인에게 분배하여 들고다니게 하면 화장실이 없는 곳에서도 손을 깨끗이 할 수 있어.
④ 손을 대충 씻는 것은 효과가 없다고 하니 올바른 손 씻기 방법을 알리는 부착물을 회사 화장실 곳곳에 부착하는 것이 좋겠어.

> **Tip** 스터디 사전 예습 자료에 따르면 많은 질병이 비누나 손 세정제 등으로 손을 깨끗이 씻기 등 개인위생 수칙을 준수하는 것으로도 예방이 된다. 따라서 사람들을 만나고 이동하기 전에 손 씻기를 강조하려는 의도를 가진 乙의 질문에 가장 적절한 丙의 답변은 ③이다.

Answer⌐ 15.② 16.③

17 다음은 산재보험의 소멸과 관련된 글이다. 다음 보기 중 글의 내용은 올바르게 이해한 것이 아닌 것은 무엇인가?

> **가. 보험관계의 소멸사유**
> - 사업의 폐지 또는 종료 : 사업이 사실상 폐지 또는 종료된 경우를 말하는 것으로 법인의 해산등기 완료, 폐업신고 또는 보험관계소멸신고 등과는 관계없음
> - 직권소멸 : 근로복지공단이 보험관계를 계속해서 유지할 수 없다고 인정하는 경우에는 직권소멸 조치
> - 임의가입 보험계약의 해지신청 : 사업주의 의사에 따라 보험계약해지 신청가능하나 신청 시기는 보험가입승인을 얻은 해당 보험 연도 종료 후 가능
> - 근로자를 사용하지 아니할 경우 : 사업주가 근로자를 사용하지 아니한 최초의 날부터 1년이 되는 날의 다음날 소멸
> - 일괄적용의 해지 : 보험가입자가 승인을 해지하고자 할 경우에는 다음 보험 연도 개시 7일 전까지 일괄적용해지신청서를 제출하여야 함
>
> **나. 보험관계의 소멸일 및 제출서류**
> (1) 사업의 폐지 또는 종료의 경우
> - 소멸일 : 사업이 사실상 폐지 또는 종료된 날의 다음 날
> - 제출서류 : 보험관계소멸신고서 1부
> - 제출기한 : 사업이 폐지 또는 종료된 날의 다음 날부터 14일 이내
> (2) 직권소멸 조치한 경우
> - 소멸일 : 공단이 소멸을 결정·통지한 날의 다음날
> (3) 보험계약의 해지신청
> - 소멸일 : 보험계약해지를 신청하여 공단의 승인을 얻은 날의 다음 날
> - 제출서류 : 보험관계해지신청서 1부
> ※ 다만, 고용보험의 경우 근로자(적용제외 근로자 제외) 과반수의 동의를 받은 사실을 증명하는 서류(고용보험 해지신청 동의서)를 첨부하여야 함

① 고용보험과 산재보험의 해지 절차가 같은 것은 아니다.

② 사업장의 사업 폐지에 따른 서류 및 행정상의 절차가 완료되어야 보험관계가 소멸된다.

③ 근로복지공단의 판단으로도 보험관계가 소멸될 수 있다.

④ 보험 일괄해지를 원하는 보험가입자는 다음 보험 연도 개시 일주일 전까지 서면으로 요청을 해야 한다.

 산재보험의 소멸은 명확한 서류나 행정상의 절차를 완료한 시점이 아닌 사업이 사실상 폐지 또는 종료된 시점에 이루어진 것으로 판단하며, 법인의 해산 등기 완료, 폐업신고 또는 보험관계소멸신고 등과는 관계없다.
① 마지막 부분에 고용보험 해지에 대한 특이사항이 기재되어 있다.
③ '직권소멸'은 적절한 판단에 의해 근로복지공단이 취할 수 있는 소멸 형태이다.

18 다음 대화에서 높임 표현에 대한 설명으로 적절한 것은?

> 점원 : 손님, ㉠발이 정말 예쁘시네요.
>
> 손님 : 그래요? 고마워요.
>
> 점원 : ㉡이 신발이 손님께 잘 어울리겠어요.
>
> 손님 : 정말요? ㉢그럼 이걸로 살게요.
>
> 점원 : 발 크기가 어떻게 되세요?
>
> 손님 : 235mm예요.
>
> 점원 : (잠시 찾은 후) 손님, 죄송합니다. ㉣그 크기의 상품은 다 떨어지셨어요.

① ㉠ : 서술어에 '–시네요'를 썼으므로 주어에 '께서'를 붙여야 한다.

② ㉡ : 객체인 '손님께'를 높이기 위해 '–시–'를 써야만 한다.

③ ㉢ : 대화 상대방을 높일 필요가 없으므로 '요'를 빼야 한다.

④ ㉣ : 주어가 높임의 대상이 아니므로 '–시–'를 쓰지 말아야 한다.

(Tip) ① ㉠ : '께서'는 신체의 일부분인 '발'을 높이는 데 쓸 수 없다.

② ㉡ : '–시–'는 주체를 높이는 형태소이므로 객체를 높인다는 설명은 알맞지 않다.

③ ㉢ : 대화에서 손님이 점원에게 처음부터 계속 높임 표현을 쓰고 있기 때문에 갑자기 상대방에게 높임 표현을 하지 않는 것은 알맞지 않다.

Answer ⤷ 17.② 18.④

19 다음은 H공단에서 공지한 공고문의 내용이다. 이 공고문의 수정사항을 지적한 〈보기〉와 내용 중, 적절한 것을 모두 고른 것은 어느 것인가?

〈2018년 지정측정기관 평가 실시 공고〉

산업안전보건법 제42조제9항, 시행규칙 제97조, 고용노동부고시 제2017-27호에 따라 「2018년 지정측정기관 평가」 실시계획을 다음과 같이 공고합니다.

1. 평가방법 : 기관별 방문평가
2. 평가표 : 지정측정기관 평가 설명회 시(3월 8일) 배포
3. 평가대상기관 : 산업안전보건법 시행령 제32조의3에 따른 지정측정기관
4. 평가자 : 안전보건공단 직원 및 외부전문가
5. 평가대상 업무 : 2016년도 평가일 기준 최근 2년간 업무(2016.1.27.~2017.12.31.)
   ※ 평가대상 기관 중 2016.1.27. 이후 지정받은 기관인 경우에는 지정측정기관 지정일로부터 2017.12.31.까지 수행한 업무에 대하여 평가
6. 평가일정
• 평가실시 : 2018. 3월 26일(월)~7월 13일(금) 중 1~2일
   ※ 기관평가 방문일은 평가반별로 해당 기관과 유선 협의 후 확정
• 평가결과(절대점수) 통보 : 2018. 7월 중
• 이의신청 접수 및 처리 : 2018. 8월 중
   ※ 이의신청 내용이 타당한 경우에 한하여 재평가 실시
• 최종 평가결과 평가등급 공표 : 2018. 8월 중

2018년 2월 23일
한국 H공단

㈎ 개별 통보기관에 대한 설명이 없어 자사가 대상기관에 해당되는지 알 수 없다.
㈏ 날짜를 숫자로 표기할 경우, '일'을 표기하는 숫자 뒤에 마침표를 쓰지 않아야 한다.
㈐ 문의사항과 관련한 연락처를 제공하지 않아 불편함이 예상된다.
㈑ 평가방법과 평가표에 대한 내용을 먼저 작성하는 것은 순서에 맞지 않는다.

---

① ㈏, ㈐, ㈑
② ㈎, ㈐, ㈑
③ ㈎, ㈏, ㈑
④ ㈎, ㈏, ㈐

㈎ 이러한 경우, 평가대상기관 항목 아래 '개별기관별 별도 통보함'이라는 문구를 삽입해 주는 것이 바람직하다.
㈏ 연월일의 표시에서는 모든 아라비아 숫자 뒤에 마침표를 쓰는 것이 문서작성 원칙이다.
㈐ 공고문이나 안내문 등에서는 연락처를 기재하는 것이 원칙이다.
㈑ 1번과 2번 항목이 5번 항목의 뒤로 오는 것이 일반적인 순서에 맞고, 읽는 사람이 알고자 하는 사항을 적절한 순서로 작성한 것으로 볼 수 있다.

20 다음 메모와 관련된 내용으로 옳지 않은 것은?

> MEMO
>
> To : All Staff
> From : Robert Burns
> Re : Staff meeting
>
>   This is just to remind everyone about the agenda for Monday's meeting. The meeting will be a combination of briefing and brainstorming session, Please come prepared to propose ideas for reorganizing the office! And remember that we want to maintain a positive atmosphere in the meeting. We don't criticize any ideas you share. All staff members are expected to attend meeting!

① 전 직원들에게 알리는 글이다.

② 간부들만 회의에 참석할 수 있음을 알리는 글이다.

③ 회의는 브리핑과 브레인스토밍 섹션으로 구성될 것이다.

④ 사무실 재편성에 관한 아이디어에 관한 회의가 월요일에 있을 것이다.

 메모

전 직원들에게
Robert Burns로부터
직원 회의에 관하여
월요일에 있을 회의 안건에 대하여 모두에게 알리고자 합니다. 회의는 브리핑과 브레인스토밍 섹션으로 구성될 예정입니다. 회의에서 제안할 사무실 재편성에 관한 아이디어를 준비하여 오시기 바랍니다. 회의는 긍정적인 분위기를 유지하기를 원한다는 점을 기억하시기 바랍니다. 우리는 회의에서 여러분이 제안한 그 어떤 아이디어에도 전혀 비판을 하지 않을 것입니다. 모든 직원들이 회의에 참석할 것을 기대합니다.

21 다음 중 외국인과의 미팅약속에 늦었을 경우의 사과의 표현으로 적절한 것은?

① We must apologize for being late.

② We deeply regret his absence.

③ I do apologize for not attending the meeting.

④ I'm really sorry for rescheduling.

 ① 늦은 것에 대해 사과를 드립니다.
② 정말 그의 불참에 깊이 사과드립니다.
③ 정말 회의에 불참한 것에 대해 사과를 드립니다.
④ 일정변경에 대해 정말 사과를 드립니다.

Answer → 19.② 20.② 21.①

22 다음은 열차 및 철도시설에서 촬영하는 경우 유의사항 안내이다. 다음 중 안내문에 따른 금지사항이 아닌 것은?

> **전차선 감전사고 주의**
> • 승강장 및 선로 상 촬영 시 2m 이상 장비사용을 제한한다.
> • 불가피하게 장비가 필요할 경우 안전요원을 배치한다.
>
> **역 구내 촬영시 금지사항**
> • 선로에 출입하거나 통행하는 행위
> • 열차 승강장의 비상정지버튼을 작동시켜 열차운행에 지장을 주는 행위
> • 궤도의 중심으로부터 양측으로 폭 3m 이내의 장소에 철도차량의 안전 운행에 지장을 주는 물건을 방치하는 행위
>
> **열차 내·외부 촬영시 금지사항**
> • 기관실에 출입하는 행위
> • 열차운행 중에 타고 내리거나, 비상정지버튼을 누르거나, 승강용 출입문을 여는 등 열차의 장치 또는 기구 등을 조작하는 행위
> • 유해물 또는 열차운행에 지장을 줄 수 있는 오물을 버리는 행위
> • 흡연하는 행위
>
> **기타 철도 시설물 촬영시 금지사항**
> • 선로에 출입하거나 통행하는 행위
> • 허가된 구역 외 촬영제한 및 금지구역 촬영행위

① 열차운행 중에 비상정지버튼을 누르는 행위
② 열차 내에서 오물을 버리는 행위
③ 열차 내에서 담배를 들고 있는 행위
④ 선로에 출입하는 행위

　　　Tip　③ 열차 내·외부 촬영 시 흡연하는 행위가 금지사항에 해당된다.

23 According to the message below, why does Mr. Scott want Peter to call back?

To : Peter Lee

Date : Tue. Oct 25

While You Were Out · · ·

Mr. James Scott of Sun Flower Inc.

Phone (02)-1588-1588

Telephoned	✓	Returned Your Call	
Will Call Again		Came To See You	
Please Call	✓	Wants To See You	

Message :

Urgent ✓✓

Mr. Scott called about the board meeting that is scheduled for tomorrow.
He asks that you call him back immediately because the topic of your committee has been changed.

TAKEN BY : Marry Anderson

① to arrange board meeting

② to notify schedule change

③ to inform topic change

④ to contact committee members

 윗글을 통해 이사회의 회의주제가 변경되었다는 것을 알 수 있다.
   ① 이사회 회의를 준비하려고
   ② 일정변경을 알리려고
   ③ 주제변경을 알리려고
   ④ 이사회 회원들에게 연락하려고

Answer ┌→ 22.③ 23.③

24 다음을 읽고 〈사례〉를 분석한 것으로 적절하지 않은 것은?

> 중고차 시장에서 팔고 있는 자동차의 절반은 '복숭아(훌륭한 자동차)'이고 나머지 절반은 '레몬(결함이 있는 형편없는 차)'이라고 가정해볼 때, 판매자들은 자신들이 팔고 있는 차가 레몬인지 복숭아인지 알고 있지만, 구매자들은 자동차가 레몬일 확률과 복숭아일 확률이 50%임을 알고 있을 뿐이다. 이와 같은 상황에서 구매자가 중고 자동차를 구입한다고 하자. 구매자가 중고 자동차의 적정 가격이 200만 원에서 250만 원이라 생각하고 판매자와 흥정을 하게 된다면 100만 원도 안 되는 레몬을 갖고 있는 판매자는 주저함 없이 이 자동차를 200만 원에 팔 것이다. 하지만 400만 원 이상의 가치를 지닌 복숭아를 갖고 있는 판매자는 손해를 볼 수는 없으므로 팔지 않을 것이다. 판매자들은 이익의 극대화를 목표로 삼기 때문이다. 하지만 이러한 거래가 몇 번 반복되다 보면 구매자는 판매자들이 자신을 속이고 있다는 사실을 눈치 채게 될 것이다. 이러한 '정보의 비대칭' 상황이 지속된다면 이 시장은 그 기능을 완전히 상실하게 될 것이다.
>
> 경제학자 스티글리츠는 시장에서 정보의 불균형을 해소할 수 있는 방안을 제안하였다. 그는 정보가 적은 사람이 필요한 정보를 얻어내기 위해 노력해야 함을 강조하였는데, 이러한 과정에서 '심사'가 중요하다고 역설하였다. 예컨대 '정보의 비대칭'을 해결하기 위해 구매자는 레몬을 복숭아로 속여 파는 판매자들을 사전에 '위험 부류'로 분류하거나, 레몬인지 복숭아인지를 확인할 수 있는 방법을 미리 익혀 중고 자동차를 사기 전에 이를 적용해 보아야 한다는 것이다.

> 〈사례〉
>
> 툭 하면 아픈 A와 건강을 잘 유지해 온 B는 장래를 대비하기 위해 C라는 생명보험 회사의 건강 보험 상품을 계약하려고 한다. A와 B에 대한 정보가 없는 C는 A와 B에게 나이가 몇인지, 담배를 피우는지, 병으로 입원한 적은 없는지, 부모나 가까운 친척 중에 질병으로 사망한 경우가 있는지 등에 대해 물었다. C는 A와 B의 답변을 바탕으로 A와 B의 보험료를 다르게 책정하려고 하였다.

① C의 입장에서 볼 때, A는 '레몬'에 해당한다고 볼 수 있다.

② C의 입장에서 볼 때, B는 '복숭아'에 해당한다고 볼 수 있다.

③ C가 A와 B에 대한 정확한 정보를 갖게 된다면 손해 볼 확률은 낮아질 것이다.

④ 장기적 관점에서 볼 때, 보험 가입자들이 정보를 노출하지 않아야 이익을 극대화할 수 있다.

(Tip) ④ 정보를 노출하지 않는 것은 '정보의 비대칭'을 야기하여 시장에 악영향을 미치므로 이익을 극대화할 수 없다.

25 장기기증본부에 근무하는 A는 기증된 신장이 대기 순번에 따라 배분되는 신장이식의 배분원칙이 각 수요자의 개별적 특성을 고려하지 못한 비효율적인 방식이라고 느끼게 되었다. 그래서 상사에게 환자의 수술 성공 확률, 수술 성공 후 기대 수명, 병의 위중 정도 등을 고려하는 배분원칙을 적용하는 것이 어떠냐고 제안하였다. 다음 중 A가 제안한 방식과 같은 방식이 적용된 것을 모두 고르면?

> ㉠ 시립 유치원에 취학을 신청한 아동들은 그 시 주민들의 자녀이고 각자 취학의 권리를 가지고 있으므로 취학 연령 아동들은 모두 동등한 기회를 가져야 한다. 유치원에 다니는 기간을 한정해서라도 모든 아이들에게 같은 기간 동안 유치원에 다닐 수 있는 기회를 제공해야 한다는 것이다. 그러기 위해서는 추첨으로 선발하는 방법이 유용하다.
>
> ㉡ 국고는 국민들의 세금으로 충당되고 모든 국민은 동등한 주권을 가지며 모든 유권자는 동등한 선거권을 가지므로 선거자금 지원의 대상은 후보가 아니라 유권자다. 유권자는 이 자금을 사용해 자신의 이해관계를 대변할 대리인으로서 후보를 선택하는 것이다. 따라서 유권자 한 명당 동일한 지원액을 산정해 유권자 개인에게 분배하고 유권자들이 후보에게 이 지원금을 직접 기부하게 해야 한다. 그 결과 특정 후보들에게 더 많은 자금 지원이 이루어질 수는 있다.
>
> ㉢ 이해 당사자들이 한정되어 있고 그 이해관계의 연관성과 민감도가 이해 당사자마다 다른 사회문제에 있어서는 결정권을 달리 할 필요가 있다. 예를 들어 혐오시설 유치를 결정하는 투표에서 그 유치 지역 주민들이 각자 한 표씩 행사하는 것이 아니라, 혐오시설 유치 장소와 거주지의 거리 및 생업의 피해 정도를 기준으로 이해관계가 클수록 더 많은 표를 행사할 수 있어야 한다.

① ㉠

② ㉡

③ ㉢

④ ㉠, ㉡

 A가 제안한 배분원칙은 요점은 사안의 개별적인 특성을 고려하여 우선순위를 정하자는 것이다. 이러한 방식이 적용된 사례는 ㉢뿐이다.

㉠ 동등한 권리, 동등한 기회를 근거로 아동들의 특성과 상관없이 추첨으로 선발하는 방법을 적용하고 있다.

㉡ 동등한 주권, 동등한 선거권을 근거로 유권자 개인의 특성과 상관없이 동일한 지원액을 산정하며, 후보의 특성에 상관없이 유권자의 직접 기부라는 동일한 지원 방식을 적용하고 있다.

Answer ☞ 24.④ 25.③

26 주식회사 한국에 다니고 있는 김○○ 대리는 거래처 VIP 명단을 바탕으로 연말에 있을 회사 송년회에 초청장을 작성하고 있다. 다음의 VIP 명단과 작성방법 따라 우편라벨을 작성한다고 할 때, 바르게 작성한 것을 고르면? (단, 초청장에 대한 회신은 요하지 않는다)

❑ 거래처 VIP 명단

번호	거래처	주소(지번주소)	우편번호	담당자명 (소속/직위)
1	㈜G.M.	파주시 산업단지길 139(문발동 472번지)	10878 (487-451)	김철수 (홍보팀/대리)
2	혜민상사	대전광역시 유성구 가정로 306-6 (도룡동 391번지)	34130 (745-400)	이혜림 (영업부/부장)
3	마인＋	서울특별시 마포구 양화로 106 S빌딩 3층(서교동 31-13번지)	04038 (125-144)	박소정 (대외협력팀/차장)
4	N디자인	광주광역시 북구 양일로 70(연제동 1007번지)	61091 (547-201)	이영은 (영업팀/팀장)
5	㈜장&김	인천광역시 남구 경인로 256(심곡동 73-20번지)	14750 (312-666)	장윤서 (관리과/과장)

❑ 우편라벨 작성방법
• 우편번호는 〈보내는 사람〉 가장 윗부분 첫머리에 5자리로 작성한다.
• 주소를 작성할 때에는 우편번호와 한 줄 정도의 간격을 두고 작성하며, 주소를 먼저 쓰고 그 아래에 회사명을 적는다. 주소는 지번주소 또는 도로명주소로 쓸 수 있다.
• 발신자 명은 회사명과 한 줄 정도의 간격을 두고 작성하며, 회사명이 끝나는 위치에서 시작하여 소속, 직위, 이름순으로 작성하고 뒤에 '보냄' 또는 '드림'을 붙인다.
• 우편라벨에 동봉한 우편물에 대한 메모를 적을 경우, 우편번호와 같은 줄에 앞뒤 간격을 두고 간단히 작성하며 생략 가능하다. 단, 회신이 필요한 경우에 한하여 반드시 '회신 요망'을 기재한다.
• 〈받는 사람〉 작성방법은 〈보내는 사람〉 작성 방법과 동일하며, 수신자 명 뒤에 '보냄', '드림' 대신 '님', '귀하'를 쓴다.

① 〈받는 사람〉
10878   회신 요망

파주시 산업단지길 139
㈜ G. M.

        홍보팀 대리 김철수 귀하

② 〈받는 사람〉
745-400

대전광역시 유성구 도룡동 391번지
혜민상사

        영업부 부장 이혜림 님

③ 〈받는 사람〉
14750   초청장 재중

인천광역시 남구 심곡동 73-20번지
㈜ 장&김

        관리과 장윤서 과장 귀하

④ 〈받는 사람〉
61091

광주광역시 북구 양일로 70
N디자인

        영업팀 팀장 이영은 님

 ① 초청장은 회신을 요하지 않으므로 '회신 요망'을 기재하지 않는다.
② 우편번호는 5자리로 작성해야 한다.
③ 발신자 명은 소속, 직위, 이름순으로 작성해야 한다. 〈받는 사람〉 작성방법은 〈보내는 사람〉 작성 방법과 동일하므로 '관리과 과장 장윤서 귀하'로 써야 한다.

Answer ⟶ 26.④

27 다음 글을 읽고 옳게 추론한 것을 모두 고르면?

> 기후변화란 자연적인 요인과 인위적인 요인에 의해 기후계가 점차 변화하는 것을 의미한다. IPCC(Intergovernmental Panel on Climate Change : 기후변화에 관한 정부간 협의체)는 최근의 기후변화가 인간 활동에 의한 지구온난화 때문에 발생했을 가능성이 90%이며, 그 주요 원인은 화석연료의 과도한 사용으로 인한 온실가스 농도의 증가라고 밝히고 있다. 지구온난화에 가장 큰 영향을 미치는 6대 온실가스로는 이산화탄소(CO_2), 메탄(CH_4), 아산화질소(N_2O), 과불화탄소(PFCS), 수불화탄소(HFCS), 육불화황(SF_6)이 있다. 이 중 이산화탄소의 평균 농도는 산업혁명 전에는 약 280ppm이었으나, 2005년에는 379ppm으로 약 35.4%가 증가하였다.
>
> 한편 인공위성 관측자료(1979~2005년)에 의하면, 남극해 및 남극대륙 일부를 제외하고 전 지표면에서 온난화가 나타나고 있으며, 지난 20년 동안 육지의 온난화가 해양보다 빠르게 진행되어 왔다. 특히 온난화의 진행 정도는 북반구가 남반구에 비하여 훨씬 심하며, 북극지방의 평균온도 증가율은 지구 평균온도 증가율의 약 2배에 이르고 있다. 지난 43년 간(1961~2003년) 해수면은 연평균 0.17 ± 0.05m, 해수온은 약 0.1°C 상승한 것으로 관측되었다. 해수면 상승의 주요 원인으로는 해수 열팽창과 빙하 해빙을 들 수 있다. 강수의 경우 눈보다는 비가 많으며 폭우가 전 지역에서 증가하였고, 가뭄과 홍수 발생지역도 증가하는 추세이다.

> ㉠ 현재와 같은 온난화 추세가 지속되는 한, 북반구의 평균 온도변화는 남반구의 평균온도변화보다 더 클 수 있다.
> ㉡ 기후변화로 인한 육지의 생태계 변화는 해양의 생태계 변화보다 심하지 않을 것이다.
> ㉢ 산업혁명 이후 6대 온실가스 중에서 이산화탄소 농도의 증가율이 가장 크다.
> ㉣ 남극해의 평균온도 증가율은 지구 평균온도 증가율의 약 2배에 이르고 있다.

① ㉠   ② ㉠, ㉢

③ ㉡, ㉣   ④ ㉢, ㉣

 ㉡ 지난 20년 동안 육지의 온난화가 해양보다 빠르게 진행되어 왔다.
㉢ 산업혁명 이후 6대 온실가스의 농도 증가율 순위는 알 수 없다.
㉣ 북극지방의 평균온도 증가율이 지구 평균온도 증가율의 약 2배에 이르고 있다.

28 다음은 가족제도의 붕괴, 비혼, 저출산 등 사회적인 이슈에 대해 자유롭게 의견을 나누는 자리에서 직원들 간에 나눈 대화의 일부분이다. 이를 바탕으로 옳게 추론한 것을 모두 고르면?

> 남1 : 가족은 혼인제도에 의해 성립된 집단으로 두 명의 성인 남녀와 그들이 출산한 자녀 또는 입양한 자녀로 이루어져야만 해. 이러한 가족은 공동의 거주, 생식 및 경제적 협력이라는 특성을 갖고 있어.
>
> 여1 : 가족은 둘 이상의 사람들이 함께 거주하면서 지속적인 관계를 유지하는 집단을 말해. 이들은 친밀감과 자원을 서로 나누고 공동의 의사결정을 하며 가치관을 공유하는 등의 특성이 있지.
>
> 남2 : 핵가족은 전통적인 성역할에 기초하여 아동양육, 사회화, 노동력 재생산 등의 기능을 가장 이상적으로 수행할 수 있는 가족 구조야. 그런데 최근 우리사회에서 발생하는 출산율 저하, 이혼율 증가, 여성의 경제활동 참여율 증가 등은 전통적인 가족 기능의 위기를 가져오는 아주 심각한 사회문제야. 그래서 핵가족 구조와 기능을 유지할 수 있는 정책이 필요해.
>
> 여2 : 전통적인 가족 개념은 가부장적 위계질서를 가지고 있었어. 하지만 최근에는 민주적인 가족관계를 형성하고자 하는 의지가 가족 구조를 변화시키고 있지. 게다가 여성의 자아실현 욕구가 증대하고 사회·경제적 구조의 변화에 따라 남성 혼자서 가족을 부양하기 어려운 것이 현실이야. 그래서 한 가정 내에서 남성과 여성이 모두 경제활동에 참여할 수 있도록 지원하는 국가의 정책이 필요하다고 생각해.

> ㉠ 남1에 의하면 민족과 국적이 서로 다른 두 남녀가 결혼하여 자녀를 입양한 가정은 가족으로 인정하기 어렵다.
> ㉡ 여1과 남2는 동성(同性) 간의 결합을 가족으로 인정하고 지지할 것이다.
> ㉢ 남2는 아동보육시설의 확대정책보다는 아동을 돌보는 어머니에게 매월 일정액을 지급하는 아동수당 정책을 더 선호할 것이다.
> ㉣ 여2는 무급의 육아휴직 확대정책보다는 육아도우미의 가정파견을 전액 지원하는 국가정책을 더 선호할 것이다.

① ㉠, ㉢

② ㉡, ㉣

③ ㉢, ㉣

④ ㉠, ㉡, ㉢

 ㉠ 남1의 발언에는 두 명의 성인 남녀라는 조건만 있을 뿐 민족과 국적에 대한 언급은 없다. 따라서 민족과 국적이 서로 다른 두 성인 남녀가 결혼하여 자녀를 입양한 가정은 가족으로 인정할 수 있다.
㉡ 여1은 동성 간의 결합을 가족으로 인정하고 지지할 수 있지만, 남2는 핵가족 구조를 전통적인 성역할에 기초한다고 보기 때문에 동성 간의 결합을 가족으로 인정하고 지지하지 않을 것이다.
㉢ 남2는 여성의 경제활동 참여율 증가를 전통적인 가족 기능의 위기를 가져오는 심각

Answer ㉠ 27.① 28.③

한 사회문제로 보고 있다. 따라서 여성의 경제활동 참여를 지원하는 아동보육시설의 확대정책보다는 아동을 돌보는 어머니에게 매월 일정액을 지급하는 아동수당 정책을 더 선호할 것이다.

ⓔ 여2는 남성 혼자서 가족을 부양하기 어려운 현실을 지적하며 남녀 모두 경제활동에 참여할 수 있도록 지원하는 국가의 정책이 필요하다고 보는 입장이다. 따라서 여성 직장인이 휴직을 해야 하는 육아휴직 확대정책보다는 여성의 경제활동이 유지될 수 있도록 육아도우미의 가정파견을 전액 지원하는 국가정책을 더 선호할 것이다.

29 다음 규정을 바탕으로 옳게 추론한 것을 〈보기〉에서 모두 고르면?

> **헌법 제117조**
> ① 지방자치단체는 주민의 복리에 관한 사무를 처리하고 재산을 관리하며, 법령의 범위 안에서 자치에 관한 규정을 제정할 수 있다.
> ② 지방자치단체의 종류는 법률로 정한다.
>
> **헌법 제118조**
> ① 지방자치단체에 의회를 둔다.
> ② 지방의회의 조직·권한·의원선거와 지방자치단체장의 선임방법 기타 지방자치단체의 조직과 운영에 관한 사항은 법률로 정한다.
>
> **헌법 제130조** 국회는 재적의원 과반수의 출석과 출석의원 과반수의 찬성으로 법률을 제정·개정할 수 있다.
>
> **지방자치법 제41조** 지방의회는 매년 1회 그 지방자치단체의 사무에 대하여 시·도에서는 10일의 범위에서, 시·군 및 자치구에서는 7일의 범위에서 감사를 실시할 수 있다.
>
> **지방자치법 제42조** 지방자치단체는 관할 구역의 자치사무와 법령에 따라 지방자치단체에 속하는 사무를 처리한다.
>
> **감사원법 제22조**
> ① 감사원은 다음 각 호의 사항을 검사한다.
>   1. 국가의 회계
>   2. 지방자치단체의 회계
> ② 감사원은 지방자치단체의 사무와 그에 소속한 지방공무원의 직무를 감찰한다.
>
> ※ 지방자치단체에는 ① 광역지방자치단체(특별시·광역시·도·특별자치도), ② 기초지방자치단체(시·군·자치구) 등이 있다.
> ※ 감사원의 감사권에는 회계검사권과 직무감찰권이 있다.

㉠ 법률을 개정하여 현행 지방행정체계를 변경할 수 있다.
㉡ 중앙정부가 지방자치단체장을 임명할 수 있도록 법률로 정할 수 있다.
㉢ 시·군 및 자치구가 독자적으로 처리하기에 부적당한 사무는 법률로 광역지방자치단체의 사무로 정할 수 있다.
㉣ 지방의회가 감사를 실시한 지방자치단체의 사무를 감사원이 중복하여 감사할 수 있다.

① ㉠, ㉡, ㉢
② ㉠, ㉡, ㉣
③ ㉠, ㉢, ㉣
④ ㉠, ㉡, ㉢, ㉣

㉠ 헌법 제117조 ②에 따르면 지방자치단체의 종류는 법률로 정한다. 따라서 법률을 개정하면 현행 지방행정체계를 변경할 수 있다.

㉡ 헌법 제118조 ②에 따르면 지방자치단체장의 선임방법은 법률로 정한다. 따라서 중앙정부가 지방자치단체장을 임명할 수 있도록 법률로 정할 수 있다.

㉢ 지방자치법 제42조에 따르면 지방자치단체는 법령에 따라 지방자치단체에 속하는 사무를 처리한다. 따라서 시·군 및 자치구가 독자적으로 처리하기에 부적당한 사무는 법률로 광역지방자치단체 사무로 정할 수 있다.

㉣ 감사원법 제22조 ②에 따르면 감사원은 지방자치단체의 사무를 감찰한다. 중복감사 금지는 언급되어 있지 않다.

30 〈보기〉 중 글의 내용과 부합하는 것은 몇 개인가?

고생물의 골격, 이빨, 패각 등의 단단한 조직은 부패와 속성작용에 대한 내성을 가지고 있기 때문에 화석으로 남기 쉽다. 여기서 속성작용이란 퇴적물이 퇴적분지에 운반·퇴적된 후 단단한 암석으로 굳어지기까지의 물리·화학적 변화를 포함하는 일련의 과정을 일컫는다. 그러나 이들 딱딱한 조직도 지표와 해저 등에서 지하수와 박테리아의 분해작용을 받으면 화석이 되지 않는다. 따라서 딱딱한 조직을 가진 생물은 전혀 그렇지 않은 생물보다 화석이 될 가능성이 크지만, 그것은 어디까지나 이차적인 조건이다.

화석이 되기 위해서는 우선 지질시대를 통해 고생물이 진화·발전하여 개체수가 충분히 많아야 한다. 다시 말하면, 화석이 되어 남는 고생물은 그 당시 매우 번성했던 생물인 것이다. 진화론에서 생물이 한 종에서 다른 종으로 진화할 때 중간 단계의 전이형태가 나타나지 않음은 오랫동안 문제시되어 왔다. 이러한 '잃어버린 고리'에 대한 합리적 해석으로 엘드리지와 굴드가 주장한 단속 평형설이 있다. 이에 따르면 새로운 종은 모집단에서 변이가 누적되어 서서히 나타나는 것이 아니라 모집단에서 이탈, 새로운 환경에 도전하는 소수의 개체 중에서 비교적 이른 시간에 급속하게 출현한다. 따라서 자연히 화석으로 남을 기회가 상대적으로 적다는 것이다.

고생물의 사체가 화석으로 남기 위해서는 분해 작용을 받지 않아야 하고 이를 위해 가능한 한 급속히 퇴적물 속에 매몰될 필요가 있다. 대개의 경우 이러한 급속 매몰은 바람, 파도, 해류의 작용에 의한 마멸, 파괴 등의 기계적인 힘으로부터 고생물의 사체를 보호한다거나, 공기와 수중의 산소와 탄소에 의한 화학적인 분해 및 박테리아에 의한 분해, 포식동물에 의한 생물학적인 파괴를 막아 줄 가능성이 높기 때문이다. 퇴적물 속에 급속히 매몰되면 딱딱한 조직을 가지지 않은 해파리와 같은 생물도 화석으로 보존될 수 있으므로 급속 매몰이 중요한 의의를 가진다.

〈보기〉
㉠ 화석의 고생물이 생존했던 당시에는 대부분의 생물이 딱딱한 조직을 가지고 있었음을 알 수 있다.
㉡ 딱딱한 조직이 없는 고생물은 퇴적물 속에 급속히 매몰되어도 분해작용을 받으면 화석으로 남기 어렵다.
㉢ 단속 평형설은 연관된 화석의 발굴과 분석을 통하여 생물의 진화상 중간단계의 생물종을 설명하고 있다.

① 1개   ② 2개
③ 3개   ④ 4개

ⓒ만 제시된 글의 내용과 부합한다.

ⓐ 첫 문단 마지막 부분에 따르면 딱딱한 조직을 가진 생물은 화석이 될 가능성이 크지만 어디까지나 이차적인 조건이라고 언급하고 있다. 또한 마지막 문단에서 퇴적물 속에 급속히 매몰되면 딱딱한 조직을 가지지 않은 해파리와 같은 생물도 화석으로 보존될 수 있다고 말하고 있으므로, 대부분의 생물이 딱딱한 조직을 가지고 있었다고 할 수는 없다.

ⓒ 마지막 문단에서 해파리 화석의 예를 들어 딱딱한 조직이 없는 고생물도 급속히 매몰되면 화석으로 보존될 수 있다고 언급하고 있다.

ⓔ 마지막 문단에 따르면 수중의 산소와 탄소에 의한 화학적인 분해를 막아 줄 가능성이 높아져서 화학의 수가 증가될 가능성이 있다.

Answer ⟶ 30.①

02 수리능력

1 직장생활과 수리능력

(1) 기초직업능력으로서의 수리능력

① 개념 ··· 직장생활에서 요구되는 사칙연산과 기초적인 통계를 이해하고 도표의 의미를 파악하거나 도표를 이용해서 결과를 효과적으로 제시하는 능력을 말한다.

② 수리능력은 크게 기초연산능력, 기초통계능력, 도표분석능력, 도표작성능력으로 구성된다.
   ⊙ **기초연산능력** : 직장생활에서 필요한 기초적인 사칙연산과 계산방법을 이해하고 활용할 수 있는 능력
   ⓒ **기초통계능력** : 평균, 합계, 빈도 등 직장생활에서 자주 사용되는 기초적인 통계기법을 활용하여 자료의 특성과 경향성을 파악하는 능력
   ⓒ **도표분석능력** : 그래프, 그림 등 도표의 의미를 파악하고 필요한 정보를 해석하는 능력
   ② **도표작성능력** : 도표를 이용하여 결과를 효과적으로 제시하는 능력

(2) 업무수행에서 수리능력이 활용되는 경우

① 업무상 계산을 수행하고 결과를 정리하는 경우

② 업무비용을 측정하는 경우

③ 고객과 소비자의 정보를 조사하고 결과를 종합하는 경우

④ 조직의 예산안을 작성하는 경우

⑤ 업무수행 경비를 제시해야 하는 경우

⑥ 다른 상품과 가격비교를 하는 경우

⑦ 연간 상품 판매실적을 제시하는 경우

⑧ 업무비용을 다른 조직과 비교해야 하는 경우

⑨ 상품판매를 위한 지역조사를 실시해야 하는 경우

⑩ 업무수행과정에서 도표로 주어진 자료를 해석하는 경우

⑪ 도표로 제시된 업무비용을 측정하는 경우

예제 1

다음 자료를 보고 주어진 상황에 대한 물음에 답하시오.

〈근로소득에 대한 간이 세액표〉

월 급여액(천 원) [비과세 및 학자금 제외]		공제대상 가족 수				
이상	미만	1	2	3	4	5
2,500	2,520	38,960	29,280	16,940	13,570	10,190
2,520	2,540	40,670	29,960	17,360	13,990	10,610
2,540	2,560	42,380	30,640	17,790	14,410	11,040
2,560	2,580	44,090	31,330	18,210	14,840	11,460
2,580	2,600	45,800	32,680	18,640	15,260	11,890
2,600	2,620	47,520	34,390	19,240	15,680	12,310
2,620	2,640	49,230	36,100	19,900	16,110	12,730
2,640	2,660	50,940	37,810	20,560	16,530	13,160
2,660	2,680	52,650	39,530	21,220	16,960	13,580
2,680	2,700	54,360	41,240	21,880	17,380	14,010
2,700	2,720	56,070	42,950	22,540	17,800	14,430
2,720	2,740	57,780	44,660	23,200	18,230	14,850
2,740	2,760	59,500	46,370	23,860	18,650	15,280

※ 갑근세는 제시되어 있는 간이 세액표에 따름
※ 주민세＝갑근세의 10%
※ 국민연금＝급여액의 4.50%
※ 고용보험＝국민연금의 10%
※ 건강보험＝급여액의 2.90%
※ 교육지원금＝분기별 100,000원(매 분기별 첫 달에 지급)

박○○ 사원의 5월 급여내역이 다음과 같고 전월과 동일하게 근무하였으나 특별수당은 없고 차량지원금으로 100,000원을 받게 된다면, 6월에 받게 되는 급여는 얼마인가? (단, 원 단위 절삭)

(주) 서원플랜테크 5월 급여내역			
성명	박○○	지급일	5월 12일
기본급여	2,240,000	갑근세	39,530
직무수당	400,000	주민세	3,950
명절 상여금		고용보험	11,970
특별수당	20,000	국민연금	119,700
차량지원금		건강보험	77,140
교육지원		기타	
급여계	2,660,000	공제합계	252,290
		지급총액	2,407,710

① 2,443,910
② 2,453,910
③ 2,463,910
④ 2,473,910

(3) 수리능력의 중요성

① 수학적 사고를 통한 문제해결

② 직업세계의 변화에의 적응

③ 실용적 가치의 구현

(4) 단위환산표

구분	단위환산
길이	1cm = 10mm, 1m = 100cm, 1km = 1,000m
넓이	1cm² = 100mm², 1m² = 10,000cm², 1km² = 1,000,000m²
부피	1cm³ = 1,000mm³, 1m³ = 1,000,000cm³, 1km³ = 1,000,000,000m³
들이	1mℓ = 1cm³, 1dℓ = 100cm³, 1L = 1,000cm³ = 10dℓ
무게	1kg = 1,000g, 1t = 1,000kg = 1,000,000g
시간	1분 = 60초, 1시간 = 60분 = 3,600초
할푼리	1푼 = 0.1할, 1리 = 0.01할, 1모 = 0.001할

예제 2

둘레의 길이가 4.4km인 정사각형 모양의 공원이 있다. 이 공원의 넓이는 몇 a인가?

① 12,100a

② 1,210a

③ 121a

④ 12.1a

[출제의도]
길이, 넓이, 부피, 들이, 무게, 시간, 속도 등 단위에 대한 기본적인 환산 능력을 평가하는 문제로서, 소수점 계산이 필요하며, 자릿수를 읽고 구분할 줄 알아야 한다.

[해설]
공원의 한 변의 길이는
$4.4 \div 4 = 1.1(\mathrm{km})$이고
$1\mathrm{km}^2 = 10,000a$이므로
공원의 넓이는
$1.1\mathrm{km} \times 1.1\mathrm{km} = 1.21km^2$
$= 12,100a$

답 ①

(1) 기초연산능력

① **사칙연산** … 수에 관한 덧셈, 뺄셈, 곱셈, 나눗셈의 네 종류의 계산법으로 업무를 원활하게 수행하기 위해서는 기본적인 사칙연산뿐만 아니라 다단계의 복잡한 사칙연산까지도 수행할 수 있어야 한다.

② **검산** … 연산의 결과를 확인하는 과정으로 대표적인 검산방법으로 역연산과 구거법이 있다.
   ㉠ **역연산** : 덧셈은 뺄셈으로, 뺄셈은 덧셈으로, 곱셈은 나눗셈으로, 나눗셈은 곱셈으로 확인하는 방법이다.
   ㉡ **구거법** : 원래의 수와 각 자리 수의 합이 9로 나눈 나머지가 같다는 원리를 이용한 것으로 9를 버리고 남은 수로 계산하는 것이다.

 예제 3

다음 식을 바르게 계산한 것은?

$$1 + \frac{2}{3} + \frac{1}{2} - \frac{3}{4}$$

① $\frac{13}{12}$ ② $\frac{15}{12}$

③ $\frac{17}{12}$ ④ $\frac{19}{12}$

[출제의도]
직장생활에서 필요한 기초적인 사칙연산과 계산방법을 이해하고 활용할 수 있는 능력을 평가하는 문제로서, 분수의 계산과 통분에 대한 기본적인 이해가 필요하다.

[해설]
$$\frac{12}{12} + \frac{8}{12} + \frac{6}{12} - \frac{9}{12} = \frac{17}{12}$$

답 ③

---

(2) 기초통계능력

① 업무수행과 통계
   ㉠ **통계의 의미** : 통계란 집단현상에 대한 구체적인 양적 기술을 반영하는 숫자이다.
   ㉡ 업무수행에 통계를 활용함으로써 얻을 수 있는 이점
   • 많은 수량적 자료를 처리가능하고 쉽게 이해할 수 있는 형태로 축소
   • 표본을 통해 연구대상 집단의 특성을 유추
   • 의사결정의 보조수단
   • 관찰 가능한 자료를 통해 논리적으로 결론을 추출·검증

ⓒ 기본적인 통계치
- 빈도와 빈도분포 : 빈도란 어떤 사건이 일어나거나 증상이 나타나는 정도를 의미하며, 빈도분포란 빈도를 표나 그래프로 종합적으로 표시하는 것이다.
- 평균 : 모든 사례의 수치를 합한 후 총 사례 수로 나눈 값이다.
- 백분율 : 전체의 수량을 100으로 하여 생각하는 수량이 그중 몇이 되는가를 퍼센트로 나타낸 것이다.

② 통계기법
ⓐ 범위와 평균
- 범위 : 분포의 흩어진 정도를 가장 간단히 알아보는 방법으로 최곳값에서 최젓값을 뺀 값을 의미한다.
- 평균 : 집단의 특성을 요약하기 위해 가장 자주 활용하는 값으로 모든 사례의 수치를 합한 후 총 사례 수로 나눈 값이다.
- 관찰값이 1, 3, 5, 7, 9일 경우 범위는 $9 - 1 = 8$이 되고, 평균은 $\dfrac{1+3+5+7+9}{5} = 5$가 된다.

ⓑ 분산과 표준편차
- 분산 : 관찰값의 흩어진 정도로, 각 관찰값과 평균값의 차의 제곱의 평균이다.
- 표준편차 : 평균으로부터 얼마나 떨어져 있는가를 나타내는 개념으로 분산값의 제곱근 값이다.
- 관찰값이 1, 2, 3이고 평균이 2인 집단의 분산은 $\dfrac{(1-2)^2 + (2-2)^2 + (3-2)^2}{3} = \dfrac{2}{3}$

이고 표준편차는 분산값의 제곱근 값인 $\sqrt{\dfrac{2}{3}}$ 이다.

③ 통계자료의 해석
ⓐ 다섯숫자요약
- 최솟값 : 원자료 중 값의 크기가 가장 작은 값
- 최댓값 : 원자료 중 값의 크기가 가장 큰 값
- 중앙값 : 최솟값부터 최댓값까지 크기에 의하여 배열했을 때 중앙에 위치하는 사례의 값
- 하위 25%값 · 상위 25%값 : 원자료를 크기 순으로 배열하여 4등분한 값
ⓑ **평균값과 중앙값** : 평균값과 중앙값은 그 개념이 다르기 때문에 명확하게 제시해야 한다.

예제 4

인터넷 쇼핑몰에서 회원가입을 하고 디지털캠코더를 구매하려고 한다. 다음은 구입하고자 하는 모델에 대하여 인터넷 쇼핑몰 세 곳의 가격과 조건을 제시한 표이다. 표에 있는 모든 혜택을 적용하였을 때 디지털캠코더의 배송비를 포함한 실제 구매가격을 바르게 비교한 것은?

구분	A 쇼핑몰	B 쇼핑몰	C 쇼핑몰
정상가격	129,000원	131,000원	130,000원
회원혜택	7,000원 할인	3,500원 할인	7% 할인
할인쿠폰	5% 쿠폰	3% 쿠폰	5,000원
중복할인여부	불가	가능	불가
배송비	2,000원	무료	2,500원

① A<B<C 　　　　　　② B<C<A
③ C<A<B 　　　　　　④ C<B<A

[출제의도]
직장생활에서 자주 사용되는 기초적인 통계기법을 활용하여 자료의 특성과 경향성을 파악하는 능력이 요구되는 문제이다.

[해설]
㉠ A 쇼핑몰
  • 회원혜택을 선택한 경우 :
    $129,000 - 7,000 + 2,000 = 124,000$(원)
  • 5% 할인쿠폰을 선택한 경우 :
    $129,000 \times 0.95 + 2,000 = 124,550$(원)
㉡ B 쇼핑몰 :
    $131,000 \times 0.97 - 3,500 = 123,570$(원)
㉢ C 쇼핑몰
  • 회원혜택을 선택한 경우 :
    $130,000 \times 0.93 + 2,500 = 123,400$(원)
  • 5,000원 할인쿠폰을 선택한 경우 : $130,000 - 5,000 + 2,500 = 127,500$(원)
∴ C<B<A

답 ④

---

(3) 도표분석능력

① 도표의 종류

　㉠ 목적별 : 관리(계획 및 통제), 해설(분석), 보고

　㉡ 용도별 : 경과 그래프, 내역 그래프, 비교 그래프, 분포 그래프, 상관 그래프, 계산 그래프

　㉢ 형상별 : 선 그래프, 막대 그래프, 원 그래프, 점 그래프, 층별 그래프, 레이더 차트

② 도표의 활용

　㉠ 선 그래프

　　• 주로 시간의 경과에 따라 수량에 의한 변화 상황(시계열 변화)을 절선의 기울기로 나타내는 그래프이다.

　　• 경과, 비교, 분포를 비롯하여 상관관계 등을 나타낼 때 쓰인다.

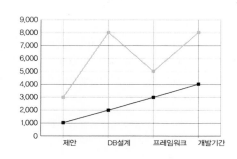

ⓛ 막대 그래프

• 비교하고자 하는 수량을 막대 길이로 표시하고 그 길이를 통해 수량 간의 대소관계를 나타내는 그래프이다.

• 내역, 비교, 경과, 도수 등을 표시하는 용도로 쓰인다.

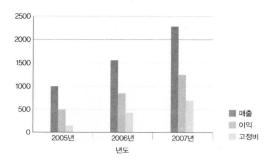

ⓒ 원 그래프

• 내역이나 내용의 구성비를 원을 분할하여 나타낸 그래프이다.

• 전체에 대해 부분이 차지하는 비율을 표시하는 용도로 쓰인다.

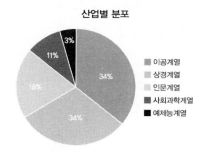

ⓒ 점 그래프

- 종축과 횡축에 2요소를 두고 보고자 하는 것이 어떤 위치에 있는가를 나타내는 그래프 이다.
- 지역분포를 비롯하여 도시, 기방, 기업, 상품 등의 평가나 위치·성격을 표시하는데 쓰 인다.

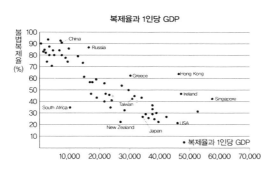

ⓓ 층별 그래프

- 선 그래프의 변형으로 연속내역 봉 그래프라고 할 수 있다. 선과 선 사이의 크기로 데 이터 변화를 나타낸다.
- 합계와 부분의 크기를 백분율로 나타내고 시간적 변화를 보고자 할 때나 합계와 각 부 분의 크기를 실수로 나타내고 시간적 변화를 보고자 할 때 쓰인다.

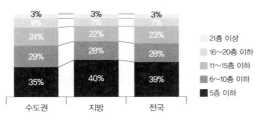

ⓔ 레이더 차트(거미줄 그래프)

- 원 그래프의 일종으로 비교하는 수량을 직경, 또는 반경으로 나누어 원의 중심에서의 거리에 따라 각 수량의 관계를 나타내는 그래프이다.
- 비교하거나 경과를 나타내는 용도로 쓰인다.

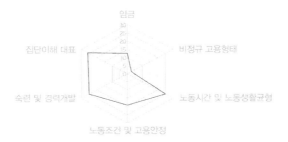

③ 도표 해석상의 유의사항

　㉠ 요구되는 지식의 수준을 넓힌다.

　㉡ 도표에 제시된 자료의 의미를 정확히 숙지한다.

　㉢ 도표로부터 알 수 있는 것과 없는 것을 구별한다.

　㉣ 총량의 증가와 비율의 증가를 구분한다.

　㉤ 백분위수와 사분위수를 정확히 이해하고 있어야 한다.

예제 5

다음 표는 2009 ～ 2010년 지역별 직장인들의 자기개발에 관해 조사한 내용을 정리한 것이다. 이에 대한 분석으로 옳은 것은?

(단위 : %)

연도\구분\지역	2009				2010			
	자기개발하고 있음	자기개발 비용 부담 주체			자기개발하고 있음	자기개발 비용 부담 주체		
		직장 100%	본인 100%	직장50%+본인50%		직장 100%	본인 100%	직장50%+본인50%
충청도	36.8	8.5	88.5	3.1	45.9	9.0	65.5	24.5
제주도	57.4	8.3	89.1	2.9	68.5	7.9	68.3	23.8
경기도	58.2	12	86.3	2.6	71.0	7.5	74.0	18.5
서울시	60.6	13.4	84.2	2.4	72.7	11.0	73.7	15.3
경상도	40.5	10.7	86.1	3.2	51.0	13.6	74.9	11.6

① 2009년과 2010년 모두 자기개발 비용을 본인이 100% 부담하는 사람의 수는 응답자의 절반 이상이다.

② 자기개발을 하고 있다고 응답한 사람의 수는 2009년과 2010년 모두 서울시가 가장 많다.

③ 자기개발 비용을 직장과 본인이 각각 절반씩 부담하는 사람의 비율은 2009년과 2010년 모두 서울시가 가장 높다.

④ 2009년과 2010년 모두 자기개발을 하고 있다고 응답한 비율이 가장 높은 지역에서 자기개발비용을 직장이 100% 부담한다고 응답한 사람의 비율이 가장 높다.

[출제의도]

그래프, 그림, 도표 등 주어진 자료를 이해하고 의미를 파악하여 필요한 정보를 해석하는 능력을 평가하는 문제이다.

[해설]

② 지역별 인원수가 제시되어 있지 않으므로, 각 지역별 응답자 수는 알 수 없다.

③ 2009년에는 경상도에서, 2010년에는 충청도에서 가장 높은 비율을 보인다.

④ 2009년과 2010년 모두 '자기개발을 하고 있다'고 응답한 비율이 가장 높은 지역은 서울시이며, 2010년의 경우 자기개발 비용을 직장이 100% 부담한다고 응답한 사람의 비율이 가장 높은 지역은 경상도이다.

답 ①

(4) 도표작성능력

① 도표작성 절차
    ㉠ 어떠한 도표로 작성할 것인지를 결정
    ㉡ 가로축과 세로축에 나타낼 것을 결정
    ㉢ 한 눈금의 크기를 결정
    ㉣ 자료의 내용을 가로축과 세로축이 만나는 곳에 표현
    ㉤ 표현한 점들을 선분으로 연결
    ㉥ 도표의 제목을 표기

② 도표작성 시 유의사항
    ㉠ 선 그래프 작성 시 유의점
      • 세로축에 수량, 가로축에 명칭구분을 제시한다.
      • 선의 높이에 따라 수치를 파악하는 경우가 많으므로 세로축의 눈금을 가로축보다 크게 하는 것이 효과적이다.
      • 선이 두 종류 이상일 경우 반드시 그 명칭을 기입한다.
    ㉡ 막대 그래프 작성 시 유의점
      • 막대 수가 많을 경우에는 눈금선을 기입하는 것이 알아보기 쉽다.
      • 막대의 폭은 모두 같게 하여야 한다.
    ㉢ 원 그래프 작성 시 유의점
      • 정각 12시의 선을 기점으로 오른쪽으로 그리는 것이 보통이다.
      • 분할선은 구성비율이 큰 순서로 그린다.
    ㉣ 층별 그래프 작성 시 유의점
      • 눈금은 선 그래프나 막대 그래프보다 적게 하고 눈금선은 넣지 않는다.
      • 층별로 색이나 모양이 완전히 다른 것이어야 한다.
      • 같은 항목은 옆에 있는 층과 선으로 연결하여 보기 쉽도록 한다.

┃1~3┃ 다음은 일정한 규칙에 따라 배열한 수열이다. 빈칸에 알맞은 것을 고르시오.

1

$$7 \quad 9 \quad 12 \quad 4 \quad (\quad) \quad -1 \quad 22$$

① 15   ② 17

③ 19   ④ 21

 홀수 번째 항은 +5, 짝수 번째 항은 −5의 규칙을 가진다.
따라서 12 + 5 = 17

2

$$1 \quad 2 \quad 3 \quad 5 \quad 8 \quad 13 \quad (\quad)$$

① 21   ② 23

③ 25   ④ 27

 앞의 두 항을 더한 것이 다음 항이 되는 피보나치 수열이다.
따라서 8 + 13 = 21

3

$$2 \quad 4 \quad 0 \quad 6 \quad -2 \quad 8 \quad (\quad)$$

① −1   ② −2

③ −3   ④ −4

(Tip) +2, −4, +6, −8, +10, −12 규칙을 가진다.
따라서 8 − 12 = −4

▌4~5▐ 다음에 제시된 숫자의 배열을 보고 규칙을 찾아 ?에 들어갈 숫자를 고르시오.

4

4	3
5	

5	7
10	

6	10
?	

① 13   ② 14

③ 15   ④ 16

A	B
C	

∴ (A + B) − 2 = C

5

44	87	25
52	74	31
17	?	23

① 55   ② 65

③ 75   ④ 85

AB	EF	CD

∴ A + B = E, C + D = F

Answer 1.②   2.①   3.④   4.②   5.④

6 비가 온 다음 날 비가 올 확률은 $\frac{1}{3}$ 이고, 비가 오지 않은 다음 날 비가 올 확률은 $\frac{1}{4}$ 이다. 수요일에 비가 왔을 때, 금요일에 비가 올 확률은?

① $\frac{1}{9}$　　　　　　　　　　　② $\frac{1}{6}$

③ $\frac{2}{9}$　　　　　　　　　　　④ $\frac{5}{18}$

 목요일에 비가 왔을 경우의 확률과 목요일에 비가 오지 않았을 경우의 확률을 더하면 된다.

목요일에 비가 오고, 금요일에 비가 올 확률 : $\frac{1}{3} \times \frac{1}{3} = \frac{1}{9}$

목요일에 비가 오지 않고, 금요일에 비가 올 확률 : $\frac{2}{3} \times \frac{1}{4} = \frac{1}{6}$

따라서 금요일에 비가 올 확률은 $\frac{1}{9} + \frac{1}{6} = \frac{2+3}{18} = \frac{5}{18}$ 이다.

7 270g의 물이 들어있는 컵에 30g의 식염을 혼합시켜 식염수를 만든 후 210g의 식염수를 따라 냈다. 컵에 남은 식염수에 물과 식염을 더하여 농도 12%의 식염수 150g을 만들고 싶다. 물은 몇 g이 필요한가?

① 39g　　　　　　　　　　　② 43g

③ 48g　　　　　　　　　　　④ 51g

 270g의 물에 30g의 식염을 혼합하여 만든 식염수의 농도 : $\frac{30}{270+30} \times 100 = 10(\%)$

농도 10%의 식염수 210g을 따라낸 후 컵에 남은 식염수 중 식염의 중량은 $\frac{10}{100} \times (300-210) = 9(\text{g})$

만들어야 할 12%의 식염수 150g 중 식염의 중량은 $\frac{12}{100} \times 150 = 18(\text{g})$

새로 더해야 할 식염의 중량은 $18-9 = 9(\text{g})$
새로 더해야 할 물의 중량은 $150-90-9 = 51(\text{g})$

8 제품 하나를 만드는 데 A기계와 B기계가 사용된다. A기계만을 사용하면 15일이 걸리고, B기계만을 사용하면 25일이 걸린다. 두 기계 모두 일정한 속도로 일을 진행한다고 할 때, A와 B기계를 동시에 사용하면 하루에 제품이 약 몇 % 만들어지는가?

① 9.8%   ② 10.7%
③ 11.2%   ④ 11.8%

 제품 하나를 만드는 데 A기계만 사용하면 15일이 걸리고, B기계만 사용하면 25일이 걸리므로, A기계는 하루에 제품 하나의 $\frac{1}{15}$ 을 만들고, B기계는 하루에 제품 하나의 $\frac{1}{25}$ 을 만든다.

따라서 A와 B기계를 동시에 사용하면 하루에 제품 하나의 $\left(\frac{1}{15}+\frac{1}{25}\right)=\frac{8}{75}=0.10666\cdots$ 을 만들 수 있다. 즉, 약 10.7%가 만들어진다.

9 시험관에 미생물의 수가 4시간 마다 3배씩 증가한다고 한다. 지금부터 4시간 후의 미생물 수가 270,000이라고 할 때, 지금부터 8시간 전의 미생물 수는 얼마인가?

① 10,000   ② 30,000
③ 60,000   ④ 90,000

 지금부터 4시간 후의 미생물 수가 270,000이므로 현재 미생물의 수는 270,000 ÷ 3 = 90,000이다. 4시간 마다 3배씩 증가한다고 하였으므로, 지금부터 8시간 전의 미생물 수는 90,000 ÷ 3 ÷ 3 = 10,000이다.

Answer ▸ 6.④ 7.④ 8.② 9.①

10 철도 레일 생산업체인 '강한 금속'은 A, B 2개의 생산라인에서 레일을 생산한다. 2개의 생산라인을 하루 종일 가동할 경우 3일 동안 525개의 레일을 생산할 수 있으며, A라인만을 가동하여 생산할 경우 90개/일의 레일을 생산할 수 있다. A라인만을 가동하여 5일간 제품을 생산하고 이후 2일은 B라인만을, 다시 추가로 2일간은 A, B라인을 함께 가동하여 생산을 진행한다면, 강한 금속이 생산한 총 레일의 개수는 모두 몇 개인가?

① 940개   ② 970개
③ 1,050개   ④ 1,120개

 2개의 생산라인을 하루 종일 가동하여 3일간 525개의 레일을 생산하므로 하루에 2개 생산라인에서 생산되는 레일의 개수는 525 ÷ 3 = 175개가 된다. 이때, A라인만을 가동하여 생산할 수 있는 레일의 개수가 90개/일이므로 B라인의 하루 생산 개수는 175 − 90 = 85개가 된다.
따라서 A라인 5일, B라인 2일, A + B라인 2일의 생산 결과를 계산하면, 생산한 총 레일의 개수는 (90 × 5) + (85 × 2) + (175 × 2) = 450 + 170 + 350 = 970개가 된다.

11 ○○전기 A지역본부의 작년 한 해 동안의 송전과 배전 설비 수리 건수는 총 238건이다. 설비를 개선하여 올해의 송전과 배전 설비 수리 건수가 작년보다 각각 40%, 10%씩 감소하였다. 올해 수리 건수의 비가 5 : 3일 경우, 올해의 송전 설비 수리 건수는 몇 건인가?

① 102건   ② 100건
③ 98건   ④ 95건

 작년의 송전 설비 수리 건수를 x, 배전 설비 수리 건수를 y라고 할 때, $x + y = 238$이 성립한다. 또한 감소 비율이 각각 40%와 10%이므로 올해의 수리 건수는 $0.6x$와 $0.9y$가 되며, 이것의 비율이 5 : 3이므로 $0.6x : 0.9y = 5 : 3$이 되어 $1.8x = 4.5y(\rightarrow x = 2.5y)$가 된다.
따라서 두 연립방정식을 계산하면, $3.5y = 238$이 되어 $y = 68$, $x = 170$건임을 알 수 있다.
그러므로 올 해의 송전 설비 수리 건수는 $170 \times 0.6 = 102$건이 된다.

12 어떤 일을 정수가 혼자하면 6일, 선희가 혼자하면 12일 걸린다. 정수와 선희가 함께 동시에 일을 시작했지만 정수가 중간에 쉬어서 일을 끝마치는데 8일이 걸렸다고 한다. 이때, 정수가 쉬었던 기간은?

① 3일　　　　　　　　　　　② 4일

③ 5일　　　　　　　　　　　④ 6일

 하루에 정수가 하는 일의 양은 $\dfrac{1}{6}$

하루에 선희가 하는 일의 양은 $\dfrac{1}{12}$

선희는 처음부터 8일 동안 계속해서 일을 하였으므로 선희가 한 일의 양은 $\dfrac{1}{12} \times 8$

(일의 양) − (선희가 한 일의 양) = (정수가 한 일의 양)

$1 - \dfrac{8}{12} = \dfrac{4}{12}$

정수가 일을 하는데 걸린 시간은 $\dfrac{4}{12} \div \dfrac{1}{6} = 2$(일)

(작업 기간) − (정수가 일한 기간) = (정수가 쉬었던 날)이므로 8−2=6

즉, 6일이 된다.

13 남자 1명으로는 4시간, 여자 1명으로는 8시간 걸리는 일이 있다. 남녀 두 쌍이 협력해서 일을 한다면 몇 시간 내에 끝낼 수 있겠는가?

① 1시간 10분　　　　　　　② 1시간 20분

③ 1시간 30분　　　　　　　④ 1시간 40분

 일 전체를 1이라고 할 때,

시간당 남자 1명이 할 수 있는 양은 $\dfrac{1}{4}$, 시간당 여자 1명이 할 수 있는 일의 양은 $\dfrac{1}{8}$이다.

남녀 두 쌍이 협력할 때의 일의 양은 $2\left(\dfrac{1}{4} + \dfrac{1}{8}\right) = \dfrac{24}{32}$

걸린 시간 $= \dfrac{1}{\frac{24}{32}} = 1 + \dfrac{8}{24} = 1\dfrac{1}{3} = 1$시간 20분

Answer ↪ 10.② 11.① 12.④ 13.②

14 아시안 게임에 참가한 어느 종목의 선수들을 A, B, C 등급으로 분류하여 전체 4천5백만 원의 포상금을 지급하려고 한다. A등급의 선수 각각은 B등급보다 2배, B등급은 C등급보다 1.5배 지급하려고 한다. A등급은 5명, B등급은 10명, C등급은 15명이라면, A등급을 받은 선수 한 명에게 지급될 금액은?

① 300만 원   ② 400만 원

③ 450만 원   ④ 500만 원

 A등급 한 명에게 지급되는 금액을 $6x$, B등급 한 명에게 지급되는 금액을 $3x$, C등급 한 명에게 지급되는 금액을 $2x$라 하면,

$6x \times 5 + 3x \times 10 + 2x \times 15 = 4,500$(만 원), $x = 50 \rightarrow 6x = 300$(만 원)

15 현재 58세인 홍만씨에게는 7세, 4세의 손자가 있다. 홍만씨의 나이가 두 손자 나이를 더한 것의 2배가 되었을 때 홍만씨는 몇 세이겠는가?

① 60세   ② 65세

③ 70세   ④ 75세

 몇 년 뒤를 x라고 하면,

$58 + x = 2(7 + x + 4 + x)$

$58 + x = 22 + 4x$

$\therefore x = 12$

12년 뒤, 손자들은 19세, 16세가 되며, 홍만씨는 70세가 된다.

16 제시된 자료는 ○○병원 직원의 병원비 지원에 대한 내용이다. 다음 중 A~D 직원 4명의 총 병원비 지원 금액은 얼마인가?

병원비 지원 기준

■ 임직원 본인의 수술비 및 입원비 : 100% 지원
■ 임직원 가족의 수술비 및 입원비
• 임직원의 배우자 : 90% 지원
• 임직원의 직계 존·비속 : 80%
• 임직원의 형제 및 자매 : 50%(단, 직계 존·비속 지원이 우선되며, 해당 신청이 없을 경우에 한하여 지급한다.)
• 병원비 지원 신청은 본인 포함 최대 3인에 한한다.

병원비 신청 내역

A 직원	본인 수술비 300만 원, 배우자 입원비 50만 원
B 직원	배우자 입원비 50만 원, 딸 수술비 200만 원
C 직원	본인 수술비 300만 원, 아들 수술비 400만 원
D 직원	본인 입원비 100만 원, 어머니 수술비 100만 원, 남동생 입원비 50만 원

① 1,200만 원   ② 1,250만 원
③ 1,300만 원   ④ 1,350만 원

 병원비 지원 기준에 따라 각 직원이 지원 받을 수 있는 내역을 정리하면 다음과 같다.

A 직원	본인 수술비 300만 원(100% 지원), 배우자 입원비 50만 원(90% 지원)
B 직원	배우자 입원비 50만 원(90% 지원), 딸 수술비 200만 원(직계비속→80% 지원)
C 직원	본인 수술비 300만 원(100% 지원), 아들 수술비 400만 원(직계비속→80% 지원)
D 직원	본인 입원비 100만 원(100% 지원), 어머니 수술비 100만 원(직계존속→80% 지원), 남동생 입원비 50만 원(직계존속 신청 有→지원 ×)

이를 바탕으로 A~D 직원 4명이 총 병원비 지원 금액을 계산하면 1,350만 원이다.

A 직원	300 + (50 × 0.9) = 345만 원
B 직원	(50 × 0.9) + (200 × 0.8) = 205만 원
C 직원	300 + (400 × 0.8) = 620만 원
D 직원	100 + (100 × 0.8) = 180만 원

17 다음은 국가별 자국 영화 점유율에 대한 도표이다. 이에 대한 설명으로 적절하지 않은 것은?

(단위 : %)

연도 국가	2009	2010	2011	2012
한국	50.8	42.1	48.8	46.5
일본	47.7	51.9	58.8	53.6
영국	28.0	31.1	16.5	24.0
독일	18.9	21.0	27.4	16.8
프랑스	36.5	45.3	36.8	35.7
스페인	13.5	13.3	16.0	12.7
호주	4.0	3.8	5.0	4.5
미국	90.1	91.7	92.1	92.0

① 자국 영화 점유율에서, 유럽 국가가 한국을 앞지른 해는 한 번도 없다.

② 지난 4년 간 자국 영화 점유율이 매년 꾸준히 상승한 국가는 하나도 없다.

③ 2009년 대비 2012년 자국 영화 점유율이 가장 많이 하락한 국가는 한국이다.

④ 2011년의 자국 영화 점유율이 해당 국가의 4년 간 통계에서 가장 높은 경우가 절반이 넘는다.

 ① 2010년에 프랑스가 45.3%로 한국의 42.1%를 앞질렀다.

18 다음은 11개 전통건축물의 공포양식과 주요 구조물의 치수에 대한 조사 자료이다. 이에 대한 설명 중 옳은 것은?

(단위 : 척)

명칭	현 소재지	공포양식	기둥 지름	처마서까래 지름	부연	
					폭	높이
숭례문	서울	다포	1.80	0.60	0.40	0.50
관덕정	제주	익공	1.50	0.50	0.25	0.30
봉정사 화엄강당	경북	주심포	1.50	0.55	0.40	0.50
문묘 대성전	서울	다포	1.75	0.55	0.35	0.45
창덕궁 인정전	서울	다포	2.00	0.70	0.40	0.60
남원 광한루	전북	익공	1.40	0.60	0.55	0.55
화엄사 각황전	전남	다포	1.82	0.70	0.50	0.60
창의문	서울	익공	1.40	0.50	0.30	0.40
장곡사 상대웅전	충남	주심포	1.60	0.60	0.40	0.60
무량사 극락전	충남	다포	2.20	0.80	0.35	0.50
덕수궁 중화전	서울	다포	1.70	0.70	0.40	0.50

① 서울에 있는 건축물은 모두 다포식으로 지어졌다.
② 11개 건축물의 최대 기둥 지름은 2.00척이다.
③ 11개 건축물의 부연은 높이가 폭보다 크다.
④ 각 건축물의 기둥지름 대비 처마서까래지름 비율은 0.50을 넘지 않는다.

Tip
① 창의문은 익공식으로 지어졌다.
② 11개 건축물의 기둥 지름이 가장 큰 건축물은 무량사 극락전으로 2.20척이다.
③ 남원 광한루는 부연의 높이와 폭이 같다.

19 다음 표는 A카페의 커피 판매정보에 대한 자료이다. 한 잔만을 더 판매하고 영업을 종료한다고 할 때, 총이익이 정확히 64,000원이 되기 위해서 판매해야 하는 메뉴는?

〈표〉 A카페의 커피 판매정보

(단위 : 원, 잔)

구분 메뉴	한 잔 판매가격	현재까지의 판매량	한 잔당 재료(재료비)				
			원두 (200)	우유 (300)	바닐라시럽 (100)	초코시럽 (150)	카라멜시럽 (250)
아메리카노	3,000	5	○	×	×	×	×
카페라떼	3,500	3	○	○	×	×	×
바닐라라떼	4,000	3	○	○	○	×	×
카페모카	4,000	2	○	○	×	○	×
카라멜마끼아또	4,300	6	○	○	○	×	○

* 1) 메뉴별 이익＝(메뉴별 판매가격－메뉴별 재료비)×메뉴별 판매량

　2) 총이익은 메뉴별 이익의 합이며, 다른 비용은 고려하지 않음

　3) A카페는 5가지 메뉴만을 판매하며, 메뉴별 한 잔 판매가격과 재료비는 변동 없음

　4) ○ : 해당 재료 한 번 사용

　　× : 해당 재료 사용하지 않음

① 아메리카노　　　　　　　　　② 카페라떼

③ 바닐라라떼　　　　　　　　　④ 카페모카

 현재까지의 판매 이익은 다음과 같다.
- 아메리카노 : $(3,000-200)×5=14,000$ 원
- 카페라떼 : $(3,500-500)×3=9,000$ 원
- 바닐라라떼 : $(4,000-600)×3=10,200$ 원
- 카페모카 : $(4,000-650)×2=6,700$ 원
- 카라멜마끼아또 : $(4,300-850)×6=20,700$ 원

현재까지 60,600원의 판매 이익을 얻었으므로, 3,400원이 더 필요하다. 따라서 바닐라라떼 한 잔을 더 팔면 이익을 채울 수 있다.

20 다음은 어느 나라의 성별 흡연율과 금연계획률에 관한 자료이다. 이에 대한 설명으로 옳은 것은?

〈표1〉 성별 흡연율

(단위 : %)

연도 성별	2007	2008	2009	2010	2011	2012	2013
남성	45.0	47.7	46.9	48.3	47.3	43.7	42.1
여성	5.3	7.4	7.1	6.3	6.8	7.9	6.1
전체	20.6	23.5	23.7	24.6	25.2	24.9	24.1

〈표2〉 금연계획률

(단위 : %)

연도 구분	2007	2008	2009	2010	2011	2012	2013
금연계획률	59.8	( )	57.4	53.5	(㉠)	55.2	56.5
단기 금연계획률	19.4	17.7	18.2	20.8	20.2	19.6	19.3
장기 금연계획률	40.4	39.2	( )	32.7	36.1	35.6	37.2

※ 흡연율(%) = $\dfrac{흡연자\ 수}{인구\ 수} \times 100$

※ 금연계획률(%) = $\dfrac{금연계획자\ 수}{흡연자\ 수} \times 100$ = 단기 금연계획률 + 장기 금연계획률

① 매년 전체 흡연율은 증가하고 있다.
② 매년 남성 흡연율은 여성 흡연율의 7배 이상이다.
③ 금연계획률은 매년 50% 이상이다.
④ ㉠에 들어갈 수치는 55.3이다.

  ① 2012년과 2013년의 흡연율은 전년에 비해 감소하였다.
② 2007년, 2010년, 2011년만 7배 이상이다.
④ ㉠에 들어갈 수치는 56.3이다.

Answer ↱ 19.③ 20.③

∥ 21~22 ∥ 다음은 어느 기업의 2015년 부서별 탄력근무제 활용 현황과 연가사용 현황에 관한 자료이다. 물음에 답하시오.

〈표1〉 부서별 탄력근무제 활용 현황

(단위 : 명, %)

부서＼구분	대상자(a)	실시인원(b)	탄력근무제 활용지표 (b/a×100)
운영지원과	17	2	( )
감사팀	14	1	( )
총무과	12	2	( )
인사과	15	1	( )
전략팀	19	2	10.5
심사1팀	46	8	17.4
심사2팀	35	1	2.9
심사3팀	27	6	22.2
정보관리팀	15	2	13.3

〈표2〉 부서별 연가사용 현황

(단위 : 일, %)

부서＼구분	연가가능일수(a)	연가사용일수(b)	연가사용지표 (b/a×100)
운영지원과	192	105	54.7
감사팀	185	107	57.8
총무과	249	137	55.0
인사과	249	161	64.7
전략팀	173	94	54.3
심사1팀	624	265	( )
심사2팀	684	359	52.5
심사3팀	458	235	51.3
정보관리팀	178	104	58.4

21 위의 자료에 대한 설명으로 옳지 않은 것은?

① 탄력근무제 활용지표가 가장 낮은 부서는 심사2팀이다.

② 탄력근무제 활용지표가 가장 높은 부서가 연가사용지표도 가장 높다.

③ 연가사용지표가 50% 이상이면 목표를 달성했다고 볼 때, 심사1팀은 목표를 달성하지 못했다.

④ 연가사용지표가 두 번째로 높은 부서는 정보관리팀이다.

 ② 탄력근무제 활용지표가 가장 높은 부서는 심사3팀이나, 연가사용지표가 가장 높은 부서는 인사과이다.

22 탄력근무제 활용지표가 7% 이상이면 목표를 달성했다고 볼 때, 다음 부서 중에서 목표를 달성하지 못한 부서는?

① 운영지원과   ② 감사팀
③ 총무과   ④ 인사과

 ① 11.8%
② 7.1%
③ 16.7%
④ 6.7%

Answer ⇒ 21.② 22.④

23 신입사원인 김대한은 출장을 가기 위해 본사인 甲시에서 乙시로 이동해야 한다. 다음의 이동 경로와 이동방법별 주행관련 정보를 바탕으로 A, B, C를 이동비용이 적은 것부터 순서대로 나열하면?

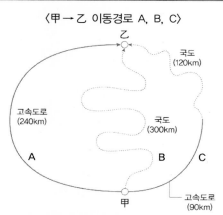

〈甲 → 乙 이동경로 A, B, C〉

〈甲 → 을 이동경로별 주행관련 정보〉

경로 도로 구분	A	B	C	
	고속도로	국도	고속도로	국도
거리(km)	240	300	90	120
평균속력(km/시간)	120	60	90	60
주행시간(시간)	2.0	( )	1.0	( )
평균연비(km/L)	12	15	12	15
연료소비량(L)	( )	20.0	7.5	( )
휴식시간(시간)	1.0	1.5	0.5	0.5
통행료(원)	8,000	0	5,000	0

※ 1) 이동비용 = 시간가치 + 연료비 + 통행료
    2) 시간가치 = 소요시간(시간) × 1,500(원/시간)
    3) 소요시간 = 주행시간 + 휴식시간
    4) 연료비 = 연료소비량(L) + 1,500(원/L)

① B, A, C
② B, C, A
③ C, A, B
④ C, B, A

우선 빈칸을 구하면 A의 연료소비량은 20.0, B의 주행시간은 5.0, C(국도)의 주행시간은 2.0, C(국도)의 연료소비량은 8.0이다.

구분	A	B	C(고속도로)	C(국도)
시간가치(원)	4,500	9,750	2,250	3,750
연료비(원)	30,000	30,000	11,250	12,000
통행료(원)	8,000	0	5,000	0
이동비용(원)	42,500	39,750	18,500	15,750
			34,250	

따라서 A, B, C를 이동비용이 적은 것부터 순서대로 나열하면 C, B, A이다.

24 다음은 사내 컴퓨터 100대의 업그레이드 전후 성능지수에 관한 자료이다. 이에 대한 설명으로 옳은 것은?

〈업그레이드 전후 성능지수별 대비〉

(단위 : 대)

구분＼성능지수	65	79	75	100
업그레이드 전	80	5	0	15
업그레이드 후	0	60	5	35

※ 성능지수는 네 가지 값(65, 79, 85, 100)만 존재하고, 그 값이 클수록 성능지수가 향상됨을 의미함

〈성능지수 향상폭 분포〉

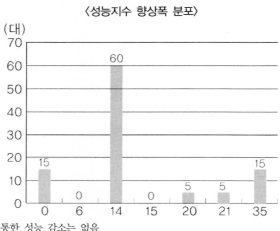

※ 1) 업그레이드를 통한 성능 감소는 없음
　2) 성능지수 향상폭 = 업그레이드 후 성능지수 − 업그레이드 전 성능지수

① 업그레이드 후 1대당 성능지수는 업그레이드 전 1대당 성능지수에 비해 20 이상 향상되었다.

② 업그레이드 전 성능지수가 65이었던 컴퓨터의 15%가 업그레이드 후 성능지수 100이 된다.

③ 업그레이드를 통한 성능지수 향상 폭이 35인 컴퓨터의 대수는 업그레이드 전 성능지수가 100이었던 컴퓨터의 대수와 같다.

④ 업그레이드 전 성능지수가 100이 아니었던 컴퓨터 중, 업그레이드를 통한 성능지수 향상폭이 0인 컴퓨터가 있다.

• 성능지수 향상폭 14 : 성능지수 65→79로 향상 총 80대 중 60대
• 성능지수 향상폭 20 : 성능지수 65→85로 향상 총 80대 중 5대
• 성능지수 향상폭 21 : 성능지수 79→100으로 향상 총 5대 중 5대
• 성능지수 향상폭 35 : 성능지수 65→100으로 향상 총 80대 15대
위의 결과를 토대로 볼 때, 성능지수 향상 폭이 0인 경우는 성능지수 100→100으로 총 15대 중 15대이다.
③ 업그레이드를 통한 성능지수 향상 폭이 35인 컴퓨터의 대수는 15대로, 업그레이드 전 성능지수가 100이었던 컴퓨터의 대수인 15대와 같다.
① 업그레이드 후 1대당 성능지수는 86.65로, 업그레이드 전 1대당 성능지수 70.95에 비해 15.7 향상되었다.
② 업그레이드 전 성능지수가 65이었던 컴퓨터 80대 중 15대가 업그레이드 후 성능지수 100이 되었으므로 18.75%이다.
④ 업그레이드를 통한 성능지수 향상 폭이 0인 컴퓨터는 모두 업그레이드 전 성능지수 가 100이었던 컴퓨터이다.

Answer ⌐→ 24.③

∥25～26∥ 음료회사에 근무하고 있는 甲은 하절기 음료 수요 예측에 따라 향후 음료 수요 충당을 위해 자사 직전 3개년 음료판매 현황과 생산기계 보유현황에 대한 보고서를 작성하고 있다. 물음에 답하시오.

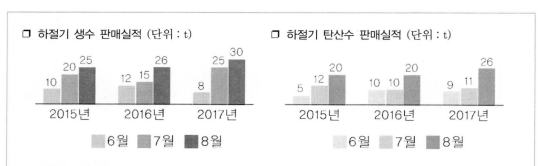

❑ 하절기 생수 판매실적 (단위 : t)

❑ 하절기 탄산수 판매실적 (단위 : t)

■6월 ■7월 ■8월

❑ 자사 생산 계획안

2018년 우리 회사에서는 올 하절기(6~8월)에 보다 효율적인 음료 생산을 위하여 2015년부터 2017년까지의 음료 판매현황을 조사하였습니다. 그 결과 초여름(6월)에서 늦여름(8월)까지 우리 회사의 음료 판매 실적은 꾸준히 상승하였습니다. 세부적으로 살펴보면 생수의 경우 2015년에 55t에서 2017년에 63t으로 8t이 증가하였고, 탄산수의 경우에는 2015년에 37t에서 2017년에 46t으로 9t이 증가하였습니다. 이러한 직전 3개년 간 음료 판매현황 조사에 따라 2018년 음료 생산량을 계획하려 합니다. 기상청의 2018년 하절기 평균 기온이 작년에 비해 상승할 것으로 예상됨에 따라 2018년 6~8월까지 각 월별 음료 생산량은 음료 종류에 따라 직전 3개년 평균 음료 판매량의 1.5배를 생산하도록 하겠습니다. 현재 재고 음료는 없으며, 2018년 음료 생산은 5월부터 진행하고 판매되지 않고 남은 음료는 그 다음달에 이월하여 판매할 수 있도록 하겠습니다. 이에 따라 현재 우리 회사가 보유하고 있는 생산기계 현황을 파악하여, 생산 목표량 확보를 위하여 추가적으로 생산기계를 구입할 필요가 있습니다. 현재 우리 회사가 보유하고 있는 생산기계 현황은 아래와 같습니다.

생산기계	생산량 (kg/일)	길이(cm)			제조방식	생산가능 음료
		가로	세로	높이		
A	60	700	400	600	역삼투압식	생수
B	100	900	900	500	중공사막식	탄산수
C	300	1,200	800	400	역삼투압식	탄산수
D	440	1,000	1,000	200	중공사막식	생수

25 보고서를 검토한 상사 乙이 甲에게 2018년 하절기 음료별 생산 목표량을 정리해 오라고 지시하였다. 甲이 작성한 그래프로 적절한 것은?

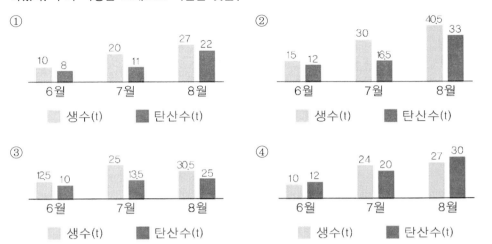

①
6월: 생수 10, 탄산수 8
7월: 생수 20, 탄산수 11
8월: 생수 27, 탄산수 22
■ 생수(t)   ■ 탄산수(t)

②
6월: 생수 15, 탄산수 12
7월: 생수 30, 탄산수 16.5
8월: 생수 40.5, 탄산수 33
■ 생수(t)   ■ 탄산수(t)

③
6월: 생수 12.5, 탄산수 10
7월: 생수 25, 탄산수 13.5
8월: 생수 30.5, 탄산수 25
■ 생수(t)   ■ 탄산수(t)

④
6월: 생수 10, 탄산수 12
7월: 생수 24, 탄산수 20
8월: 생수 27, 탄산수 30
■ 생수(t)   ■ 탄산수(t)

Tip 2018년 6~8월까지 각 월별 음료 생산량은 음료 종류에 따라 직전 3개년 평균 음료 판매량의 1.5배를 생산하므로, 각 월별 음료 생산량은 다음과 같다.

6월	생수	$\{(10 + 12 + 8) \div 3\} \times 1.5 = 15$
	탄산수	$\{(5 + 10 + 9) \div 3\} \times 1.5 = 12$
7월	생수	$\{(20 + 15 + 25) \div 3\} \times 1.5 = 30$
	탄산수	$\{(12 + 10 + 11) \div 3\} \times 1.5 = 16.5$
8월	생수	$\{(25 + 26 + 30) \div 3\} \times 1.5 = 40.5$
	탄산수	$\{(20 + 20 + 26) \div 3\} \times 1.5 = 33$

Answer ⟶ 25.②

26 이 음료회사는 매달 20일 동안 생산기계를 가동하여 음료를 생산한다. 甲이 분석한 2018년 상황과 향후 생산 계획에 대한 설명으로 옳은 것을 고르면?

① 2018년 7월까지는 현재 보유한 생산기계로 각 음료 생산 목표량 달성이 가능하다.

② 현재 보유한 생산기계 중 부피가 가장 큰 것은 역삼투압식으로 탄산수를 생산하는 기계이다.

③ 현재 보유한 생산기계를 이용해 2018년 6월에 생산한 음료량은 생수가 탄산수보다 20% 많았다.

④ 2018년 8월 중 30일 동안 탄산수 생산기계를 가동하더라도 탄산수 신규 생산기계 구매 없이는 8월 탄산수 생산 목표량 달성이 불가능하다.

④ 2018년 8월 중 30일 동안 탄산수 생산기계를 가동하였을 때 생산할 수 있는 탄산수의 양은 (100 × 30) + (300 × 30) = 9t으로 2018년 8월 탄산수 생산 목표량인 33t을 달성할 수 없다.

① 이 회사의 한 달 음료 생산량은 생수가 (60 × 20) + (440 × 20) = 10t, 탄산수가 (100 × 20) + (300 × 20) = 8t으로 2018년 6월 생산 목표량도 달성이 불가능하다.

② 현재 보유한 생산기계 중 부피가 가장 큰 것은 중공사막식으로 탄산수를 생산하는 기계인 C이다.

③ 현재 보유한 생산기계를 이용해 2018년 6월에 생산한 생수량은 10t이고 탄산수량은 8t이다. 생수가 탄산수보다 25% 많았다.

27 다음은 어느 기업의 직원채용절차에 대한 자료이다. 이를 근거로 1일 총 접수건수를 처리하기 위한 각 업무단계별 총 처리비용이 두 번째로 큰 업무단계는?

❏ 직원채용절차
• 신입 : 접수확인 → 인적성(Lv1)평가 → 인적성(Lv2)평가 → 합격여부통지
• 경력 : 접수확인 → 인적성(Lv2)평가 → 합격여부통지
• 인턴 : 접수확인 → 직무능력평가 → 합격여부통지

❏ 접수건수 및 처리비용

〈지원유형별 1일 접수건수〉

지원유형	접수(건)
신입	20
경력	18
인턴	16
–	–
계	54

〈업무단계별 1건당 처리비용〉

업무단계	처리비용(원)
접수확인	500
인적성(Lv1)평가	2,000
인적성(Lv2)평가	1,000
직무능력평가	1,500
합격여부통지	400

※ 직원채용절차에서 중도탈락자는 없음.
※ 업무단계별 1건당 처리비용은 지원유형에 관계없이 동일함.

---

① 접수확인
② 인적성(Lv1)평가
③ 인적성(Lv2)평가
④ 직무능력검사

 업무단계별 총 처리비용을 계산하면 다음과 같다.

업무단계	처리비용(원)
접수확인	(신입 20건 + 경력 18건 + 인턴 16건) × 500원 = 27,000원
인적성(Lv1)평가	신입 20건 × 2,000원 = 40,000원
인적성(Lv2)평가	(신입 20건 + 경력 18건) × 1,000원 = 38,000원
직무능력평가	인턴 16건 × 1,500원 = 24,000원
합격여부통지	(신입 20건 + 경력 18건 + 인턴 16건) × 400원 = 21,600원

따라서 총 처리비용이 두 번째로 큰 업무단계는 인적성(Lv2)평가이다.

28 다음은 N손해보험에서 화재손해 발생 시 지급 보험금 산정방법과 피보험물건(A~E)의 보험금액 및 보험가액을 나타낸 자료이다. 화재로 입은 손해액이 A~E 모두 6천만 원으로 동일할 때, 지급 보험금이 많은 것부터 순서대로 나열하면?

〈표1〉 지급 보험금 산정방법

피보험물건 유형	조건	지급 보험금
일반물건, 창고물건, 주택	보험금액 ≥ 보험가액의 80%	손해액 전액
	보험금액 < 보험가액의 80%	손해액 $\times \dfrac{\text{보험금액}}{\text{보험가액의 } 80\%}$
공장물건, 동산	보험금액 ≥ 보험가액	손해액 전액
	보험금액 < 보험가액	손해액 $\times \dfrac{\text{보험금액}}{\text{보험가액}}$

1) 보험금액 : 보험사고가 발생한 때에 보험회사가 피보험자에게 지급해야 하는 금액의 최고한도
2) 보험가액 : 보험사고가 발생한 때에 피보험자에게 발생 가능한 손해액의 최고한도

〈표2〉 피보험물건의 보험금액 및 보험가액

피보험물건	피보험물건 유형	보험금액	보험가액
A	주택	9천만 원	1억 원
B	일반물건	6천만 원	8천만 원
C	창고물건	7천만 원	1억 원
D	공장물건	9천만 원	1억 원
E	동산	6천만 원	7천만 원

① A － B － D － C － E

② A － D － B － E － C

③ B － A － C － D － E

④ B － D － A － C － E

A∼E의 지급 보험금을 산정하면 다음과 같다.

피보험물건	지급 보험금
A	주택, 보험금액 ≥ 보험가액의 80%이므로 손해액 전액 지급→6천만 원
B	일반물건, 보험금액 < 보험가액의 80%이므로 손해액 × $\dfrac{보험금액}{보험가액의\ 80\%}$ 지급 →$6,000 × \dfrac{6,000}{6,400} = 5,625$만 원
C	창고물건, 보험금액 < 보험가액의 80%이므로 손해액 × $\dfrac{보험금액}{보험가액의\ 80\%}$ 지급 →$6,000 × \dfrac{7,000}{8,000} = 5,250$만 원
D	공장물건, 보험금액 < 보험가액이므로 손해액 × $\dfrac{보험금액}{보험가액}$ 지급 →$6,000 × \dfrac{9,000}{10,000} = 5,400$만 원
E	동산, 보험금액 < 보험가액이므로 손해액 × $\dfrac{보험금액}{보험가액}$ 지급 →$6,000 × \dfrac{6,000}{7,000} = $ 약 $5,143$만 원

따라서 지급 보험금이 많은 것부터 순서대로 나열하면 A − B − D − C − E이다.

Answer♪→ 28.①

29 다음은 2013~2017년 甲 공단의 A, B 사업장의 연간 매출액을 토대로 2018년 A, B 사업장의 직원 증원에 대해 검토한 자료이다. 2018년 A, B 사업장의 증원 인원별 연간 매출액을 추정한 결과로 옳은 것은?

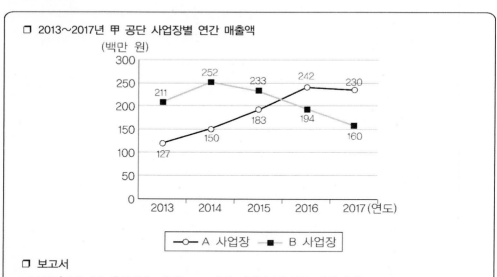

□ 2013~2017년 甲 공단 사업장별 연간 매출액

□ 보고서
- 2018년 'A', 'B' 사업장은 각각 0~3명의 직원을 증원할 계획이다.
- 추정 결과, 직원을 증원하지 않을 경우 'A', 'B' 사업장의 2017년 대비 2018년 매출액 증감률은 각각 10% 이하일 것으로 예상된다.
- 직원 증원이 없을 때와 직원 3명을 증원할 때의 2018년 매출액 차이는 'B' 사업장이 'A' 사업장보다 클 것으로 추정된다.
- 'B' 사업장이 2013~2017년 중 최대 매출액을 기록했던 2014년보다 큰 매출액을 기록하기 위해서는 2018년에 최소 2명의 직원을 증원해야 한다.

①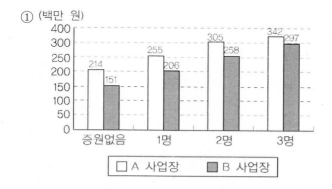

② (백만 원)

③ (백만 원)

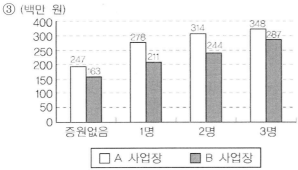

④ (백만 원)

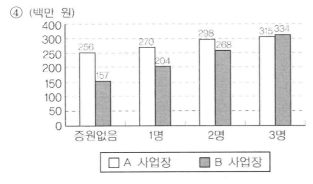

 • 추정 결과, 직원을 증원하지 않을 경우 'A', 'B' 사업장의 2017년 대비 2018년 매출액 증감률은 각각 10% 이하일 것으로 예상되므로, 직원을 증원하지 않을 경우 2018년 매출액은 'A' 사업장은 207~253 사이이고, 'B' 사업장은 144~176 사이이다. → ④ 틀림

• 직원 증원이 없을 때와 직원 3명을 증원할 때의 2018년 매출액 차이는 'B' 사업장이 'A' 사업장보다 클 것으로 추정된다. → ② 틀림

• 'B' 사업장이 2013~2017년 중 최대 매출액을 기록했던 2014년보다 큰 매출액을 기록하기 위해서는 2018년에 최소 2명의 직원을 증원해야 한다. → ③ 틀림

Answer⌐ 29.①

30 A 공단에 근무하고 있는 甲은 2017년 우리나라의 노인학대 현황에 관한 보고서를 작성하고 있다. 효율적인 보고를 위하여 표 및 그래프를 활용한다고 할 때, 甲이 작성한 내용 중 옳지 않은 것은?

> 2017년 1월 1일부터 12월 31일까지 한 해 동안 전국 29개 지역의 노인보호전문기관에 신고된 전체 11,905건의 노인학대 의심사례 중에 학대 인정사례는 3,818건으로 나타났다. 이는 전년대비 학대 인정사례 건수가 8% 이상 증가한 것이다.
>
> 학대 인정사례 3,818건을 신고자 유형별로 살펴보면 신고의무자에 의해 신고된 학대 인정사례는 707건, 비신고의무자에 의해 신고된 학대 인정사례는 3,111건이었다. 신고의무자에 의해 신고된 학대 인정사례 중 사회복지전담 공무원의 신고에 의한 학대 인정사례가 40% 이상으로 나타났다. 비신고의무자에 의해 신고된 학대 인정사례 중에서는 관련기관 종사자의 신고에 의한 학대 인정사례가 48% 이상으로 가장 높았고, 학대행위자 본인의 신고에 의한 학대 인정사례의 비율이 가장 낮았다.
>
> 또한 3,818건의 학대 인정사례를 발생장소별로 살펴보면 기타를 제외하고 가정 내 학대가 85.8%로 가장 높게 나타났으며, 다음으로 생활시설 5.4%, 병원 2.3%, 공공장소 2.1%의 순으로 나타났다. 학대 인정사례 중 병원에서의 학대 인정사례 비율은 2014~2017년 동안 매년 감소한 것으로 나타났다.
>
> 한편, 학대 인정사례를 가구형태별로 살펴보면 2014~2017년 동안 매년 학대 인정사례 건수가 가장 많은 가구 형태는 노인단독가구였다.

① 2017년 신고자 유형별 노인학대 인정사례 건수

신고자 유형		건수(건)	신고자 유형		건수(건)
신고의무자	의료인	44	비신고의무자	학대피해노인 본인	722
	노인복지시설 종사자	178		학대행위자 본인	8
	장애노인시설 종사자	16		친족	567
	가정폭력 관련 종사자	101		타인	320
	사회복지전담 공무원	290		관련기관 종사자	1,494
	노숙인 보호시설 종사자	31		–	–
	구급대원	9		–	–
	재가장기요양기관 종사자	38		–	–
	계	707		계	3,111

② 2016년과 2017년 노인보호전문기관에 신고된 노인학대 의심사례 신고 건수와 구성비

2016년

2017년
(단위 : 건(%))

3,531 (33.4)
7,041 (66.6)

3,818 (32.1)
8,087 (67.9)

□ 학대 인정사례 건수   □ 학대 인정사례 외 건수

※ 구성비는 소수점 아래 둘째 자리에서 반올림한 값임.

③ 발생장소별 노인학대 인정사례 건수와 구성비

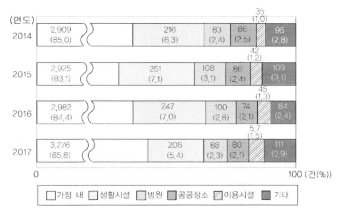

※ 구성비는 소수점 아래 둘째 자리에서 반올림한 값임.

④ 가구형태별 노인학대 인정사례 건수

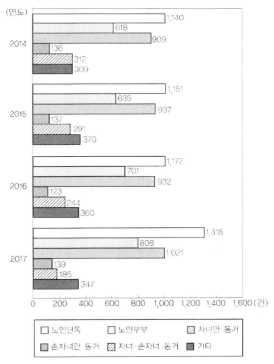

(Tip) ③ 학대 인정사례 중 병원에서의 학대 인정사례 비율은 2014~2017년 동안 매년 감소한 것으로 나타났는데, 그래프상에서는 2015년에 전년 대비 증가하였다.

Answer↦ 30.③

▮31~32▮ 다음의 자료는 A 병원의 간호사 인력수급과 한국의료관광의 현황 및 전망을 나타낸 도표이다. 아래의 자료를 읽고 물음에 답하시오

〈표 1〉 A 병원의 간호사 인력 수급

연도	2015	2020	2025	2030
공급				
면허등록	321,503	388,775	460,641	537,101
가용간호사	269,717	290,209	306,491	317,996
임상취업간호사	115,601	124,384	131,362	136,293
비임상취업간호사	22,195	23,882	25,222	26,168
전체 취업간호사	137,796	148,226	156,584	162,461
수요	194,996	215,262	231,665	244,831
수급차(=수요-임상취업간호사)	79,395	90,878	100,303	108,538

〈표 2〉 한국의료관광의 현황 및 전망

연도	국내진료해외환자(명)	동반가족 수(명)	의료관광수입(원)	늘어나는 일자리(명)	
				의료부문	관광부문
2012	15만	4.5만	5,946억	8,979	1만, 1,833
2013	20만	6만	8,506억	1만 2,845	1만 6,928
2015	30만	9만	1조 4,382억	2만 1,717	2만 8,620
2020	100만	30만	6조 1,564억	9만 2,962	12만 2,513

31 위의 도표에 관한 설명으로 가장 적절한 것을 고르면?

① 〈표 2〉에서 의료관광으로 인해 2020년에 늘어나는 일자리는 10만 이상이 될 것으로 예상되어진다.

② 〈표 1〉에서 간호사의 수급차이가 10만이 넘어가는 시점은 2025년이다.

③ 〈표 1〉에서 간호사의 수요에 비해 공급이 더 빠른 속도로 증가할 것으로 예상된다.

④ 〈표 1〉에서 간호사의 수요가 가장 크게 증가한 때는 2020년에서 2025년이다.

 ① 의료관광으로 인해 2020년에 늘어나는 일자리는 20만 이상이 될 것으로 예상되어진다.
③ 간호사의 공급에 비해 수요가 더 빠른 속도로 증가할 것으로 예상된다.
④ 간호사의 수요가 가장 크게 증가한 때는 2015년에서 2020년이다.

32 위의 도표에 관한 설명으로 가장 옳지 않은 사항을 고르면?

① 국내 의료 관광 수입이 빠르게 증가할 것으로 기대된다.

② 차후 의료 이용량의 증가에 의해 간호 및 간병 인력에 대한 수요의 확대가 예상된다.

③ 간호사에 대한 전반적 수요가 늘어날 것으로 예상된다.

④ 특히 의료관광분야의 경우에 글로벌 사업으로 병원의 해외진출 산업 또한 고부가가치의 일자리 창출 능력이 큰 산업으로써 각광 받고 있다.

 위의 도표에서 주어진 자료는 간호사 인력수급 추계와 한국의료관광 현황 및 전망에 관한 내용이다. 병원의 해외진출에 관한 자료는 도표에 제시되어 있지 않으므로 파악이 불가능하다.

33 일반적으로 "바닥면적"은 벽, 기둥 등 구획의 중심선으로 둘러싸인 각 층 부분의 수평투영면적으로 연면적 산정에 있어서의 근간이 되며, "건축물대장"에 기재되는 면적과 같다. 다시 말해, "바닥면적"은 각 층의 개별 면적을 의미하고 "연면적"은 각 층의 바닥면적을 합한 면적을 의미한다. 그 중요성이 날로 더해져 가고 있는 가운데 A 기업은 제품의 보관을 위해 창고 바닥 면적을 계산하려 한다. 아래와 같은 조건에서 제품을 보관하기 위해 필요한 창고의 바닥 면적(m^2)을 구하면?

- 파렛트 적재 단수 : 1단
- 파렛트 당 제품 적재수량 : 200Box
- 제품 수량 : 100,000 Box
- 파렛트의 면적 : 1.2m²
- 창고 적재율 : 30%

① 1,500m²   ② 2,000m²

③ 3,500m²   ④ 4,000m²

 필요로 하는 파렛트의 갯수 = $\frac{100,000}{200}$ = 500(개)

파렛트의 면적이 $1.2m^2$이며, 창고의 적재율이 30%이기 때문에

창고의 바닥 면적은 $\frac{1.2 \times 500}{0.3}$ = $2,000m^2$가 된다.

▌34~35▐ K공사 홍보팀에서는 사내 행사를 위해 다음과 같이 3개 공급업체로부터 경품1과 경품2에 대한 견적서를 받아보았다. 행사 참석자가 모두 400명이고 1인당 경품1과 경품2를 각각 1개씩 나누어 주어야 한다. 다음 자료를 보고 이어지는 질문에 답하시오.

공급처	물품	세트당 포함 수량(개)	세트 가격
A업체	경품1	100	85만 원
	경품2	60	27만 원
B업체	경품1	110	90만 원
	경품2	80	35만 원
C업체	경품1	90	80만 원
	경품2	130	60만 원

• A업체 : 경품2 170만 원 이상 구입 시, 두 물품 함께 구매하면 총 구매가의 5% 할인
• B업체 : 경품1 350만 원 이상 구입 시, 두 물품 함께 구매하면 총 구매가의 5% 할인
• C업체 : 경품1 350만 원 이상 구입 시, 두 물품 함께 구매하면 총 구매가의 20% 할인
※ 모든 공급처는 세트 수량으로만 판매한다.

34 홍보팀에서 가장 저렴한 가격으로 인원수에 모자라지 않는 수량의 물품을 구매할 수 있는 공급처와 공급가격은 어느 것인가?

① A업체 / 5,000,500원
② A업체 / 5,025,500원
③ B업체 / 5,082,500원
④ B업체 / 5,095,000원

 각 공급처로부터 두 물품 개별 구매할 경우와 함께 구매할 경우의 총 구매가격을 표로 정리해 보면 다음과 같다. 구매 수량은 각각 400개 이상이어야 한다.

공급처	물품	세트당 포함 수량(개)	세트 가격	개별 구매	동시 구매
A업체	경품1	100	85만 원	340만 원	5,025,500원
	경품2	60	27만 원	189만 원	(5% 할인)
B업체	경품1	110	90만 원	360만 원	5,082,500원
	경품2	80	35만 원	175만 원	(5% 할인)
C업체	경품1	90	80만 원	400만 원	5,120,000원
	경품2	130	60만 원	240만 원	(20% 할인)

35 다음 중 C업체가 S사의 공급처가 되기 위한 조건으로 적절한 것은 어느 것인가?

① 경품1의 세트당 포함 수량을 100개로 늘린다.

② 경품2의 세트당 가격을 2만 원 인하한다.

③ 경품1의 세트당 수량을 85개로 줄인다.

④ 경품1의 세트당 가격을 5만 원 인하한다.

  ④ 경품1의 세트당 가격을 5만 원 인하하면 총 판매가격이 4,920,000원이 되어 가장 낮은 공급가가 된다.

① 경품1의 세트당 포함 수량이 100개가 되면 세트 수량이 5개에서 4개로 줄어들어 경품1의 판매가격이 80만 원 낮아지나, 할인 적용이 되지 않아 최종 판매가는 오히려 비싸진다.

② 경품2의 세트당 가격을 2만 원 인하하면 총 판매가격이 5,056,000원이 되어 A업체보다 여전히 비싸다.

③ 경품1의 세트당 수량을 85개로 줄여도 판매가격은 동일하다.

▌36~37 ▐ 다음은 우리나라의 다문화 신혼부부의 남녀 출신국적별 비중을 나타낸 자료이다. 다음 자료를 보고 이어지는 물음에 답하시오.

❏ 2017~2018년도 다문화 신혼부부 현황

(단위 : 쌍, %)

남편	2017년	2018년	아내	2017년	2018년
결혼건수	94,962 (100.0)	88,929 (100.0)	결혼건수	94,962 (100.0)	88,929 (100.0)
한국국적	72,514 (76.4)	66,815 (75.1)	한국국적	13,789 (14.5)	13,144 (14.8)
외국국적	22,448 (23.6)	22,114 (24.9)	외국국적	81,173 (85.5)	75,785 (85.2)

❏ 부부의 출신국적별 구성비

(단위 : %)

남편		2017년	2018년	아내		2017년	2018년
출신 국적별 구성비	중국	44.2	43.4	출신 국적별 구성비	중국	39.1	38.4
	미국	16.9	16.8		베트남	32.3	32.6
	베트남	5.0	6.9		필리핀	8.4	7.8
	일본	7.5	6.5		일본	3.9	4.0
	캐나다	4.8	4.6		캄보디아	3.7	3.4
	대만	2.3	2.3		미국	2.3	2.6
	영국	2.1	2.2		태국	1.8	2.3
	파키스탄	2.2	1.9		우즈벡	1.3	1.4
	호주	1.8	1.7		대만	1.0	1.2
	프랑스	1.1	1.3		몽골	1.0	1.1
	뉴질랜드	1.1	1.1		캐나다	0.7	0.8
	기타	10.9	11.1		기타	4.4	4.6
계		99.9	99.8	계		99.9	100.2

36 위의 자료를 바르게 해석한 것을 모두 고르면?

> (개) 2018년에는 우리나라 남녀 모두 다문화 배우자와 결혼하는 경우가 전년보다 감소하였다.
>
> (내) 다문화 신혼부부 전체의 수는 2018년에 전년대비 약 6.35%의 증감률을 보여, 증가하였음을 알 수 있다.
>
> (대) 전년대비 2018년에 출신국적별 구성비가 남녀 모두 증가한 나라는 베트남과 기타 국가이다.
>
> (래) 다문화 신혼부부 중, 중국인과 미국인 남편, 중국인과 베트남인 아내는 두 시기 모두 50% 이상의 비중을 차지한다.

① (개), (대), (래) ② (개), (내), (래)

③ (개), (내), (대) ④ (내), (대), (래)

 (개) 남편과 아내가 한국국적인 경우에 해당하는 수치가 되므로 우리나라 남녀 모두 다문화 배우자와 결혼하는 경우가 전년보다 감소하였음을 알 수 있다. → ○

(내) (88,929 − 94,962) ÷ 94,962 × 100 = 약 −6.35%가 된다. 따라서 다문화 신혼부부 전체의 수는 2018년에 전년대비 감소한 것이 된다. → ×

(대) 5.0 → 6.9(남편), 32.2 → 32.6(아내)로 구성비가 변동된 베트남과 10.9 → 11.1(남편), 4.4 → 4.6(아내)로 구성비가 변동된 기타 국가만이 증가하였다. → ○

(래) 중국인과 미국인 남편의 경우 2017년이 61.1%, 2018년이 60.2%이며, 중국인과 베트남인 아내의 경우 2017년이 71.4%, 2018년이 71.0%로 두 시기에 모두 50% 이상의 비중을 차지한다. → ○

37 다음 중 일본인이 남편인 다문화 신혼부부의 수가 비교 시기 동안 변동된 수치는 얼마인가?
(단, 신혼부부의 수는 소수점 이하 절삭하여 정수로 표시함)

① 246쌍 ② 235쌍

③ 230쌍 ④ 223쌍

 일본인이 남편인 경우는 2017년에 22,448쌍 중 7.5%를 차지하던 비중이 2018년에 22,114쌍 중 6.5%의 비중으로 변동되었다. 따라서 22,448 × 0.075 = 1,683쌍에서 22,114 × 0.065 = 1,437쌍으로 변동되어 246쌍이 감소되었다.

Answer ♪→ 36.① 37.①

▮38∼39▮ 다음 자료를 보고 이어지는 물음에 답하시오.

〈지역별, 소득계층별, 점유형태별 최저주거기준 미달가구 비율〉

(단위 : %)

구분		최저주거기준 미달	면적기준 미달	시설기준 미달	침실기준 미달
지역	수도권	51.7	66.8	37.9	60.8
	광역시	18.5	15.5	22.9	11.2
	도지역	29.8	17.7	39.2	28.0
	계	100.0	100.0	100.0	100.0
소득 계층	저소득층	65.4	52.0	89.1	33.4
	중소득층	28.2	38.9	9.4	45.6
	고소득층	6.4	9.1	1.5	21.0
	계	100.0	100.0	100.0	100.0
점유 형태	자가	22.8	14.2	27.2	23.3
	전세	12.0	15.3	6.3	12.5
	월세(보증금 有)	37.5	47.7	21.8	49.7
	월세(보증금 無)	22.4	19.5	37.3	9.2
	무상	5.3	3.3	7.4	5.3
	계	100.0	100.0	100.0	100.0

38 다음 중 위의 자료를 바르게 분석하지 못한 것은?

① 점유형태가 무상인 경우의 미달가구 비율은 네 가지 항목 모두에서 가장 낮다.

② 침실기준 미달 비율은 수도권, 도지역, 광역시 순으로 높다.

③ 지역과 소득계층 면에서는 광역시에 거주하는 고소득층의 면적기준 미달 비율이 가장 낮다.

④ 저소득층은 중소득층보다 침실기준 미달 비율이 더 낮다.

 ① 점유 형태가 무상인 경우의 미달가구 비율은 시설기준 면에서 전세가 더 낮음을 알 수 있다.

② 각각 60.8%, 28.0%, 11.2%이다.

③ 15.5%와 9.1%로 가장 낮은 비율을 보이고 있다.

④ 33.4%로 45.6%보다 더 낮다.

39 광역시의 시설기준 미달가구 비율 대비 수도권의 시설기준 미달가구 비율의 배수와 저소득층의 침실기준 미달가구 비율 대비 중소득층의 침실기준 미달가구 비율의 배수는 각각 얼마인가? (단, 반올림하여 소수 둘째 자리까지 표시함)

① 1.52배, 1.64배

② 1.58배, 1.59배

③ 1.66배, 1.37배

④ 1.72배, 1.28배

 모두 100%의 가구를 비교 대상으로 하고 있으므로 백분율을 직접 비교할 수 있다.

• 광역시의 시설기준 미달가구 비율 대비 수도권의 시설기준 미달가구 비율의 배수는 37.9 ÷ 22.9 = 1.66배가 된다.

• 저소득층의 침실기준 미달가구 비율 대비 중소득층의 침실기준 미달가구 비율의 배수는 위와 같은 방식으로 45.6 ÷ 33.4 = 1.37배가 된다.

Answer → 38.① 39.③

40 아래에 제시된 자료는 글로벌 가공식품 시장의 규모에 관한 현황 및 전망, 각 지역별 식품시장의 규모를 나타낸 도표이다. 이에 대한 내용으로 가장 바르지 않은 것을 고르면?

〈표 1〉 글로벌 가공식품 시장규모의 현황 및 전망

(단위 : 십억 달러 %)

구분	2006	2007	2008	2009	2010	2011	2012	2013	2014	월평균증가율 ('06~'14)
가공식품 세계시장	2,439	2,530	2,627	2,725	2,830	2,939	3,054	3,174	3,297	5.2
전년 대비 증가율	3.6	3.7	3.8	3.7	3.9	–	–	–	–	

〈표 2〉 각 지역별 식품시장의 규모

① 식품시장규모의 시장 성장률에서 보면 아시아 및 태평양 지역이 가장 높다.
② 아프리카 및 중동 지역은 식품시장규모가 가장 작으며, 시장 성장률 또한 가장 낮다고 볼 수 있다.
③ 2010년 글로벌 가공식품의 시장규모는 2,830십억 달러로 추정된다.
④ 지역별로 보게 되면 유럽의 가공식품 시장 규모가 가장 크다.

Tip 아프리카 및 중동 지역의 경우 식품시장의 규모는 가장 작지만, 시장 성장률은 두 번째로 높음을 알 수 있다.

Answer ➡ 40.②

03 문제해결능력

1 문제와 문제해결

(1) 문제의 정의와 분류

① 정의 … 문제란 업무를 수행함에 있어서 답을 요구하는 질문이나 의논하여 해결해야 되는 사항이다.

② 문제의 분류

구분	창의적 문제	분석적 문제
문제제시 방법	현재 문제가 없더라도 보다 나은 방법을 찾기 위한 문제 탐구 → 문제 자체가 명확하지 않음	현재의 문제점이나 미래의 문제로 예견될 것에 대한 문제 탐구 → 문제 자체가 명확함
해결방법	창의력에 의한 많은 아이디어의 작성을 통해 해결	분석, 논리, 귀납과 같은 논리적 방법을 통해 해결
해답 수	해답의 수가 많으며, 많은 답 가운데 보다 나은 것을 선택	답의 수가 적으며 한정되어 있음
주요특징	주관적, 직관적, 감각적, 정성적, 개별적, 특수성	객관적, 논리적, 정량적, 이성적, 일반적, 공통성

(2) 업무수행과정에서 발생하는 문제 유형

① 발생형 문제(보이는 문제) … 현재 직면하여 해결하기 위해 고민하는 문제이다. 원인이 내재되어 있기 때문에 원인지향적인 문제라고도 한다.
  ㉠ 일탈문제 : 어떤 기준을 일탈함으로써 생기는 문제
  ㉡ 미달문제 : 어떤 기준에 미달하여 생기는 문제

② 탐색형 문제(찾는 문제) … 현재의 상황을 개선하거나 효율을 높이기 위한 문제이다. 방치할 경우 큰 손실이 따르거나 해결할 수 없는 문제로 나타나게 된다.
  ㉠ 잠재문제 : 문제가 잠재되어 있어 인식하지 못하다가 확대되어 해결이 어려운 문제
  ㉡ 예측문제 : 현재로는 문제가 없으나 현 상태의 진행 상황을 예측하여 찾아야 앞으로 일어날 수 있는 문제가 보이는 문제

ⓒ 발견문제 : 현재로서는 담당 업무에 문제가 없으나 선진기업의 업무 방법 등 보다 좋은 제도나 기법을 발견하여 개선시킬 수 있는 문제

③ **설정형 문제(미래 문제)** … 장래의 경영전략을 생각하는 것으로 앞으로 어떻게 할 것인가 하는 문제이다. 문제해결에 창조적인 노력이 요구되어 창조적 문제라고도 한다.

D회사 신입사원으로 입사한 귀하는 신입사원 교육에서 업무수행과정에서 발생하는 문제 유형 중 설정형 문제를 하나씩 찾아오라는 지시를 받았다. 이에 대해 귀하는 교육받은 내용을 다시 복습하려고 한다. 설정형 문제에 해당하는 것은?

① 현재 직면하여 해결하기 위해 고민하는 문제
② 현재의 상황을 개선하거나 효율을 높이기 위한 문제
③ 앞으로 어떻게 할 것인가 하는 문제
④ 원인이 내재되어 있는 원인지향적인 문제

[출제의도]
업무수행 중 문제가 발생하였을 때 문제 유형을 구분하는 능력을 측정하는 문항이다.
[해설]
업무수행과정에서 발생하는 문제 유형으로는 발생형 문제, 탐색형 문제, 설정형 문제가 있으며 ①④는 발생형 문제이며 ②는 탐색형 문제, ③이 설정형 문제이다.

답 ③

---

(3) 문제해결

① **정의** … 목표와 현상을 분석하고 이 결과를 토대로 과제를 도출하여 최적의 해결책을 찾아 실행·평가해 가는 활동이다.

② **문제해결에 필요한 기본적 사고**
　　ⓐ **전략적 사고** : 문제와 해결방안이 상위 시스템과 어떻게 연결되어 있는지를 생각한다.
　　ⓑ **분석적 사고** : 전체를 각각의 요소로 나누어 그 의미를 도출하고 우선순위를 부여하여 구체적인 문제해결방법을 실행한다.
　　ⓒ **발상의 전환** : 인식의 틀을 전환하여 새로운 관점으로 바라보는 사고를 지향한다.
　　ⓓ **내·외부자원의 활용** : 기술, 재료, 사람 등 필요한 자원을 효과적으로 활용한다.

③ **문제해결의 장애요소**
　　ⓐ 문제를 철저하게 분석하지 않는 경우
　　ⓑ 고정관념에 얽매이는 경우
　　ⓒ 쉽게 떠오르는 단순한 정보에 의지하는 경우
　　ⓓ 너무 많은 자료를 수집하려고 노력하는 경우

④ 문제해결방법
　　㉠ 소프트 어프로치 : 문제해결을 위해서 직접적인 표현보다는 무언가를 시사하거나 암시를 통하여 의사를 전달하여 문제해결을 도모하고자 한다.
　　㉡ 하드 어프로치 : 상이한 문화적 토양을 가지고 있는 구성원을 가정하고, 서로의 생각을 직설적으로 주장하고 논쟁이나 협상을 통해 서로의 의견을 조정해 가는 방법이다.
　　㉢ 퍼실리테이션(facilitation) : 촉진을 의미하며 어떤 그룹이나 집단이 의사결정을 잘 하도록 도와주는 일을 의미한다.

2 문제해결능력을 구성하는 하위능력

(1) 사고력

① 창의적 사고 … 개인이 가지고 있는 경험과 지식을 통해 새로운 가치 있는 아이디어를 산출하는 사고능력이다.
　　㉠ 창의적 사고의 특징
　　　• 정보와 정보의 조합
　　　• 사회나 개인에게 새로운 가치 창출
　　　• 창조적인 가능성

예제 2

M사 홍보팀에서 근무하고 있는 귀하는 입사 5년차로 창의적인 기획안을 제출하기로 유명하다. S부장은 이번 신입사원 교육 때 귀하에게 창의적인 사고란 무엇인지 교육을 맡아달라고 부탁하였다. 창의적인 사고에 대한 귀하의 설명으로 옳지 않은 것은?

① 창의적인 사고는 새롭고 유용한 아이디어를 생산해 내는 정신적인 과정이다.
② 창의적인 사고는 특별한 사람들만이 할 수 있는 대단한 능력이다.
③ 창의적인 사고는 기존의 정보들을 특정한 요구조건에 맞거나 유용하도록 새롭게 조합시킨 것이다.
④ 창의적인 사고는 통상적인 것이 아니라 기발하거나, 신기하며 독창적인 것이다.

[출제의도]
창의적 사고에 대한 개념을 정확히 파악하고 있는지를 묻는 문항이다.
[해설]
흔히 사람들은 창의적인 사고에 대해 특별한 사람들만이 할 수 있는 대단한 능력이라고 생각하지만 그리 대단한 능력이 아니며 이미 알고 있는 경험과 지식을 해체하여 다시 새로운 정보로 결합하여 가치 있는 아이디어를 산출하는 사고라고 할 수 있다.

답 ②

ⓛ 발산적 사고 : 창의적 사고를 위해 필요한 것으로 자유연상법, 강제연상법, 비교발상법 등을 통해 개발할 수 있다.

구분	내용
자유연상법	생각나는 대로 자유롭게 발상 **예** 브레인스토밍
강제연상법	각종 힌트에 강제적으로 연결 지어 발상 **예** 체크리스트
비교발상법	주제의 본질과 닮은 것을 힌트로 발상 **예** NM법, Synectics

Point 》 브레인스토밍

ⓐ 진행방법
- 주제를 구체적이고 명확하게 정한다.
- 구성원의 얼굴을 볼 수 있는 좌석 배치와 큰 용지를 준비한다.
- 구성원들의 다양한 의견을 도출할 수 있는 사람을 리더로 선출한다.
- 구성원은 다양한 분야의 사람들로 5~8명 정도로 구성한다.
- 발언은 누구나 자유롭게 할 수 있도록 하며, 모든 발언 내용을 기록한다.
- 아이디어에 대한 평가는 비판해서는 안 된다.

ⓛ 4대 원칙
- 비판엄금(Support) : 평가 단계 이전에 결코 비판이나 판단을 해서는 안 되며 평가는 나중까지 유보한다.
- 자유분방(Silly) : 무엇이든 자유롭게 말하고 이런 바보 같은 소리를 해서는 안 된다는 등의 생각은 하지 않아야 한다.
- 질보다 양(Speed) : 질에는 관계없이 가능한 많은 아이디어들을 생성해내도록 격려한다.
- 결합과 개선(Synergy) : 다른 사람의 아이디어에 자극되어 보다 좋은 생각이 떠오르고, 서로 조합하면 재미있는 아이디어가 될 것 같은 생각이 들면 즉시 조합시킨다.

② 논리적 사고 … 사고의 전개에 있어 전후의 관계가 일치하고 있는가를 살피고 아이디어를 평가하는 사고능력이다.

ⓐ 논리적 사고를 위한 5가지 요소 : 생각하는 습관, 상대 논리의 구조화, 구체적인 생각, 타인에 대한 이해, 설득

ⓛ 논리적 사고 개발 방법
- 피라미드 구조 : 하위의 사실이나 현상부터 사고하여 상위의 주장을 만들어가는 방법
- so what기법 : '그래서 무엇이지?'하고 자문자답하여 주어진 정보로부터 가치 있는 정보를 이끌어 내는 사고 기법

③ 비판적 사고 … 어떤 주제나 주장에 대해서 적극적으로 분석하고 종합하며 평가하는 능동적인 사고이다.

ⓐ 비판적 사고 개발 태도 : 비판적 사고를 개발하기 위해서는 지적 호기심, 객관성, 개방성, 융통성, 지적 회의성, 지적 정직성, 체계성, 지속성, 결단성, 다른 관점에 대한 존중과 같은 태도가 요구된다.

ⓛ 비판적 사고를 위한 태도
  • 문제의식 : 비판적인 사고를 위해서 가장 먼저 필요한 것은 바로 문제의식이다. 자신이 지니고 있는 문제와 목적을 확실하고 정확하게 파악하는 것이 비판적인 사고의 시작이다.
  • 고정관념 타파 : 지각의 폭을 넓히는 일은 정보에 대한 개방성을 가지고 편견을 갖지 않는 것으로 고정관념을 타파하는 일이 중요하다.

(2) 문제처리능력과 문제해결절차

① 문제처리능력 ⋯ 목표와 현상을 분석하고 이를 토대로 문제를 도출하여 최적의 해결책을 찾아 실행 · 평가하는 능력이다.

② 문제해결절차 ⋯ 문제 인식 → 문제 도출 → 원인 분석 → 해결안 개발 → 실행 및 평가
  ㉠ 문제 인식 : 문제해결과정 중 'waht'을 결정하는 단계로 환경 분석 → 주요 과제 도출 → 과제 선정의 절차를 통해 수행된다.
    • 3C 분석 : 환경 분석 방법의 하나로 사업환경을 구성하고 있는 요소인 자사(Company), 경쟁사(Competitor), 고객(Customer)을 분석하는 것이다.

예제 3

L사에서 주력 상품으로 밀고 있는 TV의 판매 이익이 감소하고 있는 상황에서 귀하는 B부장으로부터 3C분석을 통해 해결방안을 강구해 오라는 지시를 받았다. 다음 중 3C에 해당하지 않는 것은?

① Customer
② Company
③ Competitor
④ Content

- SWOT 분석 : 기업내부의 강점과 약점, 외부환경의 기회와 위협요인을 분석·평가하여 문제해결 방안을 개발하는 방법이다.

		내부환경요인	
		강점(Strengths)	약점(Weaknesses)
외부환경요인	기회 (Opportunities)	SO 내부강점과 외부기회 요인을 극대화	WO 외부기회를 이용하여 내부약점을 강점으로 전환
	위협 (Threat)	ST 외부위협을 최소화하기 위해 내부 강점을 극대화	WT 내부약점과 외부위협을 최소화

ⓛ 문제 도출 : 선정된 문제를 분석하여 해결해야 할 것이 무엇인지를 명확히 하는 단계로, 문제 구조 파악→핵심 문제 선정 단계를 거쳐 수행된다.

- Logic Tree : 문제의 원인을 파고들거나 해결책을 구체화할 때 제한된 시간 안에서 넓이와 깊이를 추구하는데 도움이 되는 기술로 주요 과제를 나무모양으로 분해·정리하는 기술이다.

ⓒ 원인 분석 : 문제 도출 후 파악된 핵심 문제에 대한 분석을 통해 근본 원인을 찾는 단계로 Issue 분석→Data 분석→원인 파악의 절차로 진행된다.

ⓔ 해결안 개발 : 원인이 밝혀지면 이를 효과적으로 해결할 수 있는 다양한 해결안을 개발하고 최선의 해결안을 선택하는 것이 필요하다.

ⓜ 실행 및 평가 : 해결안 개발을 통해 만들어진 실행계획을 실제 상황에 적용하는 활동으로 실행계획 수립→실행→Follow-up의 절차로 진행된다.

예제 4

C사는 최근 국내 매출이 지속적으로 하락하고 있어 사내 분위기가 심상치 않다. 이에 대해 Y부장은 이 문제를 극복하고자 문제처리 팀을 구성하여 해결방안을 모색하도록 지시하였다. 문제처리 팀의 문제해결 절차를 올바른 순서로 나열한 것은?

① 문제 인식→원인 분석→해결안 개발→문제 도출→실행 및 평가
② 문제 도출→문제 인식→해결안 개발→원인 분석→실행 및 평가
③ 문제 인식→원인 분석→문제 도출→해결안 개발→실행 및 평가
④ 문제 인식→문제 도출→원인 분석→해결안 개발→실행 및 평가

[출제의도]
실제 업무 상황에서 문제가 일어났을 때 해결 절차를 알고 있는지를 측정하는 문항이다.
[해설]
일반적인 문제해결절차는 '문제 인식→문제 도출→원인 분석→해결안 개발→실행 및 평가로 이루어진다.

답 ④

┃1~2┃ 신입사원 A, B, C, D, E 5명이 거래처인 (가), (나), (다), (라), (마) 공장에 가야한다. 다음에 주어진 조건을 읽고 물음에 답하시오.

- 신입사원들은 각 공장에 혼자 가야한다.
- 공장은 (가), (나), (다), (라), (마)의 순서로 나란히 붙어 있다.
- B는 항상 D가 가는 공장의 바로 오른쪽에 있는 곳에 가야한다.
- (마) 공장에는 B와 C가 갈 수 없다.

1 신입사원들이 각각의 공장에 가는 방법은 총 몇 가지인가?

① 12가지   ② 14가지

③ 16가지   ④ 18가지

 B는 항상 D가 가는 공장의 바로 오른쪽에 있는 곳에 가야 한다고 했으므로 (D, B)를 묶어서 생각한다. 네 번째 조건에서 (마) 공장에는 B와 C가 갈 수 없다고 했지만 (마) 공장의 오른쪽에는 공장이 없으므로 D 역시 갈 수 없다. 그러므로 (마) 공장에 갈 수 있는 사람은 A와 E뿐이다.

A가 (마) 공장에 가는 경우	E가 (마) 공장에 가는 경우
(D – B) – C – E – A	(D – B) – A – C – E
(D – B) – E – C – A	(D – B) – C – A – E
C – (D – B) – E – A	A – (D – B) – C – E
E – (D – B) – C – A	C – (D – B) – A – E
C – E – (D – B) – A	A – C – (D – B) – E
E – C – (D – B) – A	C – A – (D – B) – E

Answer ↪ 1.①

2 C와 D가 바로 옆에 이웃해 있는 공장에 가는 방법은 몇 가지인가?

① 2가지   ② 4가지

③ 6가지   ④ 8가지

 C – D – B – E – A, E – C – D – B – A, C – D – B – A – E, A – C – D – B – E 의 4가지 방법이 있다.

3 다음은 신재생에너지 보급 확대와 시장 활성화를 추진하기 위하여 신재생에너지 공급의무화 (RPS) 제도에 대해 검토한 자료이다. 현행 제도의 개선 방향으로 적절하지 않은 의견을 제시한 사람은?

> ■ **수익성 악화**
> - 전 세계적인 공급과잉과 가격폭락으로 태양광 기업들의 수익성 악화, 국내 기업들도 심각한 어려움에 직면
> - 태양광 공급여력은 충분하나, RPS 태양광 별도 의무공급량이 제한되어 있어 시장 확대 · 신재생보급에 제약
>
> ■ **지역주민 갈등**
> - 대규모 송전선로 등 에너지 시설 건설 시 현지 주민들의 수익 창출과 연계되지 않아 지역주민 갈등 증가
> - 에너지 설비 외 풍력 등 신재생 발전소에 대한 주민 수용성도 저하
>
> ■ **소규모 사업자 보호**
> - 공급의무자들의 대규모 사업자 선호로 소규모 사업자 소외 방지를 위해 일정규모는 에너지관리공단에 사업자 선정의뢰 의무화
> - 사업자 선정시장에 사업자의 규모에 대한 제한이 없이 참여가 가능하여 소규모 사업자 보호목적 달성 곤란
>
> ■ **설치보조지원 사업**
> - 정부의 설치보조지원 사업(그린홈 100만 호)은 소비자의 초기투자 부담, 직접 시공업체를 선정해야하는 불편 초래
>   ※ 3kW 설치 시 정부보조금 420만 원, 소비자 부담금 500만 원
> - 설비 수명(20년)에 비해 보조금 지원사업의 A/S 기간(3~5년)이 짧아 기간 경과 이후 유지 · 보수에 애로
>
> ■ **의무이행**
> - 연도별 의무이행비율, 공급인증서 가중치 검토주기(3년)가 정해져있어 환경변화에 적기 대응 곤란
> - 의무이행의 유연성 확보를 위해 미이행 시 이행연기가 가능하나, 연기량을 차년도에 우선 이행해야 하여 사업자 부담

① 甲 : 송전선로 주변지역 등에 다수 주민이 참여하는 신재생 발전소 건설 시 주민 지분비율에 따라 가중치를 우대한다.
② 乙 : 소규모 사업자에 입찰 물량의 30%를 배정하고 발전소 분할 등 악용 방지를 위한 조치를 병행한다.
③ 丙 : 3kW 설치 시 정부보조금을 현행 420만 원에서 500만 원으로 인상하고, 보조금 지원사업의 A/S 기간을 10년으로 늘린다.
④ 丁 : 이행연기량을 '차년도 우선 이행'에서 '향후 3년 이내에 분할하여 우선 이행'할 수 있도록 개선한다.

> (Tip) ③ 3kW 설치 시 정부보조금을 현행 420만 원에서 500만 원으로 인상한다고 하여도 소비자 부담금이 420만 원으로 여전히 소비자의 초기투자 부담이 남아있다. 또한 보조금 지원사업의 A/S 기간을 10년으로 늘린다고 하여도 설비 수명이 20년이므로 이후의 유지·보수 문제가 남는다.

Answer↪ 2.② 3.③

4 다음 글과 상황을 근거로 판단할 때, A국 각 지역에 설치될 것으로 예상되는 풍력발전기 모델명을 바르게 짝지은 것은?

> 풍력발전기는 회전축의 방향에 따라 수평축 풍력발전기와 수직축 풍력발전기로 구분된다. 수평축 풍력발전기는 구조가 간단하고 설치가 용이하며 에너지 변환효율이 우수하다. 하지만 바람의 방향에 영향을 많이 받기 때문에 바람의 방향이 일정한 지역에만 설치가 가능하다. 수직축 풍력발전기는 바람의 방향에 영향을 받지 않아 바람의 방향이 일정하지 않은 지역에도 설치가 가능하며, 이로 인해 사막이나 평원에도 설치가 가능하다. 하지만 부품이 비싸고 수평축 풍력발전기에 비해 에너지 변환효율이 떨어진다는 단점이 있다. B사는 현재 4가지 모델의 풍력발전기를 생산하고 있다. 각 풍력발전기는 정격 풍속이 최대 발전량에 도달하며, 가동이 시작되면 최소 발전량 이상의 전기를 생산한다. 각 발전기의 특성은 아래와 같다.
>
> | 모델명 | U-50 | U-57 | U-88 | U-93 |
> |---|---|---|---|---|
> | 시간당 최대 발전량(kW) | 100 | 100 | 750 | 2,000 |
> | 시간당 최소 발전량(kW) | 20 | 20 | 150 | 400 |
> | 발전기 높이(m) | 50 | 68 | 80 | 84.7 |
> | 회전축 방향 | 수직 | 수평 | 수직 | 수평 |

> 〈상황〉
> A국은 B사의 풍력발전기를 X, Y, Z지역에 각 1기씩 설치할 계획이다. X지역은 산악지대로 바람의 방향이 일정하며, 최소 150kW 이상의 시간당 발전량이 필요하다. Y지역은 평원지대로 바람의 방향이 일정하지 않으며, 철새보호를 위해 발전기 높이는 70m 이하가 되어야 한다. Z지역은 사막지대로 바람의 방향이 일정하지 않으며, 주민 편의를 위해 정격 풍속에서 600kW 이상의 시간당 발전량이 필요하다. 복수의 모델이 각 지역의 조건을 충족할 경우, 에너지 변환효율을 높이기 위해 수평축 모델을 설치하기로 한다.

X지역	Y지역	Z지역		X지역	Y지역	Z지역
① U-88	U-50	U-88		② U-88	U-57	U-93
③ U-93	U-50	U-88		④ U-93	U-50	U-93

    ㉠ X지역 : 바람의 방향이 일정하므로 수직·수평축 모두 사용할 수 있고, 최소 150kW 이상의 시간당 발전량이 필요하므로 U-88과 U-93 중 하나를 설치해야 한다. 에너지 변환효율을 높이기 위해 수평축 모델인 U-93을 설치한다.

    ㉡ Y지역 : 수직축 모델만 사용 가능하며, 높이가 70m 이하인 U-50만 설치 가능하다.

    ㉢ Z지역 : 수직축 모델만 사용 가능하며, 정격 풍속이 600kW 이상의 시간당 발전량을 갖는 U-88만 설치 가능하다.

5 갑과 을, 병 세 사람은 면세점에서 A, B, C 브랜드 중 하나의 가방을 각각 구입하려고 한다. 소비자들이 가방을 구매하는데 고려하는 것은 브랜드명성, 디자인, 소재, 경제성의 네 가지 속성이다. 각 속성에 대한 평가는 0부터 10까지의 점수로 주어지며, 점수가 높을수록 소비자를 더 만족시킨다고 한다. 각 브랜드의 제품에 대한 평가와 갑, 을, 병 각자의 제품을 고르는 기준이 다음과 같을 때, 소비자들이 구매할 제품으로 바르게 짝지어진 것은?

〈브랜드별 소비자 제품평가〉

	A 브랜드	B 브랜드	C 브랜드
브랜드명성	10	7	7
경제성	4	8	5
디자인	8	6	7
소재	9	6	3

※ 각 평가에 부여하는 가중치 : 브랜드명성(0.4), 경제성(0.3), 디자인(0.2), 소재(0.1)

〈소비자별 구매기준〉

갑 : 가중치가 높은 순으로 가장 좋게 평가된 제품을 선택한다.

을 : 모든 속성을 가중치에 따라 평가(점수×가중치)하여 종합적으로 가장 좋은 대안을 선택한다.

병 : 모든 속성이 4점 이상인 제품을 선택한다. 2가지 이상이라면 디자인 점수가 높은 제품을 선택한다.

	갑	을	병			갑	을	병
①	A	A	A		②	A	A	B
③	B	A	B		④	B	C	B

 ㉠ 갑 : 가중치가 가장 높은 브랜드명성이 가장 좋게 평가된 A 브랜드 제품을 선택한다.

㉡ 을 : 각 제품의 속성을 가중치에 따라 평가하면 다음과 같다.

A : 10(0.4)+4(0.3)+8(0.2)+9(0.1)=4+1.2+1.6+0.9=7.7

B : 7(0.4)+8(0.3)+6(0.2)+6(0.1)=2.8+2.4+1.2+0.6=7

C : 7(0.4)+5(0.3)+7(0.2)+3(0.1)=2.8+1.5+1.4+0.3=6

∴ A 브랜드 제품을 선택한다.

㉢ 병 : 모든 속성이 4점 이상인 A, B 브랜드 중 디자인 점수가 더 높은 A 브랜드 제품을 선택한다.

Answer ➡ 4.③ 5.①

6 외국계 은행인 A 은행 서울지사에 근무하는 甲과, 런던지사에 근무하는 乙, 시애틀지사에 근무하는 丙은 같은 프로젝트를 진행하면서 다음과 같이 영상업무회의를 진행하였다. 회의 시각은 런던을 기준으로 11월 1일 오전 9시이고, 런던은 GMT＋0, 서울은 GMT＋9, 시애틀은 GMT－7을 표준시로 사용한다. 회의록을 바탕으로 할 때 빈칸에 들어갈 일시는?

> 甲 : 제가 프로젝트에서 맡은 업무는 오늘 오후 10시면 마칠 수 있습니다. 런던에서 받아서 1차 수정을 부탁드립니다.
>
> 乙 : 네, 저는 甲님께서 제시간에 끝내 주시면 다음날 오후 3시면 마칠 수 있습니다. 시애틀에서 받아서 마지막 수정을 부탁드립니다.
>
> 丙 : 알겠습니다. 저는 앞선 두 분이 제시간에 끝내 주신다면 서울을 기준으로 모레 오전 10시면 마칠 수 있습니다. 제가 업무를 마치면 프로젝트가 최종 마무리 되겠군요.
>
> 甲 : 잠깐, 다들 말씀하신 시각의 기준이 다른 것 같은데요? 저는 처음부터 런던을 기준으로 이해하고 말씀드렸습니다.
>
> 乙 : 저는 처음부터 시애틀을 기준으로 이해하고 말씀드렸는데요?
>
> 丙 : 저는 처음부터 서울을 기준으로 이해하고 말씀드렸습니다. 그렇다면 계획대로 진행될 때 서울을 기준으로 (   )에 프로젝트를 최종 마무리할 수 있겠네요.
>
> 甲, 乙 : 네, 맞습니다.

① 11월 2일 오후 11시
② 11월 3일 오전 10시
③ 11월 3일 오후 3시
④ 11월 3일 오후 7시

 회의 시간이 런던을 기준으로 11월 1일 9시이므로, 이때 서울은 11월 1일 18시, 시애틀은 11월 1일 2시이다.

• 甲은 런던을 기준으로 말했으므로 甲이 프로젝트에서 맡은 업무를 마치는 시간은 런던 기준 11월 1일 22시로, 甲이 맡은 업무를 마치는 데 필요한 시간은 22 － 9 ＝ 13시간이다.

• 乙은 시애틀을 기준으로 이해하고 말했으므로 乙은 甲이 말한 乙이 말한 다음날 오후 3시는 시애틀 기준 11월 2일 15시이다. 乙은 甲이 시애틀을 기준으로 11월 1일 22시에 맡은 일을 끝내 줄 것이라고 생각하였으므로, 乙이 맡은 업무를 마치는 데 필요한 시간은 2 ＋ 15 ＝ 17시간이다.

• 丙은 서울을 기준으로 말했으므로 丙이 말한 모레 오전 10시는 11월 3일 10시이다. 丙은 乙이 서울을 기준으로 11월 2일 15시에 맡은 일을 끝내 줄 것이라고 생각하였으므로, 丙이 맡은 업무를 마치는 데 필요한 시간은 9 ＋ 10 ＝ 19시간이다.

따라서 계획대로 진행될 경우 甲, 乙, 丙이 맡은 업무를 끝내는 데 필요한 총 시간은 13 ＋ 17 ＋ 19 ＝ 49시간으로, 2일하고 1시간이라고 할 수 있다. 이를 서울 기준으로 보면 11월 1일 18시에서 2일하고 1시간이 지난 후이므로, 11월 3일 19시이다.

7   甲 공단 시설팀에 근무하는 乙은 공공시설물을 대상으로 내진보강대책을 평가하고 보고서를 작성하고 있다. 보고서에 따라 A~D 평가대상기관 중 최상위기관을 고르면?

> □ 공공시설물 내진보강대책 추진실적 평가기준
> • 평가요소 및 점수부여
>
> – 내진성능평가지수 $= \dfrac{\text{내진성능평가실적건수}}{\text{내진보강대상건수}} \times 100$
>
> – 내진보강공사지수 $= \dfrac{\text{내진보강공사실적건수}}{\text{내진보강대상건수}} \times 100$
>
> – 산출된 지수 값에 따른 점수는 아래 표와 같이 부여한다.
>
> | 구분 | 지수 값 최상위
1개 기관 | 지수 값 중위
2개 기관 | 지수 값 최하위
1개 기관 |
> |---|---|---|---|
> | 내진성능평가점수 | 5점 | 3점 | 1점 |
> | 내진보강공사점수 | 5점 | 3점 | 1점 |
>
> • 최종순위 결정
> – 내진성능평가점수와 내진보강공사점수의 합이 큰 기관에 높은 순위를 부여한다.
> – 합산 점수가 동점인 경우에는 내진보강대상건수가 많은 기관을 높은 순위로 한다.
> □ 평가대상기관의 실적
>
> (단위 : 건)
>
> | 구분 | A | B | C | D |
> |---|---|---|---|---|
> | 내진성능평가실적 | 82 | 72 | 72 | 83 |
> | 내진보강공사실적 | 91 | 76 | 81 | 96 |
> | 내진보강대상 | 100 | 80 | 90 | 100 |

① A   ② B
③ C   ④ D

 A~D의 내진성능평가지수와 내진보강공사지수를 구하면 다음과 같다.

구분	A	B	C	D
내진성능평가지수	82(3점)	90(5점)	80(1점)	83(3점)
내진보강공사지수	91(3점)	95(3점)	90(1점)	96(5점)
총점	6점	8점	2점	8점

B와 D의 총점이 동일하므로 내진보강대상건수가 많은 D가 더 높은 순위를 차지한다. 최종순위는 D – B – A – C이다.

Answer ☞ 6.④   7.④

8 H 기업 영업부장인 甲은 차장 乙 그리고 직원 丙, 丁과 함께 총 4명이 장거리 출장이 가능하도록 배터리 완전충전 시 주행거리가 200km 이상인 전기자동차 1대를 선정하여 구매팀에 구매를 의뢰하려고 한다. 다음을 근거로 판단할 때, 甲이 선정하게 될 차량은?

❏ 배터리 충전기 설치
- 구매와 동시에 회사 주차장에 배터리 충전기를 설치하려고 하는데, 배터리 충전시간 (완속 기준)이 6시간을 초과하지 않으면 완속 충전기를, 6시간을 초과하면 급속 충전기를 설치하려고 한다.

❏ 정부 지원금
- 정부는 전기자동차 활성화를 위하여 전기자동차 구매 보조금을 구매와 동시에 지원하고 있는데, 승용차는 2,000만 원, 승합차는 1,000만 원을 지원하고 있다. 승용차 중 경차는 1,000만 원을 추가로 지원한다.
- 배터리 충전기에 대해서는 완속 충전기에 한하여 구매 및 설치비용을 구매와 동시에 전액 지원하며, 2,000만 원이 소요되는 급속 충전기의 구매 및 설치비용은 지원하지 않는다.

❏ 차량 선택
- 배터리 충전기 설치와 정부 지원금을 감안하여 甲은 차량 A~D 중에서 실구매 비용 (충전기 구매 및 설치비용 포함)이 가장 저렴한 차량을 선택하려고 한다. 단, 실구매 비용이 동일할 경우에는 '점수 계산 방식'에 따라 점수가 가장 높은 차량을 구매하려고 한다.

❏ 점수 계산 방식
- 최고속도가 120km/h 미만일 경우에는 120km/h를 기준으로 10km/h가 줄어들 때마다 2점씩 감점
- 승차 정원이 4명을 초과할 경우에는 초과인원 1명당 1점씩 가점

❏ 구매 차량 후보

차량	A	B	C	D
최고속도(km/h)	130	100	140	120
완전충전 시 주행거리(km)	250	200	300	300
충전시간(완속 기준)	7시간	5시간	4시간	5시간
승차 정원	6명	8명	4명	5명
차종	승용	승합	승용(경차)	승용
가격(만 원)	5,000	6,000	8,000	8,000

① A
② B
③ C
④ D

차량별 실구매 비용을 계산하면 다음과 같다.

차량	차량 가격	충전기 구매 및 설치비용	정부 지원금(완속 충전기 지원금 제외)	실구매 비용
A	5,000만 원	2,000만 원	2,000만 원	5,000 + 2,000 − 2,000 = 5,000만 원
B	6,000만 원	0(정부 지원금)	1,000만 원	6,000 + 0 − 1,000 = 5,000만 원
C	8,000만 원	0(정부 지원금)	3,000만 원	8,000 + 0 − 3,000 = 5,000만 원
D	8,000만 원	0(정부 지원금)	2,000만 원	8,000 + 0 − 2,000 = 6,000만 원

이 중 실구매 비용이 동일한 A, B, C에 대하여 '점수 계산 방식'에 따라 차량별 점수를 구하면 A는 승차 정원에서 2점의 가점을, B는 최고속도에서 4점의 감점과 승차 정원에서 4점의 가점을 받게 되고 C는 감점 및 가점이 없다. 따라서 甲이 선정하게 될 차량은 점수가 가장 높은 A가 된다.

Answer↝ 8.①

9 ○○기업은 甲, 乙, 丙 3개 신문사를 대상으로 광고비를 지급하기 위해 3가지 선정 방식을 논의 중에 있다. 3개 신문사의 현황이 다음과 같을 때, 〈선정 방식〉에 따라 판단한 내용으로 옳지 않은 것은?

❑ 신문사 현황

신문사	발행부수(부)	유료부수(부)	발행기간(년)
甲	30,000	9,000	5
乙	30,000	11,500	10
丙	20,000	12,000	12

※ 발행부수 = 유료부수 + 무료부수

❑ 선정 방식

• 방식 1 : 항목별 점수를 합산하여 고득점 순으로 500만 원, 300만 원, 200만 원을 광고비로 지급하되, 80점 미만인 신문사에는 지급하지 않는다.

평가항목	항목별 점수			
발행부수 (부)	20,000 이상	15,000~ 19,999	10,000~ 14,999	10,000 미만
	50점	40점	30점	20점
유료부수 (부)	15,000 이상	10,000~ 14,999	5,000~ 9,999	5,000 미만
	30점	25점	20점	15점
발행기간 (년)	15 이상	12~14	9~11	6~8
	20점	15점	10점	5점

※ 항목별 점수에 해당하지 않을 경우 해당 항목을 0점으로 처리한다.

• 방식 2 : A등급에 400만 원, B등급에 200만 원, C등급에 100만 원을 광고비로 지급하되, 등급별 조건을 모두 충족하는 경우에만 해당 등급을 부여한다.

등급	발행부수(부)	유료부수(부)	발행기간(년)
A	20,000 이상	10,000 이상	10 이상
B	10,000 이상	5,000 이상	5 이상
C	5,000 이상	2,000 이상	2 이상

※ 하나의 신문사가 복수의 등급에 해당할 경우, 그 신문사에게 가장 유리한 등급을 부여한다.

• 방식 3 : 1,000만 원을 발행부수 비율에 따라 각 신문사에 광고비로 지급한다.

① 乙은 방식 2이 가장 유리하다.

② 丙은 방식 1이 가장 유리하다.

③ 방식 1로 선정할 경우, 甲은 200만 원의 광고비를 지급받는다.

④ 방식 2로 선정할 경우, 丙은 甲보다 두 배의 광고비를 지급받는다.

(Tip) 방식 1~3에 따른 甲, 乙, 丙 신문사가 받을 광고비는 다음과 같다.

구분	甲	乙	丙
방식 1	0원	300만 원	500만 원
방식 2	200만 원	400만 원	400만 원
방식 3	375만 원	375만 원	250만 원

③ 방식 1로 선정할 경우, 甲은 80점 미만을 득점하여 광고비를 지급받지 못한다.

Answer⌐▸ 9.③

10 다음은 5가지의 영향력을 행사하는 방법과 수민, 홍진이의 발언이다. 수민이와 홍진이의 발언은 각각 어떤 방법에 해당하는가?

〈영향력을 행사하는 방법〉

- 합리적 설득 : 논리와 사실을 이용하여 제안이나 요구가 실행 가능하고, 그 제안이나 요구가 과업 목표 달성을 위해 필요하다는 것을 보여주는 방법
- 연합 전술 : 영향을 받는 사람들이 제안을 지지하거나 어떤 행동을 하도록 만들기 위해 다른 사람의 지지를 이용하는 방법
- 영감에 호소 : 이상에 호소하거나 감정을 자극하여 어떤 제안이나 요구사항에 몰입하도록 만드는 방법
- 교환 전술 : 제안에 대한 지지에 상응하는 대가를 제공하는 방법
- 합법화 전술 : 규칙, 공식적 방침, 공식 문서 등을 제시하여 제안의 적법성을 인식시키는 방법

〈발언〉

- 수민 : 이번에 내가 제안한 기획안이 이사회의 허락을 얻으면 당신이 오랜 기간 공들인 사업이 폐지될 수 있다는 것을 잘 알고 있습니다. 하지만 이번에 당신이 나를 도와 이 기획안을 지지해준다면 이번 기획을 통해 성사되는 계약의 성과 중 일부를 당신과 나누도록 하겠습니다.
- 홍진 : 이 계획은 앞서 본부에서 한 달 전에 각 지사에 시달한 공문에 근거한 것입니다. 또한 이 계획을 시행될 사업과 관련한 세부적인 방법도 이미 본부에서 마련하였고, 절차상 아무 문제도 없습니다.

	수민	홍진
①	교환 전술	영감에 호소
②	교환 전술	합법화 전술
③	영감에 호소	합법화 전술
④	합리적 설득	연합 전술

　⊙ 수민 : 계약의 성과 중 일부를 나눈다고 하였으므로 지지에 상응하는 대가를 제공하는 '교환 전술'에 해당한다.
　ⓛ 홍진 : 공문에 근거한 것이고 절차상 아무 문제도 없다고 하였으므로 제안의 적법성을 인식시키는 '합법화 전술'에 해당한다.

11 다음 〈쓰레기 분리배출 규정〉을 준수한 것은?

〈쓰레기 분리배출 규정〉
- 배출 시간 : 수거 전날 저녁 7시∼수거 당일 새벽 3시까지(월요일∼토요일에만 수거함)
- 배출 장소 : 내 집 앞, 내 점포 앞
- 쓰레기별 분리배출 방법
  - 일반 쓰레기 : 쓰레기 종량제 봉투에 담아 배출
  - 음식물 쓰레기 : 단독주택의 경우 수분 제거 후 음식물 쓰레기 종량제 봉투에 담아서, 공동주택의 경우 음식물 전용용기에 담아서 배출
  - 재활용 쓰레기 : 종류별로 분리하여 투명 비닐봉투에 담아 묶어서 배출
    ① 1종(병류)
    ② 2종(캔, 플라스틱, 페트병 등)
    ③ 3종(폐비닐류, 과자 봉지, 1회용 봉투 등)
      ※ 1종과 2종의 경우 뚜껑을 제거하고 내용물을 비운 후 배출
      ※ 종이류 / 박스 / 스티로폼은 각각 별도로 묶어서 배출
  - 폐가전 · 폐가구 : 폐기물 스티커를 부착하여 배출
- 종량제 봉투 및 폐기물 스티커 구입 : 봉투판매소

① 甲은 토요일 저녁 8시에 일반 쓰레기를 쓰레기 종량제 봉투에 담아 자신의 집 앞에 배출하였다.
② 공동주택에 사는 乙은 먹다 남은 찌개를 그대로 음식물 쓰레기 종량제 봉투에 담아 주택 앞에 배출하였다.
③ 丙은 투명 비닐봉투에 캔과 스티로폼을 함께 담아 자신의 집 앞에 배출하였다.
④ 戊는 집에서 쓰던 냉장고를 버리기 위해 폐기물 스티커를 구입 후 부착하여 월요일 저녁 9시에 자신의 집 앞에 배출하였다.

 ① 배출 시간은 수거 전날 저녁 7시부터 수거 당일 새벽 3시까지인데 일요일은 수거하지 않으므로 토요일 저녁 8시에 쓰레기를 내놓은 甲은 규정을 준수했다고 볼 수 없다.
② 공동주택에서 음식물 쓰레기를 배출할 경우 음식물 전용용기에 담아서 배출해야 한다.
③ 스티로폼은 별도로 묶어서 배출해야 하는 품목이다.

Answer 10.② 11.④

12 다음 〈상황〉과 〈조건〉을 근거로 판단할 때 옳은 것은?

〈상황〉

A대학교 보건소에서는 4월 1일(월)부터 한 달 동안 재학생을 대상으로 금연교육 4회, 금주교육 3회, 성교육 2회를 실시하려는 계획을 가지고 있다.

〈조건〉

• 금연교육은 정해진 같은 요일에만 주 1회 실시하고, 화, 수, 목요일 중에 해야한다.
• 금주교육은 월요일과 금요일을 제외한 다른 요일에 시행하며, 주 2회 이상은 실시하지 않는다.
• 성교육은 4월 10일 이전, 같은 주에 이틀 연속으로 실시한다.
• 4월 22일부터 26일까지 중간고사 기간이고, 이 기간에 보건소는 어떠한 교육도 실시할 수 없다.
• 보건소의 교육은 하루에 하나만 실시할 수 있고, 토요일과 일요일에는 교육을 실시할 수 없다.
• 보건소는 계획한 모든 교육을 반드시 4월에 완료하여야 한다.

① 금연교육이 가능한 요일은 화요일과 수요일이다.
② 4월 30일에도 교육이 있다.
③ 금주교육은 4월 마지막 주에도 실시된다.
④ 성교육이 가능한 일정 조합은 두 가지 이상이다.

 • 화, 수, 목 중에 실시해야 하는 금연교육을 4회 실시하기 위해서는 반드시 화요일에 해야 한다.
• 금주교육을 월요일과 금요일을 제외한 다른 요일에 실시해야 하며 주2회 이상은 실시되지 않으므로 수,목 중 주1회 실시해야 한다. 하지만 10일 이전에 성교육이 이틀 연속 실시되어야 하므로 성교육은 4~5일에 하고, 3일 수요일에 금주교육을 한다.

상황과 조건에 따라 A대학교 보건소의 교육 일정을 정리해 보면 다음과 같다.

월	화	수	목	금	토	일
1	금연 2	금주 3	성 4	성 5	X 6	X 7
8	금연 9	10	11	12	X 13	X 14
15	금연 16	17	18	19	X 20	X 21
중 22	간 23	고 24	사 25	주 26	X 27	X 28
29	금연 30					

13 Z회사에 근무하는 7명의 직원이 교육을 받으려고 한다. 교육실에서 직원들이 앉을 좌석의 조건이 다음과 같을 때 직원 중 빈 자리 바로 옆 자리에 배정받을 수 있는 사람은?

〈교육실 좌석〉			
첫 줄	A	B	C
중간 줄	D	E	F
마지막 줄	G	H	I

〈조건〉
- 직원은 강훈, 연정, 동현, 승만, 문성, 봉선, 승일 7명이다.
- 서로 같은 줄에 있는 좌석들끼리만 바로 옆 자리일 수 있다.
- 봉선의 자리는 마지막 줄에 있다.
- 동현이의 자리는 승만이의 바로 옆 자리이며, 또한 빈 자리 바로 옆이다.
- 승만이의 자리는 강훈이의 바로 뒷 자리이다.
- 문성이와 승일이는 같은 줄의 좌석을 배정받았다.
- 문성이나 승일이는 누구도 강훈이의 바로 옆 자리에 배정받지 않았다.

① 승만   ② 문성
③ 연정   ④ 봉선

 주어진 조건을 정리해 보면 마지막 줄에는 봉선, 문성, 승일이가 앉게 되며 중간 줄에는 동현이와 승만이가 앉게 된다. 그러나 동현이가 승만이 바로 옆 자리이며, 또한 빈자리가 바로 옆이라고 했으므로 승만이는 빈자리 옆에 앉지 못한다. 첫 줄에는 강훈이와 연정이가 앉게 되고 빈자리가 하나 있다. 따라서 연정이는 빈 자리 옆에 배정 받을 수 있다.

14 다음 글을 근거로 판단할 때, 9월 17일(토)부터 책을 대여하기 시작한 甲이 마지막 편을 도서관에 반납할 요일은? (단, 다른 조건은 고려하지 않는다)

> 甲은 10편으로 구성된 위인전을 완독하기 위해 다음과 같이 계획하였다.
>
> 책을 빌리는 첫째 날은 한 권만 빌려 다음날 반납하고, 반납한 날 두 권을 빌려 당일 포함 2박 3일이 되는 날 반납한다. 이런 식으로 도서관을 방문할 때마다 대여하는 책의 수는 한 권씩 증가하지만, 대여 일수는 빌리는 책 권수를 n으로 했을 때 두 권 이상일 경우 (2n−1)의 규칙으로 증가한다.
>
> 예를 들어 3월 1일(월)에 1편을 빌렸다면 3월 2일(화)에 1편을 반납하고 그날 2, 3편을 빌려 3월 4일(목)에 반납한다. 4일에 4, 5, 6편을 빌려 3월 8일(월)에 반납하고 그날 7, 8, 9, 10편을 대여한다.
>
> 도서관은 일요일만 휴관하고, 이날은 반납과 대여가 불가능하므로 다음날인 월요일에 반납과 대여를 한다. 이 경우에 한하여 일요일은 대여 일수에 포함되지 않는다.

① 월요일   ② 화요일
③ 수요일   ④ 목요일

 조건에 따라 甲의 도서 대여 및 반납 일정을 정리하면 다음과 같다.

월	화	수	목	금	토(9.17)	일
					1권 대출	휴관
• 1권 반납 • 2~3권 대출(3일)		• 2~3권 반납 • 4~6권 대출(5일)				휴관
• 4~6권 반납 • 7~10권 대출(7일)						휴관
• 7~10권 반납						휴관

15 다음 제시문을 읽고 바르게 추론한 것을 〈보기〉에서 모두 고른 것은?

A회사에서는 1,500명의 소속직원들이 마실 생수를 구입하기로 하였다. 모든 조건이 동일한 두 개의 생수회사가 최종 경쟁을 하게 되었다. 구입 담당자는 직원들에게 시음하게 하여 직원들이 가장 좋아하는 생수를 선정하고자 하였다. 다음과 같은 절차를 통하여 구입 담당자가 시음회를 주관하였다.

• 직원들로부터 더 많이 선택 받은 생수회사를 최종적으로 선정한다.
• 생수 시음회 참여를 원하는 직원을 대상으로 신청자를 접수하고 그 중 남자 15명과 여자 15명을 무작위로 선정하였다.
• 두 개의 컵을 마련하여 하나는 1로 표기하고 다른 하나는 2로 표기하여 회사이름을 가렸다.
• 참가직원들은 1번 컵의 생수를 마신 후 2번 컵의 생수를 마시고 둘 중 어느 쪽을 선호하는지 표시하였다.

〈보기〉
㉠ 참가자들이 특정 번호를 선호할 가능성을 고려하지 못하였다.
㉡ 참가자가 무작위로 선정되었으므로 전체 직원에 대한 대표성이 확보되었다.
㉢ 참가자의 절반은 2번 컵을 먼저 마시고 1번 컵을 나중에 마시도록 했어야 한다.
㉣ 우리나라의 남녀 비율이 50대 50이므로 남자직원과 여자직원을 동수로 뽑은 것은 적절하였다.

① ㉠㉡
② ㉠㉢
③ ㉡㉢
④ ㉡㉣

 ㉡ 참가자는 무작위로 선정한 것이 아니라 시음회의 참여를 원하는 직원을 대상으로 선정하였기 때문에 전체 직원에 대한 대표성이 확보되었다고 보기는 어렵다.
㉣ 대표성을 확보하기 위해서는 우리나라의 남녀 비율이 아닌 A회사의 남녀 비율을 고려하여 선정하는 것이 더 적절하다.

Answer ➔ 14.① 15.②

16 직장인인 기원, 현욱, 은영, 정아는 아침을 못먹어서 출근길에 우유를 사먹었다. 자신이 먹은 우유에 대한 진술과 주어진 정보를 종합했을 때 A~D 중 은영이가 먹은 우유는 무엇인가?

〈진술〉
• 기원 : 나는 흰우유를 먹었어.
• 현욱 : 내가 먹은 우유는 정아가 먹은 우유보다 용량이 많았어.
• 은영 : 내가 먹은 우유는 가장 비싼 우유는 아니야.
• 정아 : 내가 먹은 우유는 다른 누군가가 먹은 우유와 종류가 같았어.

〈정보〉

	종류	용량(ml)	가격(원)
A	흰우유	190	1,100
B	흰우유	200	1,200
C	딸기우유	200	1,200
D	바나나우유	350	1,500

① A   ② B
③ C   ④ D

 기원이와 정아의 진술로 인해 기원이와 정아는 흰우유(A 또는 B)를 먹었다. 현욱이는 정아보다 용량이 많은 우유를 먹었으므로 현욱이가 먹은 우유는 D이고 나머지 C는 은영이가 먹은 우유가 된다.

17 다음은 수미의 소비상황과 각종 신용카드 혜택 정보이다. 수미가 가장 유리한 하나의 신용카드만을 결제수단으로 사용할 때 적절한 소비수단은?

- 뮤지컬, ○○테마파크 및 서점은 모두 B신용카드의 문화 관련업에 해당한다.
- 신용카드 1포인트는 1원이고, 문화상품권 1매는 1만 원으로 가정한다.
- 혜택을 금전으로 환산하여 액수가 많을수록 유리하다.
- 액수가 동일한 경우 할인혜택, 포인트 적립, 문화상품권 지급 순으로 유리하다.
- 혜택의 액수 및 혜택의 종류가 동일한 경우 혜택 부여 시기가 빠를수록 유리하다(현장 할인은 결제 즉시 할인되는 것을 말하며, 청구할인은 카드대금 청구 시 할인 되는 것을 말한다).

〈수미의 소비상황〉

서점에서 여행서적(정가 각 3만 원) 3권과 DVD 1매(정가 1만 원)를 구입(직전 1개월 간 A신용카드 사용금액은 15만 원이며, D신용카드는 가입 후 미사용 상태임)

〈각종 신용카드의 혜택〉

A신용카드	○○테마파크 이용 시 본인과 동행 1인의 입장료의 20% 현장 할인(단, 직전 1개월 간 A신용카드 사용금액이 30만 원 이상인 경우에 한함)
B신용카드	문화 관련 가맹업 이용 시 총액의 10% 청구 할인(단, 할인되는 금액은 5만 원을 초과할 수 없음)
C신용카드	이용 시마다 사용금액의 10%를 포인트로 즉시 적립. 사용금액이 10만 원을 초과하는 경우에는 사용금액의 20%를 포인트로 즉시 적립
D신용카드	가입 후 2만 원 이상에 상당하는 도서류(DVD 포함) 구매 시 최초 1회에 한하여 1만 원 상당의 문화상품권 증정(단, 문화상품권은 다음달 1일에 일괄 증정)

① A신용카드
② B신용카드
③ C신용카드
④ D신용카드

 수미 소비상황을 봤을 때 A신용카드 혜택이 없으며, B신용카드는 1만 원 청구할인, C신용카드는 1만 포인트 적립, D신용카드는 1만 원 문화상품권을 증정한다. 액수가 동일한 경우 할인혜택, 포인트 적립, 문화상품권 지급 순으로 유리하다고 했으므로 수미는 B신용카드를 선택한다.

Answer ☞ 16.③ 17.②

18 지환이의 신장은 170cm, 체중은 80kg이다. 다음을 근거로 할 때, 지환이의 비만 정도를 바르게 나열한 것은?

> 과다한 영양소 섭취와 적은 체내 에너지 소비로 인한 에너지 대사의 불균형으로 지방이 체내에 지나치게 축적되어 체중이 과다해지는 것을 비만이라 한다.
>
> 비만 정도를 측정하는 방법은 Broca 보정식과 체질량지수를 이용하는 것이 대표적이다.
>
> Broca 보정식은 신장과 체중을 이용하여 비만 정도를 측정하는 간단한 방법이다. 이 방법에 의하면 신장(cm)에서 100을 뺀 수치에 0.9를 곱한 수치가 '표준체중(kg)'이며, 표준체중의 110% 이상 120% 미만의 체중을 '체중과잉', 120% 이상의 체중을 '비만'이라고 한다.
>
> 한편 체질량 지수는 체중(kg)을 '신장(m)'의 제곱으로 나눈 값을 의미한다. 체질량 지수에 따른 비만 정도는 다음 〈표〉와 같다.
>
> 〈표〉
>
> | 체질량 지수 | 비만 정도 |
> | --- | --- |
> | 18.5 미만 | 저체중 |
> | 18.5 이상 ~ 23.0 미만 | 정상 |
> | 23.0 이상 ~ 25.0 미만 | 과체중 |
> | 25.0 이상 ~ 30.0 미만 | 경도비만 |
> | 30.0 이상 ~ 35.0 미만 | 중등도비만 |
> | 35.0 이상 | 고도비만 |

① Broca 보정식으로는 체중과잉, 체질량 지수로는 과체중에 해당한다.
② Broca 보정식으로는 체중과잉, 체질량 지수로는 경도비만에 해당한다.
③ Broca 보정식으로는 비만, 체질량 지수로는 중등도비만에 해당한다.
④ Broca 보정식으로는 비만, 체질량 지수로는 경도비만에 해당한다.

 ㉠ Broca 보정식에 의한 신장 $170cm$의 표준체중은 $(170-100)\times0.9=63kg$이므로, 지환이는 $\frac{80}{63}\times100 ≒ 127(\%)$로 비만에 해당한다.

㉡ 지환이의 체질량 지수는 $\frac{80}{1.7^2} ≒ 27.7$이므로 경도비만에 해당한다.

19 다음과 같은 상황이 발생하여 적용되는 약관을 찾아보려고 한다. 적용되는 약관의 조항과 그에 대한 대응방안으로 옳은 것은?

> 보증채권자인 A는 보증채무의 이행을 청구하기 위하여 보증채무이행청구서, 신분증 사본, 보증서 사본, 명도확인서를 제출하였다. 이를 검토해 보던 사원 L은 A가 전세계약이 해지 또는 종료되었음을 증명하는 서류를 제출하지 않은 것을 알게 되었다. 이 때, 사원 L은 어떻게 해야 하는가?

> 제9조(보증채무 이행청구 시 제출서류)
> ① 보증채권자가 보증채무의 이행을 청구할 때에는 보증회사에 다음의 서류를 제출하여야 합니다.
>   1. 보증채무이행청구서
>   2. 신분증 사본
>   3. 보증서 또는 그 사본(보증회사가 확인 가능한 경우에는 생략할 수 있습니다)
>   4. 전세계약이 해지 또는 종료되었음을 증명하는 서류
>   5. 명도확인서 또는 퇴거예정확인서
>   6. 배당표 등 전세보증금 중 미수령액을 증명하는 서류(경·공매 시)
>   7. 회사가 요구하는 그 밖의 서류
> ② 보증채권자는 보증회사로부터 전세계약과 관계있는 서류사본의 교부를 요청받은 때에는 이에 응하여야 합니다.
> ③ 보증채권자가 제1항 내지 제2항의 서류 중 일부를 누락하여 이행을 청구한 경우 보증회사는 서면으로 기한을 정하여 서류보완을 요청할 수 있습니다.

① 제9조 제2항, 청구가 없었던 것으로 본다.
② 제9조 제2항, 기한을 정해 서류보완을 요청한다.
③ 제9조 제3항, 청구가 없었던 것으로 본다.
④ 제9조 제3항, 기한을 정해 서류보완을 요청한다.

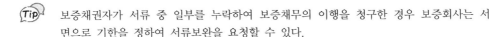 보증채권자가 서류 중 일부를 누락하여 보증채무의 이행을 청구한 경우 보증회사는 서면으로 기한을 정하여 서류보완을 요청할 수 있다.

20 환율 변동 예상 추이를 고려한 A 사장의 지시에 따라 업무 담당 임원이 추진해야 할 내용으로 적절한 것은? (단, 환율 변동만을 고려한다)

> A 사장은 자사 경제 연구소의 환율 변동 예상 추이를 보고 받고 이와 같은 환율 변동이 지속될 것으로 판단하여 현재 진행 중인 해외 사업에 대해 적절한 대응책을 마련하여 추진할 것을 지시하였다.
>
> | 구분 | 현 시점 | 11월 | 12월 |
> |------|---------|------|------|
> | 원 / 미국 달러 | 1,100 | 1,200 | 1,250 |
> | 원 / 100엔 | 1,200 | 1,150 | 1,100 |

① 일본에서 차입한 외채를 앞당겨 상환한다.
② 미국에 수출한 상품 대금 환전을 앞당긴다.
③ 계획 예정 중인 미국 연수는 일정을 늦춘다.
④ 투자가 예정된 미국 현지 공장의 구입 시기를 앞당긴다.

 미 달러에 대한 환율 인상은 원화 가치 하락으로 수출 대금 환전은 늦추며 미국 현지 투자는 앞당겨야 유리하다. 엔화에 대한 환율 인하 시에는 외채 부담이 감소한다.

21 용의자 A, B, C, D 4명이 있다. 이들 중 A, B, C는 조사를 받는 중이며 D는 아직 추적 중이다. 4명 중에서 한 명만이 진정한 범인이며, A, B, C의 진술 중 한 명의 진술만이 참일 때 범인은 누구인가?

> • A : B가 범인이다.
> • B : 내가 범인이다.
> • C : D가 범인이다.

① A

② B

③ C

④ D

 만약 B가 범인이라면 A와 B의 진술이 참이어야 한다. 하지만 문제에서 한 명의 진술만이 참이라고 했으므로 A, B는 거짓을 말하고 있고 C의 진술이 참이다. 따라서 범인은 D이다.

22 A는 잊어버린 네 자리 숫자의 비밀번호를 기억해 내려고 한다. 비밀번호에 대해서 가지고 있는 단서가 다음과 같을 때 사실이 아닌 것은?

> ㉠ 비밀번호를 구성하고 있는 어떤 숫자도 소수가 아니다.
> ㉡ 6과 8 중에 단 하나만 비밀번호에 들어가는 숫자다.
> ㉢ 비밀번호는 짝수로 시작한다.
> ㉣ 골라 낸 네 개의 숫자를 큰 수부터 차례로 나열해서 비밀번호를 만들었다.
> ㉤ 같은 숫자는 두 번 이상 들어가지 않는다.

① 비밀번호는 짝수이다.
② 비밀번호의 앞에서 두 번째 숫자는 4이다.
③ 위의 조건을 모두 만족시키는 번호는 모두 세 개가 있다.
④ 비밀번호는 1을 포함하지만 9는 포함하지 않는다.

 ㉤ 10개의 숫자 중 4개를 뽑아내는 순열이다.
ㅤㅤ㉠ 비밀번호를 구성하고 있는 숫자는 0, 1, 4, 6, 8, 9 (소수 2, 3, 5, 7 제거) 이다.
ㅤㅤ㉢ 비밀번호는 4, 6, 8 로 시작한다.
ㅤㅤ㉣ 9는 8보다 큰 숫자이므로 큰 수부터 차례로 나열한다는 ㉣과 짝수로 시작한다는 ㉢
ㅤㅤ에 의해 사용이 배제된다(숫자 9 배제). → 비밀번호 구성이 가능한 숫자는 0, 1, 4,
ㅤㅤ6, 8 다섯 개이다.
ㅤㅤ㉡ 6과 8중 하나만 사용하므로 가능한 비밀번호는 8 – 4 – 1 – 0 또는 6 – 4 – 1 – 0이
ㅤㅤ된다.

23 편의점에 우유, 콜라, 사이다, 이온음료, 오렌지주스로 구성된 다섯 가지 음료가 진열돼 있다. 아래 조건을 만족시킬 때 왼쪽에서 두 번째에 진열될 수 있는 음료가 아닌 것은?

> • 우유는 오렌지주스보다 왼쪽에 진열돼 있다.
> • 콜라와 사이다 사이에는 반드시 음료 하나가 진열돼야 한다.
> • 이온음료는 가장 오른쪽에 진열돼 있다.

① 우유 ② 콜라
③ 사이다 ④ 오렌지주스

콜라/사이다	우유	사이다/콜라	오렌지주스	이온음료
우유	콜라/사이다	오렌지주스	사이다/콜라	이온음료

Answer → 20.④ 21.④ 22.③ 23.④

24 다음 조건을 바탕으로 할 때 정 대리가 이번 달 중국 출장 출발일로 정하기에 가장 적절한 날은 언제인가? (전체 일정은 모두 이번 달 안에 속해 있다.)

> • 이번 달은 1일이 월요일인 달이다.
> • 3박 4일 일정이며 출발일과 도착일이 모두 휴일이 아니어야 한다.
> • 현지에서 복귀하는 비행편은 매주 화, 목요일에만 있다.
> • 이번 달 셋째 주 화요일에 있을 부서의 중요한 회의에 반드시 참석해야 하며, 회의 후에 출장을 가려 한다.

① 12일   ② 15일

③ 17일   ④ 22일

 날짜를 따져 보아야 하는 유형의 문제는 아래와 같이 달력을 그려서 살펴보면 어렵지 않게 정답을 구할 수 있다.

일	월	화	수	목	금	토
	1	2	3	4	5	6
7	8	9	10	11	12	13
14	15	16	17	18	19	20
21	22	23	24	25	26	27
28	29	30	31			

1일이 월요일이므로 정 대리는 위와 같은 달력에 해당하는 기간 중에 출장을 가려고 한다. 3박 4일 일정 중 출발과 도착일 모두 휴일이 아니어야 한다면 월~목요일, 화~금요일, 금~월요일 세 가지의 경우의 수가 생기는데, 현지에서 복귀하는 비행편이 화요일과 목요일이므로 월~목요일의 일정을 선택해야 한다. 회의가 셋째 주 화요일이라면 16일이므로 그 이후 가능한 월~목요일은 두 번이 있으나, 마지막 주의 경우 도착일이 다음 달로 넘어가게 되므로 조건에 부합되지 않는다. 따라서 출장 출발일로 적절한 날은 22일이며 일정은 22~25일이 된다.

▮25~26▮ 다음 상황과 자료를 보고 물음에 답하시오.

도서출판 서원각에 근무하는 K씨는 고객으로부터 9급 건축직 공무원 추천도서를 요청받았다. K씨는 도서를 추천하기 위해 다음과 같은 9급 건축직 발행도서의 종류와 특성을 참고하였다.

K씨 : 감사합니다. 도서출판 서원각입니다.
고객 : 9급 공무원 건축직 관련 도서 추천을 좀 받고 싶습니다.
K씨 : 네, 어떤 종류의 도서를 원하십니까?
고객 : 저는 기본적으로 이론은 대학에서 전공을 했습니다. 그래서 많은 예상문제를 풀 수 있는 것이 좋습니다.
K씨 : 아. 문제가 많은 것이라면 딱 잘라서 말씀드리기가 어렵습니다.
고객 : 알아요. 그래도 적당히 가격도 그리 높지 않고 예상문제가 많이 들어 있는 것이면 됩니다.
K씨 : 네. 알겠습니다. 많은 예상문제풀이가 가능한 것 외에는 다른 필요한 사항은 없으십니까?
고객 : 가급적이면 20,000원 이하가 좋을 듯 합니다.

도서명	예상문제 문항 수	기출문제 수	이론 유무	가격
실력평가모의고사	400	120	무	18,000원
전공문제집	500	160	유	25,000원
문제완성	600	40	무	20,000원
합격선언	300	200	유	24,000원

25 다음 중 K씨가 고객의 요구에 맞는 도서를 추천해 주기 위해 가장 우선적으로 고려해야 하는 특성은 무엇인가?

① 기출문제 수 ② 이론 유무
③ 가격 ④ 예상문제 문항 수

 고객은 많은 문제를 풀어보기를 원하므로 우선적으로 예상문제의 수가 많은 것을 찾아야 한다.

26 고객의 요구를 종합적으로 반영하였을 때 많은 문제와 가격을 맞춘 가장 적당한 도서는?

① 실력평가모의고사 ② 전공문제집
③ 문제완성 ④ 합격선언

 고객의 요구인 20,000원 가격선과 예상문제의 수가 많은 도서는 문제완성이 된다.

Answer ↦ 24.④ 25.④ 26.③

27 다음은 글로벌 컴퓨터 회사 중 하나인 D사에 해외시장을 넓히기 위해 각종 광고매체수단과 함께 텔레마케터를 고용하여 현지 마케팅을 진행 중에 있다. 아래의 내용을 읽고 조건에 비추어 보았을 때 상담원 입장으로서 고객으로부터 자사 제품에 대한 호기심 및 관심을 끌어내야 하는 어려운 상황에 처해 있다. 이 때 C에 들어갈 말로 가장 적절한 항목을 고르면?

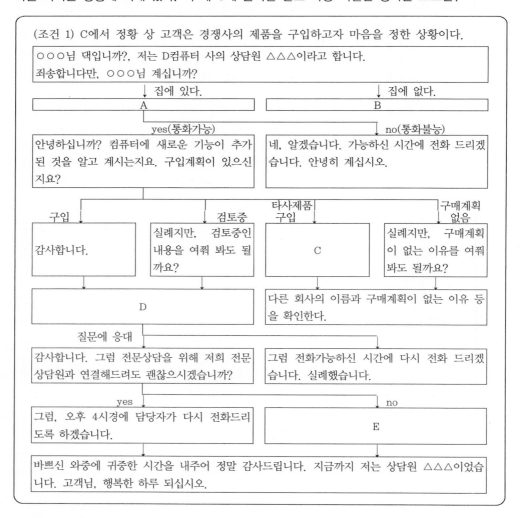

(조건 1) C에서 정황 상 고객은 경쟁사의 제품을 구입하고자 마음을 정한 상황이다.

○○○님 댁입니까?, 저는 D컴퓨터 사의 상담원 △△△이라고 합니다.
죄송합니다만, ○○○님 계십니까?

↓ 집에 있다. → A
↓ 집에 없다. → B

A → yes(통화가능)
안녕하십니까? 컴퓨터에 새로운 기능이 추가된 것을 알고 계시는지요. 구입계획이 있으신지요?

B → no(통화불능)
네, 알겠습니다. 가능하신 시간에 전화 드리겠습니다. 안녕히 계십시오.

구입 → 감사합니다.

검토중 → 실례지만, 검토중인 내용을 여쭤 봐도 될까요? → D

타사제품 구입 → C

구매계획 없음 → 실례지만, 구매계획이 없는 이유를 여쭤 봐도 될까요? → 다른 회사의 이름과 구매계획이 없는 이유 등을 확인한다.

D (질문에 응대) → 감사합니다. 그럼 전문상담을 위해 저희 전문상담원과 연결해드려도 괜찮으시겠습니까?
yes → 그럼, 오후 4시경에 담당자가 다시 전화드리도록 하겠습니다.

그럼 전화가능하신 시간에 다시 전화 드리겠습니다. 실례했습니다.
no → E

바쁘신 와중에 귀중한 시간을 내주어 정말 감사드립니다. 지금까지 저는 상담원 △△△이었습니다. 고객님, 행복한 하루 되십시오.

① 지금 고객님께서 부재중이시니 언제쯤 통화가 될 수 있는지 여쭤봐도 될런지요? 저의 명함을 드리고 갈 테니 고객님께서 돌아오시면 제가 방문 드렸다고 메모 부탁드리겠습니다.

② 저희 회사 컴퓨터 구매 시에 30% 할인과 1년 동안 감사 이벤트가 적용되십니다.

③ 그러면 고객님 실례지만 고객님께서 구매하고자 하는 컴퓨터는 어느 회사의 제품인지, 또한 그 제품을 선택하신 이유가 무엇인지 여쭤봐도 될런지요?

④ 저는 D 컴퓨터사 상담원인데, 저희 회사에서 이번에 출시된 보급형 컴퓨터가 나왔는데 지금 통화 가능하신지요?

 ①의 경우에 고객이 집에 없는 경우에 사용해야 하는 부분으로 상담원 본인의 소개 및 전화를 한 이유가 언급되어 있다. 하지만, C의 경우에 상담원과 고객이 대화를 하고 있으므로 이 또한 해당 상황에 대한 답으로는 부적절하다.

② C의 상황에서는 타사 제품을 구입하고자 하는 고객에 대해 반론극복을 하고 있는 상황인데 자사 제품 구매 시의 조건 등을 이야기하는 것은 옳지 않다.

④ 상담의 도입단계로서 인사 표현을 명확히 하고, 상담원의 신원을 밝힌 후 전화를 건 이유와 전화통화 가능 여부를 확인하는 부분으로 이는 부적절하다.

28 투잡을 하고 있는 연철이는 퇴근 후 야간 아르바이트를 하고 있다. 늦은 밤 아래 내용에 해당하는 고객이 들이닥쳤을 시에 연철이가 취할 수 있는 바람직한 응대해결방안으로 가장 적절한 것을 고르면?

> 이러한 유형의 고객은 보통 즐겁고 협조적인 성격이지만 한 편으로는 타인이 의사결정을 내려주기를 기다리는 경향이 있어서 요점을 명확하게 말하지 않는다. 더구나 대부분 보상을 얼마나 받아야 하는지 또는 요구하는 보상이 기준 이상이라는 것을 자신이 잘 알고 있는 경우가 많다.

① 고객이 결정을 내리지 못하는 갈등의 요소가 무엇인지를 표면화시키기 위해 시기적절한 질문을 제시하여 상대가 자신의 생각을 솔직하게 드러낼 수 있도록 도와주어야 한다.

② 상담자가 계획한 결론을 고수할 수 있도록 외유내강의 자세를 유지해 명확한 결론을 이끌어낼 수 있어야 한다.

③ 고객 스스로가 감정을 조절할 수 있도록 유도하는 우회화법을 활용해야 한다.

④ 대화중에 반론을 하거나 또는 자존심을 건드리는 행위를 하지 않도록 주의해야 한다.

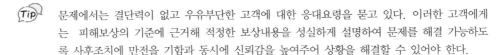 문제에서는 결단력이 없고 우유부단한 고객에 대한 응대요령을 묻고 있다. 이러한 고객에게는 피해보상의 기준에 근거해 적정한 보상내용을 성실하게 설명하여 문제를 해결 가능하도록 사후조치에 만전을 기함과 동시에 신뢰감을 높여주어 상황을 해결할 수 있어야 한다.

Answer ⇨ 27.③ 28.①

29 다음의 사례는 문제해결과정 중 어느 단계에 관한 것이라 볼 수 있는가?

> T사는 1950년대 이후 세계적인 자동차 생산 회사로서의 자리를 지켜왔다. 그러나 최근 T사의 자동차 생산라인에서 문제가 발생하고 있었는데, 이 문제는 자동차 문에서 나타난 멍자국이었다. 문을 어느 쪽에서 보는가에 따라 다르기는 하지만, 이 멍자국은 눌린 것이거나 문을 만드는 과정에서 생긴 것 같았다.
>
> 문을 만들 때는 평평한 금속을 곡선으로 만들기 위해 강력한 프레스기에 넣고 누르게 되는데, 그 때 표면이 올라 온 것처럼 보였다. 실제적으로 아주 작은 먼지나 미세한 입자 같은 것도 프레스기 안에 들어가면 문짝의 표면에 자국을 남길 수 있을 것으로 추정되었다.
>
> 그러던 어느 날 공장의 생산라인 담당자 B로부터 다음과 같은 푸념을 듣게 되었다. "저는 매일 같이 문짝 때문에 재작업을 하느라 억만금이 들어간다고 말하는 재정 담당 사람들이나, 이 멍자국이 어떻게 해서 진열대까지 올라가면 고객들을 열받게 해서 다 쫓아 버린다고 말하는 마케팅 직원들과 싸우고 있어요" 처음에 A는 이 말을 듣고도 '멍자국이 무슨 문제가 되겠어?'라고 별로 신경을 쓰지 않았다.
>
> 그러나, 자기 감독 하에 있는 프레스기에서 나오는 멍자국의 수가 점점 증가하고 있다는 것을 알게 되었고, 그것 때문에 페인트 작업이나 조립 공정이 점점 늦어짐으로써 회사에 막대한 추가 비용과 시간이 든다는 문제를 인식하게 되었다.

① 주어진 문제에 대해 원인을 분석하고 있다.
② 문제인식단계의 중요성을 말하고 있다.
③ 문제에 대한 해결안을 수립하고 있다.
④ 문제를 도출해내고 있다.

 문제인식단계는 해결해야 하는 전체 문제를 파악해서 우선순위를 정하며, 선정된 문제에 대한 목표를 명확하게 하는 단계로써, 제시된 사례는 문제해결과정 중 문제인식 단계의 중요성에 대한 사례를 나타내고 있다. 사례에서 A공장장은 처음에 문제를 인식하지 못하다가 상황이 점점 악화되자 문제가 있다는 것을 알게 되었다. 만약 A공장장이 초기에 문제 상황을 인식하였다면, 초기에 문제 상황에 적절하게 대처함으로써 비용과 시간의 소비를 최소화할 수 있었을 것이다. 이러한 사례를 통해서 문제인식이란 해결해야 할 전체 문제를 파악하고, 문제에 대한 목표를 명확히 하는 것임을 알 수 있다.

30 아래의 제시문은 문제해결과정 중 무엇에 관한 내용이라고 볼 수 있는가?

> P사는 10개의 중소 업체를 통합해서 만든 기업으로, 최근 곤란한 상황에 빠졌다. 지난 수년 간 직원 교체율이 높았던 탓에 고객 만족도 및 조직 효율성이 눈에 띄게 감소하였던 것이다. P사는 이러한 문제를 해결하기 위해서 관리팀의 K대리에게 이 문제를 조사하고, 개선방안을 모색하라는 과제를 주었다. K대리는 우선 관련 데이터를 수집하고, 분석한 결과 이직율은 젊은 직원층과 중간층인 중년 직원들 사이에서 가장 많은 것을 밝혔다. K대리는 이 결과를 토대로 젊은층 직원들이 이직하게 된 원인들을 조사하기 시작했다. 이를 통해 다음과 같은 원인들을 도출하게 되었다.
> – 임금체계가 낮음
> – 교육 기회 부족
> – 직업 만족도가 낮음
> – 스트레스가 많은 작업환경
> – 승진기회부족
> K대리는 이 중 가장 핵심적인 원인들을 찾기 위해 이직한 직원들에 대한 전화조사를 실시하였고, 결국 임금체계와 승진기회 부족이 가장 중요한 원인임을 알 수 있게 되었다.

① 잘못된 원인분석으로 인해 피드백이 발생하는 단계로 볼 수 있다.
② 문제점을 찾아내어 실제적인 업무환경에 적용하는 단계로 볼 수 있다.
③ 무엇이 문제인지조차 파악하지 못하는 초급적인 수준의 단계라 할 수 있다.
④ 원인분석의 단계의 의미와 절차에 해당한다고 할 수 있다.

 제시문에서 보듯이 K대리는 핵심적 문제를 파악하고, 이를 기반으로 자료를 분석함으로써 주요 원인을 파악해 나가고 있는 것이다. 결국 원인분석은 문제 상황에 대한 원인들을 모두 조사한 후 주요 원인들을 범주화해 가는 과정임을 알 수 있다.

04 자원관리능력

1 자원과 자원관리

(1) 자원

① 자원의 종류 ⋯ 시간, 돈, 물적자원, 인적자원

② 자원의 낭비요인 ⋯ 비계획적 행동, 편리성 추구, 자원에 대한 인식 부재, 노하우 부족

(2) 자원관리 기본 과정

① 필요한 자원의 종류와 양 확인

② 이용 가능한 자원 수집하기

③ 자원 활용 계획 세우기

④ 계획대로 수행하기

예제 1

당신은 A출판사 교육훈련 담당자이다. 조직의 효율성을 높이기 위해 전사적인 시간관리에 대한 교육을 실시하기로 하였지만 바쁜 일정 상 직원들을 집합교육에 동원할 수 있는 시간은 제한적이다. 다음 중 귀하가 최우선의 교육 대상으로 삼아야 하는 것은 어느 부분인가?

구분	긴급한 일	긴급하지 않은 일
중요한 일	제1사분면	제2사분면
중요하지 않은 일	제3사분면	제4사분면

[출제의도]

주어진 일들을 중요도와 긴급도에 따른 시간관리 매트릭스에서 우선순위를 구분할 수 있는가를 측정하는 문항이다.

[해설]

교육훈련에서 최우선 교육대상으로 삼아야 하는 것은 긴급하지 않지만 중요한 일이다. 이를 긴급하지 않다고 해서 뒤로 미루다보면 급박하게 처리해야하는 업무가 증가하여 효율적인 시간관리가 어려워진다.

① 중요하고 긴급한 일로 위기사항이나 급박한 문제, 기간이 정해진 프로젝트 등이 해당되는 제1사분면
② 긴급하지는 않지만 중요한 일로 인간관계구축이나 새로운 기회의 발굴, 중장기 계획 등이 포함되는 제2사분면
③ 긴급하지만 중요하지 않은 일로 잠깐의 급한 질문, 일부 보고서, 눈 앞의 급박한 사항이 해당되는 제3사분면
④ 중요하지 않고 긴급하지 않은 일로 하찮은 일이나 시간낭비거리, 즐거운 활동 등이 포함되는 제4사분면

구분	긴급한 일	긴급하지 않은 일
중요한 일	위기사항, 급박한 문제, 기간이 정해진 프로젝트	인간관계구축, 새로운 기회의 발굴, 중장기계획
중요하지 않은 일	잠깐의 급한 질문, 일부 보고서, 눈앞의 급박한 사항	하찮은 일, 우편물, 전화, 시간낭비거리, 즐거운 활동

답 ②

2 자원관리능력을 구성하는 하위능력

(1) 시간관리능력

① 시간의 특성
  ㉠ 시간은 매일 주어지는 기적이다.
  ㉡ 시간은 똑같은 속도로 흐른다.
  ㉢ 시간의 흐름은 멈추게 할 수 없다.
  ㉣ 시간은 꾸거나 저축할 수 없다.
  ㉤ 시간은 사용하기에 따라 가치가 달라진다.

② 시간관리의 효과
  ㉠ 생산성 향상
  ㉡ 가격 인상
  ㉢ 위험 감소
  ㉣ 시장 점유율 증가

③ 시간계획

　　㉠ 개념 : 시간 자원을 최대한 활용하기 위하여 가장 많이 반복되는 일에 가장 많은 시간을
　　　　분배하고, 최단시간에 최선의 목표를 달성하는 것을 의미한다.

　　㉡ 60 : 40의 Rule

계획된 행동 (60%)	계획 외의 행동 (20%)	자발적 행동 (20%)
총 시간		

예제 2

유아용품 홍보팀의 사원 은이씨는 일산 킨텍스에서 열리는 유아용품 박람회에 참여하고자 한다. 당일 회의 후 출발해야 하며 회의 종료 시간은 오후 3시이다.

장소	일시
일산 킨텍스 제2전시장	2016. 1. 20(금) PM 15:00~19:00 * 입장가능시간은 종료 2시간 전까지

오시는 길
지하철 : 4호선 대화역(도보 30분 거리)
버스 : 8109번, 8407번(도보 5분 거리)

• 회사에서 버스정류장 및 지하철역까지 소요시간

출발지	도착지		소요시간
회사	×× 정류장	도보	15분
		택시	5분
	지하철역	도보	30분
		택시	10분

• 일산 킨텍스 가는 길

교통편	출발지	도착지	소요시간
지하철	강남역	대화역	1시간 25분
버스	×× 정류장	일산 킨텍스 정류장	1시간 45분

위의 제시 상황을 보고 은이씨가 선택할 교통편으로 가장 적절한 것은?

① 도보 – 지하철　　　　　② 도보 – 버스
③ 택시 – 지하철　　　　　④ 택시 – 버스

[출제의도]
주어진 여러 시간정보를 수집하여 실제 업무 상황에서 시간자원을 어떻게 활용할 것인지 계획하고 할당하는 능력을 측정하는 문항이다.
[해설]
④ 택시로 버스정류장까지 이동해서 버스를 타고 가게 되면 택시(5분), 버스(1시간 45분), 도보(5분)으로 1시간 55분이 걸린다.
① 도보-지하철 : 도보(30분), 지하철(1시간 25분), 도보(30분)이므로 총 2시간 25분이 걸린다.
② 도보-버스 : 도보(15분), 버스(1시간 45분), 도보(5분)이므로 총 2시간 5분이 걸린다.
③ 택시-지하철 : 택시(10분), 지하철(1시간 25분), 도보(30분)이므로 총 2시간 5분이 걸린다.

답 ④

(2) 예산관리능력

① 예산과 예산관리
- ㉠ 예산 : 필요한 비용을 미리 헤아려 계산하는 것이나 그 비용
- ㉡ 예산관리 : 활동이나 사업에 소요되는 비용을 산정하고, 예산을 편성하는 것뿐만 아니라 예산을 통제하는 것 모두를 포함한다.

② 예산의 구성요소

비용	직접비용	재료비, 원료와 장비, 시설비, 여행(출장) 및 잡비, 인건비 등
	간접비용	보험료, 건물관리비, 광고비, 통신비, 사무비품비, 각종 공과금 등

③ 예산수립 과정 … 필요한 과업 및 활동 구명 → 우선순위 결정 → 예산 배정

■ 예제 3

당신은 가을 체육대회에서 총무를 맡으라는 지시를 받았다. 다음과 같은 계획에 따라 예산을 진행하였으나 확보된 예산이 생각보다 적게 되어 불가피하게 비용항목을 줄여야 한다. 다음 중 귀하가 비용 항목을 없애기에 가장 적절한 것은 무엇인가?

〈○○산업공단 춘계 1차 워크숍〉

1. 해당부서 : 인사관리팀, 영업팀, 재무팀
2. 일   정 : 2016년 4월 21일~23일(2박 3일)
3. 장   소 : 강원도 속초 ○○연수원
4. 행사내용 : 바다열차탑승, 체육대회, 친교의 밤 행사, 기타

① 숙박비   ② 식비
③ 교통비   ④ 기념품비

[출제의도]
업무에 소요되는 예산 중 꼭 필요한 것과 예산을 감축해야할 때 삭제 또는 감축이 가능한 것을 구분해내는 능력을 묻는 문항이다.

[해설]
한정된 예산을 가지고 과업을 수행할 때에는 중요도를 기준으로 예산을 사용한다. 위와 같이 불가피하게 비용 항목을 줄여야 한다면 기본적인 항목인 숙박비, 식비, 교통비는 유지되어야 하기에 항목을 없애기 가장 적절한 정답은 ④번이 된다.

답 ④

(3) 물적관리능력

① 물적자원의 종류
　　㉠ **자연자원** : 자연상태 그대로의 자원 **예** 석탄, 석유 등
　　㉡ **인공자원** : 인위적으로 가공한 자원 **예** 시설, 장비 등

② **물적자원관리** … 물적자원을 효과적으로 관리할 경우 경쟁력이 향상되어 과제 및 사업의 성공으로 이어지며, 관리가 부족할 경우 경제적 손실로 인해 과제 및 사업의 실패 가능성이 커진다.

③ 물적자원 활용의 방해요인
　　㉠ 보관 장소의 파악 문제
　　㉡ 훼손
　　㉢ 분실

④ 물적자원관리 과정

과정	내용
사용 물품과 보관 물품의 구분	• 반복 작업 방지 • 물품활용의 편리성
동일 및 유사 물품으로의 분류	• 동일성의 원칙 • 유사성의 원칙
물품 특성에 맞는 보관 장소 선정	• 물품의 형상 • 물품의 소재

S호텔의 외식사업부 소속인 K씨는 예약일정 관리를 담당하고 있다. 아래의 예약일정과 정보를 보고 K씨의 판단으로 옳지 않은 것은?

〈S호텔 일식 뷔페 1월 ROOM 예약 일정〉

* 예약 : ROOM 이름(시작시간)

SUN	MON	TUE	WED	THU	FRI	SAT
					1	2
					백합(16)	장미(11) 백합(15)
3	4	5	6	7	8	9
라일락(15)	백향목(10) 백합(15)	장미(10) 백향목(17)	백합(11) 라일락(18)	백향목(15)	장미(10) 라일락(15)

ROOM 구분	수용가능인원	최소투입인력	연회장 이용시간
백합	20	3	2시간
장미	30	5	3시간
라일락	25	4	2시간
백향목	40	8	3시간

- 오후 9시에 모든 업무를 종료함
- 한 타임 끝난 후 1시간씩 세팅 및 정리
- 동 시간 대 서빙 투입인력은 총 10명을 넘을 수 없음

안녕하세요, 1월 첫째 주 또는 둘째 주에 신년회 행사를 위해 ROOM을 예약하려고 하는데요, 저희 동호회의 총 인원은 27명이고 오후 8시쯤 마무리하려고 합니다. 신정과 주말, 월요일은 피하고 싶습니다. 예약이 가능할까요?

① 인원을 고려했을 때 장미 ROOM과 백향목 ROOM이 적합하겠군.
② 만약 2명이 안 온다면 예약 가능한 ROOM이 늘어나겠구나.
③ 조건을 고려했을 때 예약 가능한 ROOM은 5일 장미 ROOM뿐이겠구나.
④ 오후 5시부터 8시까지 가능한 ROOM을 찾아야해.

[출제의도]
주어진 정보와 일정표를 토대로 이용 가능한 물적자원을 확보하여 이를 정확하게 안내할 수 있는 능력을 측정하는 문항이다. 고객이 제공한 정보를 정확하게 파악하고 그 조건 안에서 가능한 자원을 제공할 수 있어야 한다.
[해설]
③ 조건을 고려했을 때 5일 장미 ROOM과 7일 장미 ROOM이 예약 가능하다.
① 참석 인원이 27명이므로 30명 수용 가능한 장미 ROOM과 40명 수용 가능한 백향목 ROOM 두 곳이 적합하다.
② 만약 2명이 안 온다면 총 참석인원 25명이므로 라일락 ROOM, 장미 ROOM, 백향목 ROOM이 예약 가능하다.
④ 오후 8시에 마무리하려고 계획하고 있으므로 적절하다.

답 ③

(4) 인적자원관리능력

① **인맥** … 가족, 친구, 직장동료 등 자신과 직접적인 관계에 있는 사람들인 핵심인맥과 핵심인맥들로부터 알게 된 파생인맥이 존재한다.

② **인적자원의 특성** … 능동성, 개발가능성, 전략적 자원

③ **인력배치의 원칙**
    ㉠ **적재적소주의**: 팀의 효율성을 높이기 위해 팀원의 능력이나 성격 등과 가장 적합한 위치에 배치하여 팀원 개개인의 능력을 최대로 발휘해 줄 것을 기대하는 것
    ㉡ **능력주의**: 개인에게 능력을 발휘할 수 있는 기회와 장소를 부여하고 그 성과를 바르게 평가하며 평가된 능력과 실적에 대해 그에 상응하는 보상을 주는 원칙
    ㉢ **균형주의**: 모든 팀원에 대한 적재적소를 고려

④ **인력배치의 유형**
    ㉠ **양적 배치**: 부문의 작업량과 조업도, 여유 또는 부족 인원을 감안하여 소요인원을 결정하여 배치하는 것
    ㉡ **질적 배치**: 적재적소의 배치
    ㉢ **적성 배치**: 팀원의 적성 및 흥미에 따라 배치하는 것

예제 5

최근 조직개편 및 연봉협상 과정에서 직원들의 불만이 높아지고 있다. 온갖 루머가 난무한 가운데 인사팀원인 당신에게 사내 게시판의 직원 불만사항에 대한 진위여부를 파악하고 대안을 세우라는 팀장의 지시를 받았다. 다음 중 당신이 조치를 취해야 하는 직원은 누구인가?

① 사원 A는 팀장으로부터 업무 성과가 탁월하다는 평가를 받았는데도 조직개편으로 인한 부서 통합으로 인해 승진을 못한 것이 불만이다.
② 사원 B는 회사가 예년에 비해 높은 영업 이익을 얻었는데도 불구하고 연봉 인상에 인색한 것이 불만이다.
③ 사원 C는 회사가 급여 정책을 변경해서 고정급 비율을 낮추고 기본급과 인센티브를 지급하는 제도로 바꾼 것이 불만이다.
④ 사원 D는 입사 동기인 동료가 자신보다 업무 실적이 좋지 않고 불성실한 근무태도를 가지고 있는데, 팀장과의 친분으로 인해 자신보다 높은 평가를 받은 것이 불만이다.

[출제의도]
주어진 직원들의 정보를 통해 시급하게 진위여부를 가리고 조치하여 인력배치를 해야 하는 사항을 확인하는 문제이다.

[해설]
사원 A, B, C는 각각 조직 정책에 대한 불만이기에 논의를 통해 조직적으로 대처하는 것이 옳지만, 사원 D는 팀장의 독단적인 전횡에 대한 불만이기 때문에 조사하여 시급히 조치할 필요가 있다. 따라서 가장 적절한 답은 ④번이 된다.

답 ④

F사는 사내 식사 제공을 위한 외식 업체를 선정하기 위해 다음과 같이 5개 업체에 대한 평가를 실시하였다. 다음 평가 방식과 평가 결과에 의해 외식 업체로 선정될 업체는 어느 곳인가?

〈최종결과표〉

(단위 : 점)

	A업체	B업체	C업체	D업체
제안가격	84	82	93	93
위생도	92	90	91	92
업계평판	92	89	91	90
투입인원	90	92	94	93

※ 각 평가항목별 다음과 같은 가중치를 부여하여 최종 점수 고득점 업체를 선정한다.

• 투입인원 점수 15%
• 업계평판 점수 15%
• 위생도 점수 30%
• 제안가격 점수 40%

※ 어느 항목이라도 5개 업체 중 최하위 득점이 있을 경우(최하위 점수가 90점 이상일 경우 제외), 최종 업체로 선정될 수 없다.

※ 동점 시, 가중치가 높은 항목 순으로 고득점 업체가 선정

① A업체　　　　　　　　　② B업체
③ C업체　　　　　　　　　④ D업체

(Tip)　평가 점수를 계산하기 전에, 제안가격과 업계평판에서 90점 미만으로 최하위를 기록한 B업체는 선정될 수 없다. 따라서 나머지 A, C, D업체의 가중치를 적용한 점수를 계산해 보면 다음과 같다.

• A업체 : $84 \times 0.4 + 92 \times 0.3 + 92 \times 0.15 + 90 \times 0.15 = 88.5$점
• C업체 : $93 \times 0.4 + 91 \times 0.3 + 91 \times 0.15 + 94 \times 0.15 = 92.25$점
• D업체 : $93 \times 0.4 + 92 \times 0.3 + 90 \times 0.15 + 93 \times 0.15 = 92.25$점

C와 D업체가 동점이나, 가중치가 높은 순으로 제안가격의 점수가 같으며, 다음 항목인 위생도 점수에서 D업체가 더 높은 점수를 얻었으므로 최종 선정될 업체는 D업체가 된다.

Answer⌐▸ 1.④

2 A기업 기획팀에서는 새로운 프로젝트를 추진하면서 업무추진력이 높은 직원은 프로젝트의 팀장으로 발탁하려고 한다. 성취행동 경향성이 높은 사람을 업무추진력이 높은 사람으로 규정할 때, 아래의 정의를 활용해서 〈보기〉의 직원들을 업무추진력이 높은 사람부터 순서대로 바르게 나열한 것은?

성취행동 경향성(TACH)의 강도는 성공추구 경향성(Ts)에서 실패회피 경향성(Tf)을 뺀 점수로 계산할 수 있다(TACH = Ts − Tf). 성공추구 경향성에는 성취동기(Ms)라는 잠재적 에너지의 수준이 영향을 준다. 왜냐하면 성취동기는 성과가 우수하다고 평가받고 싶어 하는 것으로 어떤 사람의 포부수준, 노력 및 끈기를 결정하기 때문이다. 어떤 업무에 대해서 사람들이 제각기 다양한 방식으로 행동하는 것은 성취동기가 다른 데도 원인이 있지만, 개인이 처한 환경요인이 서로 다르기 때문이기도 하다. 이 환경요인은 성공기대확률(Ps)과 성공결과의 가치(Ins)로 이루어진다. 즉 성공추구 경향성은 이 세 요소의 곱으로 결정된다(Ts = Ms × Ps × Ins).

한편 실패회피 경향성은 실패회피동기, 실패기대확률 그리고 실패결과의 가치의 곱으로 결정된다. 이때 성공기대확률과 실패기대확률의 합은 1이며, 성공결과의 가치와 실패결과의 가치의 합도 1이다.

〈보기〉
- A는 성취동기가 3이고, 실패회피동기가 1이다. 그는 국제환경협약에 대비한 공장건설 환경규제안을 만들었는데, 이 규제안의 실현가능성을 0.7로 보며, 규제안이 실행될 때의 가치를 0.2로 보았다.
- B는 성취동기가 2이고, 실패회피동기가 1이다. 그는 도시고속화도로 건설안을 기획하였는데, 이 기획안의 실패가능성을 0.7로 보며, 도로건설사업이 실패하면 0.3의 가치를 갖는다고 보았다.
- C는 성취동기가 3이고, 실패회피동기가 2이다. 그는 △△지역의 도심재개발계획을 주도하였는데, 이 계획의 실현가능성을 0.4로 보며, 재개발사업이 실패하는 경우의 가치를 0.3으로 보았다.

① A, B, C

② B, A, C

③ B, C, A

④ C, B, A

직원	성공추구 경향성과 실패회피 경향성		성취행동 경향성
A	성공추구 경향성 = 3 × 0.7 × 0.2 = 0.42		= 0.42 − 0.24 = 0.18
	실패회피 경향성 = 1 × 0.3 × 0.8 = 0.24		
B	성공추구 경향성 = 2 × 0.3 × 0.7 = 0.42		= 0.42 − 0.21 = 0.21
	실패회피 경향성 = 1 × 0.7 × 0.3 = 0.21		
C	성공추구 경향성 = 3 × 0.4 × 0.7 = 0.84		= 0.84 − 0.36 = 0.48
	실패회피 경향성 = 2 × 0.6 × 0.3 = 0.36		

Answer ↱ 2.④

3 甲 공단 재무부에서 근무하는 乙은 2018년도 예산을 편성하기 위해 2017년에 시행되었던 정책 A~F에 대한 평가를 실시하였다. 평가 결과가 다음과 같을 때 乙이 분석한 내용으로 잘못된 것은?

> ☐ 정책 평가 결과
>
> (단위 : 점)
>
> | 정책 | 계획의 충실성 | 계획 대비 실적 | 성과지표 달성도 |
> |------|------|------|------|
> | A | 96 | 95 | 76 |
> | B | 93 | 83 | 81 |
> | C | 94 | 96 | 82 |
> | D | 98 | 82 | 75 |
> | E | 95 | 92 | 79 |
> | F | 95 | 90 | 85 |
>
> • 정책 평가 영역과 각 영역별 기준 점수는 다음과 같다.
> – 계획의 충실성 : 기준 점수 90점
> – 계획 대비 실적 : 기준 점수 85점
> – 성과지표 달성도 : 기준 점수 80점
> • 평가 점수가 해당 영역의 기준 점수 이상인 경우 '통과'로 판단하고 기준 점수 미만인 경우 '미통과'로 판단한다.
> • 모든 영역이 통과로 판단된 정책에는 전년과 동일한 금액을 편성하며, 2개 영역이 통과로 판단된 정책에는 전년 대비 10% 감액, 1개 영역만 통과로 판단된 정책에는 15% 감액하여 편성한다. 다만 '계획 대비 실적' 영역이 미통과인 경우 위 기준과 상관없이 15% 감액하여 편성한다.
> • 2017년도 재무부의 A~F 정책 예산은 각각 20억 원으로 총 120억 원이었다.

① 전년과 동일한 금액의 예산을 편성해야 하는 정책은 총 2개이다.
② 재무부의 2018년도 A~F 정책 예산은 전년 대비 9억 원이 줄어들 것이다.
③ '성과지표 달성도' 영역에서 '통과'로 판단된 경우에도 예산을 감액해야 하는 정책이 있다.
④ 예산을 전년 대비 15% 감액하여 편성하는 정책들은 모두 '계획 대비 실적' 영역이 '미통과'로 판단되었을 것이다.

기준 점수에 따라 통과 및 미통과, 2018년도 예산편성을 정리하면 다음과 같다.

정책	계획의 충실성 (기준 점수 90점)	계획 대비 실적 (기준 점수 85점)	성과지표 달성도 (기준 점수 80점)	예산편성
A	통과	통과	미통과	10% 감액
B	통과	미통과	통과	15% 감액
C	통과	통과	통과	동일
D	통과	미통과	미통과	15% 감액
E	통과	통과	미통과	10% 감액
F	통과	통과	통과	동일

② 각 정책별 2018년도 예산은 A 18억, B 17억, C 20억, D 17억, E 18억, F 20억으로 총 110억 원이다. 따라서 재무부의 2018년도 A~F 정책 예산은 전년 대비 10억 원이 줄어든다.

① 전년과 동일한 금액의 예산을 편성해야 하는 정책은 C, F 총 2개이다.

③ 정책 B는 '성과지표 달성도' 영역에서 '통과'로 판단되었지만, '계획 대비 실적'에서 미통과로 판단되어 예산을 감액해야 한다.

④ 예산을 전년 대비 15% 감액하여 편성하는 정책들은 B와 D로 모두 '계획 대비 실적' 영역이 '미통과'로 판단되었다.

Answer 2.②

4~5 푸르미 펜션을 운영하고 있는 K씨는 P씨에게 예약 문의전화를 받았다. 아래의 예약일정과 정보를 보고 K씨가 P씨에게 안내할 사항으로 옳은 것을 고르시오.

〈푸르미펜션 1월 예약 일정〉

일	월	화	수	목	금	토
					1	2
					• 매 가능 • 난 가능 • 국 완료 • 죽 가능	• 매 가능 • 난 완료 • 국 완료 • 죽 가능
3	4	5	6	7	8	9
• 매 완료 • 난 가능 • 국 완료 • 죽 가능	• 매 가능 • 난 가능 • 국 가능 • 죽 가능	• 매 가능 • 난 가능 • 국 가능 • 죽 가능	• 매 가능 • 난 가능 • 국 가능 • 죽 가능	• 매 가능 • 난 가능 • 국 가능 • 죽 가능	• 매 완료 • 난 가능 • 국 완료 • 죽 완료	• 매 완료 • 난 가능 • 국 완료 • 죽 완료
10	11	12	13	14	15	16
• 매 가능 • 난 완료 • 국 완료 • 죽 가능	• 매 가능 • 난 가능 • 국 가능 • 죽 가능	• 매 가능 • 난 가능 • 국 가능 • 죽 가능	• 매 가능 • 난 가능 • 국 가능 • 죽 가능	• 매 가능 • 난 가능 • 국 가능 • 죽 가능	• 매 가능 • 난 완료 • 국 완료 • 죽 가능	• 매 가능 • 난 완료 • 국 완료 • 죽 가능

※ 완료 : 예약완료, 가능 : 예약가능

〈푸르미 펜션 이용요금〉

(단위 : 만 원)

객실명	인원		이용요금			
			비수기		성수기	
	기준	최대	주중	주말	주중	주말
매	12	18	23	28	28	32
난	12	18	25	30	30	35
국	15	20	26	32	32	37
죽	30	35	30	34	34	40

※ 주말 : 금-토, 토-일, 공휴일 전날-당일

　성수기 : 7~8월, 12~1월

※ 기준인원초과 시 1인 당 추가 금액 : 10,000원

K씨 : 감사합니다. 푸르미 펜션입니다.

P씨 : 안녕하세요. 회사 워크숍 때문에 예약문의를 좀 하려고 하는데요. 1월 8~9일이나 15~16일에 "국"실에 예약이 가능할까요? 웬만하면 8~9일로 예약하고 싶은데….

K씨 : 인원이 몇 명이시죠?

P씨 : 일단 15명 정도이고요. 추가적으로 3명 정도 더 올 수도 있습니다.

K씨 : _____ㄱ_____

P씨 : 기준 인원이 12명으로 되어있던데 너무 좁지는 않겠습니까?

K씨 : 두 방 모두 "국"실보다 방 하나가 적긴 하지만 총 면적은 비슷합니다. 하지만 화장실 등의 이용이 조금 불편하실 수는 있겠군요. 흠…. 8~9일로 예약하시면 비수기 가격으로 해드리겠습니다.

P씨 : 아, 그렇군요. 그럼 8~9일로 예약 하겠습니다. 그럼 가격은 어떻게 됩니까?

K씨 : _____ㄴ_____ 인원이 더 늘어나게 되시면 1인 당 10,000원씩 추가로 결제하시면 됩니다. 일단 10만 원만 홈페이지의 계좌로 입금하셔서 예약 완료하시고 차액은 당일에 오셔서 카드나 현금으로 계산하시면 됩니다.

4 ㄱ에 들어갈 K씨의 말로 가장 알맞은 것은?

① 죄송합니다만 1월 8~9일, 15~16일 모두 예약이 모두 차서 이용 가능한 방이 없습니다.

② 1월 8~9일이나 15~16일에는 "국"실 예약이 모두 차서 예약이 어렵습니다. 15명이시면 1월 8~9일에는 "난"실, 15~16일에는 "매"실에 예약이 가능하신데 어떻게 하시겠습니까?

③ 1월 8~9일에는 "국"실 예약 가능하시고 15~16일에는 예약이 완료되었습니다. 15명이시면 15~16일에는 "매"실에 예약이 가능하신데 어떻게 하시겠습니까?

④ 1월 8~9일에는 "국"실 예약이 완료되었고 15~16일에는 예약 가능하십니다. 15명이시면 8~9일에는 "난"실에 예약이 가능하신데 어떻게 하시겠습니까?

(Tip) 8~9일, 15~16일 모두 "국"실은 모두 예약이 완료되었다. 워크숍 인원이 15~18명이라고 했으므로 "매"실 또는 "난"실을 추천해주는 것이 좋다. 8~9일에는 "난"실, 15~16일에는 "매"실의 예약이 가능하다.

Answer▸ 4.②

5 ⓛ에 들어갈 K씨의 말로 가장 알맞은 것은?

① 그럼 1월 8~9일로 "난"실 예약 도와드리겠습니다. 15인일 경우 기본 30만 원에 추가 3인 하셔서 총 33만 원입니다.

② 그럼 1월 8~9일로 "난"실 예약 도와드리겠습니다. 15인일 경우 기본 35만 원에 추가 3인 하셔서 총 38만 원입니다.

③ 그럼 1월 8~9일로 "매"실 예약 도와드리겠습니다. 15인일 경우 기본 28만 원에 추가 3인 하셔서 총 31만 원입니다.

④ 그럼 1월 8~9일로 "매"실 예약 도와드리겠습니다. 15인일 경우 기본 32만 원에 추가 3인 하셔서 총 35만 원입니다.

> (Tip) 8~9일로 예약하겠다고 했으므로 예약 가능한 방은 "난"실이다. 1월은 성수기이지만 비수기 가격으로 해주기로 했으므로 비수기 주말 가격인 기본 30만 원에 추가 3만 원으로 안내해야 한다.

6   다음은 영업사원인 甲씨가 오늘 미팅해야 할 거래처 직원들과 방문해야 할 업체에 관한 정보이다. 다음의 정보를 모두 반영하여 하루의 일정을 짠다고 할 때 순서가 올바르게 배열된 것은? (단, 장소 간 이동 시간은 없는 것으로 가정한다)

〈거래처 직원들의 요구사항〉
• A거래처 과장 : 회사 내부 일정으로 인해 미팅은 10시~12시 또는 16~18시까지 2시간 정도 가능합니다.
• B거래처 대리 : 12시부터 점심식사를 하거나, 18시부터 저녁식사를 하시죠. 시간은 2시간이면 될 것 같습니다.
• C거래처 사원 : 외근이 잡혀서 오전 9시부터 10시까지 1시간만 가능합니다.
• D거래처 부장 : 외부일정으로 18시부터 저녁식사만 가능합니다.

〈방문해야 할 업체와 가능시간〉
• E서점 : 14~18시, 소요시간은 2시간
• F은행 : 12~16시, 소요시간은 1시간
• G미술관 관람 : 하루 3회(10시, 13시, 15시), 소요시간은 1시간

① C거래처 사원 – A거래처 과장 – B거래처 대리 – E서점 – G미술관 – F은행 – D거래처 부장
② C거래처 사원 – A거래처 과장 – F은행 – B거래처 대리 – G미술관 – E서점 – D거래처 부장
③ C거래처 사원 – G미술관 – F은행 – B거래처 대리 – E서점 – A거래처 과장 – D거래처 부장
④ C거래처 사원 – A거래처 과장 – B거래처 대리 – F은행 – G미술관 – E서점 – D거래처 부장

 C거래처 사원(9시~10시) – A거래처 과장(10시~12시) – B거래처 대리(12시~14시) – F은행(14시~15시) – G미술관(15시~16시) – E서점(16~18시) – D거래처 부장(18시~)
① E서점까지 들리면 16시가 되는데, 그 이후에 G미술관을 관람할 수 없다.
② F은행까지 들리면 13시가 되는데, B거래처 대리 약속은 18시에 가능하다.
③ G미술관 관람을 마치고 나면 11시가 되는데 F은행은 12시에 가야한다. 1시간 기다려서 F은행 일이 끝나면 13시가 되는데, B거래처 대리 약속은 18시에 가능하다.

Answer⌐ 5.① 6.④

7 F회사에 입사한지 3개월이 된 사원 A씨는 그에게 주어진 일에 대해 우선순위 없이 닥치는 대로 행하고 있다. 그렇다 보니 중요하지 않은 일을 먼저 하기도 해서 상사로부터 꾸중을 들었다. 그런 A씨에게 L대리는 시간관리 매트릭스를 4단계로 구분해보라고 조언을 하였다. 다음은 〈시간관리 매트릭스〉와 A씨가 해야 할 일들이다. 연결이 잘못 짝지어진 것은?

〈시간관리 매트릭스〉

	긴급함	긴급하지 않음
중요함	제1사분면	제2사분면
중요하지 않음	제3사분면	제4사분면

〈A씨가 해야 할 일〉

㉠ 어제 못 본 드라마보기
㉡ 마감이 정해진 프로젝트
㉢ 인간관계 구축하기
㉣ 업무 보고서 작성하기
㉤ 회의하기
㉥ 자기개발하기
㉦ 상사에게 급한 질문하기

① 제1사분면 : ㉡, ㉦
② 제2사분면 : ㉢, ㉥
③ 제3사분면 : ㉣, ㉤
④ 제4사분면 : ㉠

 ㉦은 제3사분면에 들어가야 할 일이다.

8 다음 상황에서 총 순이익 200억 원 중에 Y사가 150억을 분배 받았다면 Y사의 연구개발비는 얼마인가?

> X사와 Y사는 신제품을 공동개발하여 판매한 총 순이익을 다음과 같은 기준에 의해 분배하기로 약정하였다.
> • 1번째 기준 : X사와 Y사는 총 순이익에서 각 회사 제조원가의 10%에 해당하는 금액을 우선 각자 분배받는다.
> • 2번째 기준 : 총 순수익에서 위의 1번째 기준에 의해 분배 받은 금액을 제외한 나머지 금액에 대한 분배는 각 회사가 연구개발을 지출한 비용에 비례하여 분배액을 정한다.
>
> 〈신제품 개발과 판례에 따른 연구개발비용과 총 순이익〉
>
> (단위 : 억 원)
>
> | 구분 | X사 | Y사 |
> |---|---|---|
> | 제조원가 | 200 | 600 |
> | 연구개발비 | 100 | ( ) |
> | 총 순이익 | 200 | |

① 200억 원 　　　　　　　② 250억 원
③ 300억 원 　　　　　　　④ 350억 원

 1번째 기준에 의해 X사는 200억 원의 10%인 20억을 분배받고, Y사는 600억의 10%인 60억을 분배받는다. Y가 분배받은 금액이 총 150억이라고 했으므로 X사가 분배받은 금액은 50억이다. X사가 두 번째 기준에 의해 분배받은 금액은 30억이고, Y사가 두 번째 기준에 의해 분배받은 금액은 90억 원이다. 두 번째 기준은 연구개발비용에 비례하여 분배받은 것이므로 X사의 연구개발비의 3배로 계산하면 300억 원이다.

Answer ⟶ 7.① 8.③

9 K회사에서 근무하는 甲팀장은 팀의 사기를 높이기 위하여 팀원들을 데리고 야유회를 가려고 한다. 주어진 상황이 다음과 같을 때 비용이 가장 저렴한 펜션은 어디인가?

〈상황〉
- 팀장을 포함하여 인원은 6명이다.
- 2박 3일을 다녀오려고 한다.
- 팀장은 나무펜션 1회 이용 기록이 있다.
- 펜션 비용은 1박을 기준으로 부과된다.

〈펜션 비용〉

펜션	가격 (1박 기준)	비고
나무펜션	70,000원 (6인 기준)	• 1박을 한 후 연이어 2박을 할 때는 2박의 비용은 처음 1박의 10%를 할인받는다. • 나무펜션 이용 기록이 있는 경우에는 총 합산 금액의 10%를 할인받는다. (중복 할인 가능)
그늘펜션	60,000원 (4인 기준)	• 인원 추가 시, 1인 당 10,000원의 추가비용이 발생된다. • 나무, 그늘, 푸른, 구름펜션 이용 기록이 1회라도 있는 경우에는 총 합산 금액의 20%를 할인받는다.
푸른펜션	80,000원 (6인 기준)	• 1박을 한 후 연이어 2박을 할 때는 2박의 비용은 처음 1박의 15%를 할인받는다.
구름펜션	55,000원 (4인 기준)	• 인원 추가 시, 1인 당 10,000원의 추가비용이 발생된다.

① 나무펜션   ② 그늘펜션
③ 푸른펜션   ④ 구름펜션

 ㉠ 나무펜션 : $70,000 + (70,000 \times 0.9) = 133,000$ 원에서 팀장은 나무펜션 이용 기록이 있으므로 총 합산 금액의 10%를 또 할인받는다. 따라서 $133,000 \times 0.9 = 119,700$ 원이다.

㉡ 그늘펜션 : 4인 기준이므로 2명을 추가하면 80,000원이 되고 2박이므로 160,000원이 된다. 그러나 팀장은 나무펜션 이용 기록이 있으므로 총 합산 금액의 20%를 할인받는다. 따라서 $160,000 \times 0.8 = 128,000$ 원이다.

㉢ 푸른펜션 : $80,000 + (80,000 \times 0.85) = 148,000$ 원이다.

㉣ 구름펜션 : 4인 기준이므로 2명을 추가하면 75,000원이 되고 2박이므로 $75,000 \times 2 = 150,000$ 원이 된다.

10 다음 자료에 대한 분석으로 옳지 않은 것은?

> 어느 마을에 20가구가 살고 있으며, 가로등 총 설치비용과 마을 전체 가구가 누리는 총 만족감을 돈으로 환산한 값은 표와 같다(단, 가로등으로부터 각 가구가 누리는 만족감의 크기는 동일하며, 설치비용은 모든 가구가 똑같이 부담한다).
>
> | 가로등 수(개) | 총 설치비용(만 원) | 총 만족감(만 원) |
> |:---:|:---:|:---:|
> | 1 | 50 | 100 |
> | 2 | 100 | 180 |
> | 3 | 150 | 240 |
> | 4 | 200 | 280 |
> | 5 | 250 | 300 |

① 가로등이 2개 설치되었을 때는 더 늘리는 것이 합리적이다.
② 가로등 1개를 더 설치할 때마다 추가되는 비용은 일정하다.
③ 가로등을 4개 설치할 경우 각 가구가 부담해야 할 설치비용은 10만 원이다.
④ 가로등이 최적으로 설치되었을 때 마을 전체 가구가 누리는 총 만족감은 300만 원이다.

 편익이 비용보다 클 때는 가로등 설치량을 늘려나가야 한다. 따라서 이 마을에서 가로등의 최적 설치량은 3개이며, 이때 마을 전체 가구가 누리는 총 만족감은 240만 원이다.

Answer ☞ 9.① 10.④

▌11~12▐ D회사에서는 1년에 1명을 선발하여 해외연수를 보내주는 제도가 있다. 김부장, 최과장, 오과장, 홍대리 4명이 지원한 가운데 〈선발 기준〉과 〈지원자 현황〉은 다음과 같다. 다음을 보고 물음에 답하시오.

〈선발 기준〉

구분	점수	비고
외국어 성적	50점	
근무 경력	20점	15년 이상이 만점 대비 100%, 10년 이상 15년 미만이 70%, 10년 미만이 50%이다. 단, 근무경력이 최소 5년 이상인 자만 선발 자격이 있다.
근무 성적	10점	
포상	20점	3회 이상이 만점 대비 100%, 1~2회가 50%, 0회가 0%이다.
계	100점	

〈지원자 현황〉

구분	김부장	최과장	오과장	홍대리
근무경력	30년	20년	10년	3년
포상	2회	4회	0회	5회

※ 외국어 성적은 김부장과 최과장이 만점 대비 50%이고, 오과장이 80%, 홍대리가 100%이다.
※ 근무 성적은 최과장이 만점이고, 김부장, 오과장, 홍대리는 만점 대비 90%이다.

11 위의 선발기준과 지원자 현황에 따를 때 가장 높은 점수를 받은 사람이 선발된다면 선발되는 사람은?

① 김부장
② 최과장
③ 오과장
④ 홍대리

	김부장	최과장	오과장	홍대리
외국어 성적	25점	25점	40점	
근무 경력	20점	20점	14점	
근무 성적	9점	10점	9점	근무경력이 5년 미만이므로 선발 자격이 없다.
포상	10점	20점	0점	
계	64점	75점	63점	

12 회사 규정의 변경으로 인해 선발기준이 다음과 같이 변경되었다면, 새로운 선발기준 하에서 선발되는 사람은? (단, 가장 높은 점수를 받은 사람이 선발된다)

구분	점수	비고
외국어 성적	40점	
근무 경력	40점	30년 이상이 만점 대비 100%, 20년 이상 30년 미만이 70%, 20년 미만이 50%이다. 단, 근무경력이 최소 5년 이상인 자만 선발 자격이 있다.
근무 성적	10점	
포상	10점	3회 이상이 만점 대비 100%, 1~2회가 50%, 0회가 0%이다.
계	100점	

① 김부장   ② 최과장
③ 오과장   ④ 홍대리

	김부장	최과장	오과장	홍대리
외국어 성적	20점	20점	32점	근무경력이 5년 미만이므로 선발 자격이 없다.
근무 경력	40점	28점	20점	
근무 성적	9점	10점	9점	
포상	5점	10점	0점	
계	74점	68점	61점	

Answer ↪ 11.②   12.①

13 다음은 어느 회사의 성과상여금 지급기준이다. 다음 기준에 따를 때 성과상여금을 가장 많이 받는 사원과 가장 적게 받는 사원의 금액 차이는 얼마인가?

〈성과상여금 지급기준〉

지급원칙
• 성과상여금은 적용대상사원에 대하여 성과(근무성적, 업무난이도, 조직 기여도의 평점 합) 순위에 따라 지급한다.

성과상여금 지급기준액

5급 이상	6급~7급	8급~9급	계약직
500만 원	400만 원	200만 원	200만 원

지급등급 및 지급률
• 5급 이상

지급등급	S등급	A등급	B등급	C등급
성과 순위	1위	2위	3위	4위 이하
지급률	180%	150%	120%	80%

• 6급 이하 및 계약직

지급등급	S등급	A등급	B등급
성과 순위	1~2위	3~4위	5위 이하
지급률	150%	130%	100%

지급액 산정방법
• 개인별 성과상여금 지급액은 지급기준액에 해당 등급의 지급율을 곱하여 산정한다.

〈소속사원 성과 평점〉

사원	평점			직급
	근무성적	업무난이도	조직기여도	
수현	8	5	7	계약직
이현	10	6	9	계약직
서현	8	8	6	4급
진현	5	5	8	5급
준현	9	9	10	6급
지현	9	10	8	7급

① 260만 원
② 340만 원
③ 400만 원
④ 450만 원

 사원별로 성과상여금을 계산해보면 다음과 같다.

사원	평점 합	순위	산정금액
수현	20	5	200만원×100%=200만 원
이현	25	3	200만원×130%=260만 원
서현	22	4	500만원×80%=400만 원
진현	18	6	500만원×80%=400만 원
준현	28	1	400만원×150%=600만 원
지현	27	2	400만원×150%=600만 원

가장 많이 받은 금액은 600만 원이고 가장 적게 받은 금액은 200만 원이므로 이 둘의 차는 400만 원이다.

14 다음 사례를 읽고 분석한 내용으로 옳지 않은 것은?

> 경수는 영화를 보기 위해 5,000원을 지불하고 영화표를 예매하였다. 하지만 영화를 보기로 한 날 갑작스럽게 친구가 등산을 가자고 제안하였다. 경수는 잠시 고민하였지만 결국 영화를 보기로 결정하고 친구와의 등산은 다음으로 미뤘다. 여기서 영화 관람과 등산에 소요되는 시간은 동일하고 경수에게 영화 관람의 편익은 10,000원이고 등산의 편익은 3,000원이다. 또한 영화표의 환불이나 양도는 불가하다.

① 영화 관람과 등산 중 경수에게 더 큰 실익을 주는 것은 영화관람이다.
② 영화 관람으로 인한 기회비용은 3,000원이다.
③ 경수가 영화를 관람하기로 한 것은 합리적 선택이다.
④ 영화 관람을 위해 지불한 5,000원은 회수할 수 없는 한계비용이다.

 ④ 영화 관람을 위해 지불한 5,000원은 회수할 수 없는 매몰비용이다.
　※ 매몰비용과 한계비용
　　㉠ 매몰비용 : 이미 매몰되어 다시 되돌릴 수 없는 비용으로 의사결정을 하고 실행한 후에 발생하는 비용 중 회수할 수 없는 비용을 말한다.
　　㉡ 한계비용 : 생산물 한 단위를 추가로 생산할 때 필요한 총 비용의 증가분을 말한다.

Answer ↪ 13.③　14.④

|15~16| 공장 주변지역의 농경수 오염에 책임이 있는 기업이 총 70억 원의 예산을 가지고 피해 현황 심사와 보상을 진행한다고 한다. 다음 글을 읽고 물음에 답하시오.

총 500건의 피해가 발생했고, 기업측에서는 실제 피해 현황을 심사하여 보상하기로 하였다. 심사에 소요되는 비용은 보상 예산에서 사용한다. 심사를 통해 좀 더 정확한 피해 규모를 파악할 수 있지만, 그에 따라 소요되는 비용 또한 증가하게 된다.

	1일째	2일째	3일째	4일째
일별 심사 비용(억 원)	0.5	0.7	0.9	1.1
일별 보상대상 제외건수	50	45	40	35

• 보상금 총액＝예산－심사 비용
• 표는 누적수치가 아닌, 하루에 소요되는 비용을 말함
• 일별 심사 비용은 매일 0.2억씩 증가하고 제외건수는 매일 5건씩 감소함
• 제외건수가 0이 되는 날, 심사를 중지하고 보상금을 지급함

15 기업측이 심사를 중지하는 날까지 소요되는 일별 심사 비용은 총 얼마인가?

① 15억원   ② 15.5억원
③ 16억원   ④ 16.5억원

 제외건수가 매일 5건씩 감소한다고 했으므로 11일째 되는 날 제외건수가 0이 되고 일별 심사 비용은 총 16.5억 원이 된다.

16 심사를 중지하고 총 500건에 대해서 보상을 한다고 할 때, 보상대상자가 받는 건 당 평균 보상금은 대략 얼마인가?

① 약 1천만 원   ② 약 2천만 원
③ 약 3천만 원   ④ 약 4천만 원

 (70억－16.5억)/500건＝1,070만 원

17 A씨와 B씨는 내일 있을 시장동향 설명회에 발표할 준비를 함께 하게 되었다. 우선 오전 동안 자료를 수집하고 오후 1시에 함께 회의하여 PPT작업과 도표로 작성해야 할 자료 등을 정리하고 각자 다음과 같은 업무를 나눠서 하려고 한다. 회의를 제외한 모든 업무는 혼자서 할 수 있는 일이고, 발표원고 작성은 PPT가 모두 작성되어야 시작할 수 있다. 각 영역 당 소요시간이 다음과 같을 때 옳지 않은 것은? (단, 두 사람은 가장 빨리 작업을 끝낼 수 있는 방법을 선택한다)

업무	소요시간
회의	1시간
PPT 작성	2시간
PPT 검토	2시간
발표원고 작성	3시간
도표 작성	3시간

① 7시까지 발표 준비를 마칠 수 있다.
② 두 사람은 같은 시간에 준비를 마칠 수 있다.
③ A가 도표작성 능력이 떨어지고 두 사람의 PPT 활용 능력이 비슷하다면 발표원고는 A가 작성하게 된다.
④ 도표를 작성한 사람이 발표원고를 작성한다.

 ④ PPT작성이 도표작성보다 더 먼저 끝나므로 PPT를 작성한 사람이 발표원고를 작성하는 것이 일을 더 빨리 끝낼 수 있다.

│18~19│ 사무용 비품 재고 현황을 파악하기 위해서 다음과 같이 표로 나타내었다. 다음 물음에 답하시오.

〈사무용 비품 재고 현황〉

품목	수량	단위 당 가격
믹스커피	1BOX(100개입)	15,000원
과자	2BOX(20개입)	1,800원
서류봉투	78장	700원
가위	3개	3,000원
물티슈	1개	2,500원
휴지	2롤	18,000원
나무젓가락	15묶음	2,000원
종이컵	3묶음	1,200원
형광펜	23자루	500원
테이프	5개	2,500원
볼펜	12자루	1,600원
수정액	5개	5,000원

18 다음 중 가장 먼저 구매해야 할 비품은 무엇인가?

① 수정액 ② 물티슈
③ 종이컵 ④ 믹스커피

 물티슈의 재고는 1개로 가장 적게 남아있다.

19 다음 비품 예산이 3만 원 남았다고 할 때, 예산 안에 살 수 없는 것은 무엇인가?

① 믹스커피 1BOX + 수정액 2개
② 형광 펜 30자루 + 서류봉투 10장
③ 나무젓가락 10묶음 + 볼펜 8자루
④ 휴지 1롤 + 물티슈 3개

 ③ $(2,000 \times 10) + (1,600 \times 8)$
$= 20,000 + 12,800$
$= 32,800$원

20 다음에서 설명하고 있는 합리적인 인사관리 원칙은?

> 근로자의 인권을 존중하고 공헌도에 따라 노동의 대가를 지급한다.

① 적재적소 배치의 원리
② 공정 보상의 원칙
③ 공정 인사의 원칙
④ 종업원 안정의 원칙

 합리적인 인사관리의 원칙
㉠ 적재적소 배치의 원리 : 해당 직무 수행에 가장 적합한 인재를 배치
㉡ 공정 보상의 원칙 : 근로자의 인권을 존중하고 공헌도에 따라 노동의 대가를 공정하게 지급
㉢ 공정 인사의 원칙 : 직무 배당, 승진, 상벌, 근무 성적의 평가, 임금 등을 공정하게 처리
㉣ 종업원 안정의 원칙 : 직장에서의 신분 보장, 계속해서 근무할 수 있다는 믿음으로 근로자의 안정된 회사 생활 보장
㉤ 창의력 계발의 원칙 : 근로자가 창의력을 발휘할 수 있도록 새로운 제안·건의 등의 기회를 마련하고 적절한 보상을 지급
㉥ 단결의 원칙 : 직장 내에서 구성원들이 소외감을 갖지 않도록 배려하고, 서로 협동·단결할 수 있도록 유지

Answer ⤷ 18.② 19.③ 20.②

21 A 공단 인사팀에 근무하는 B 과장은 인턴사원 甲, 乙, 丙, 丁을 대상으로 업무평가를 하고 있다. 평가 기준과 평가 결과가 다음과 같을 때 옳지 않은 것은?

□ 평가 기준
- 평가대상은 甲, 乙, 丙, 丁 4명이다.
- 평가요소는 업무능력, 근무자세, 발전가능성, 대인관계 총 4개이다. 평가요소별로 100점을 4개 평가대상에 배분하며, 평가대상이 받는 평가요소별 최소점수는 3점이다.
- 4개 평가요소의 점수를 평가대상별로 합산하여 총점이 높은 순서로 평가순위를 매긴다. 평가결과 2위까지만 정규직으로 채용한다.
- 특정 평가요소에 가중치를 n배 줄 경우, 해당 평가요소점수는 n배가 된다.

□ 평가 결과

(단위 : 점)

평가대상＼평가요소	업무능력	근무자세	발전가능성	대인관계
甲	30	40	A	25
乙	20	B	30	25
丙	10	C	40	20
丁	40	30	D	30
합계	100	100	100	100

① 丙은 정규직으로 채용되지 않는다.

② B가 27이고 D가 25 이상이면 乙이 2위가 된다.

③ 업무능력에 가중치를 2배 준다면 丁은 정규직으로 채용되지 않는다.

④ 업무능력에 가중치를 3배 준다면 丁은 1위가 된다.

 甲~丁이 받을 수 있는 점수는 甲 95 + A점, 乙 75 + B점, 丙 70 + C점, 丁 : 100 + D이다. 이 때 A + D = 30점이고, B + C = 30점이다.
③ 업무능력에 가중치 2배를 준다면 甲~丁이 받을 수 있는 점수는 甲 125 + A점, 乙 95 + B점, 丙 80 + C점, 丁 : 140 + D이다. 丁이 발전가능성에서 최소점인 3점을 받는다고 하여도 丁의 총점은 143점으로, 乙과 丙이 받을 수 있는 최고 총점인 122점, 107점보다 높다. 따라서 업무능력에 가중치를 2배 준다면 丁은 정규직으로 채용된다.
① 丙이 받을 수 있는 점수는 70 + C점으로 근무자세에서 받을 수 있는 최고점인 27점을 받는다고 하여도 총점 97점으로, 甲, 丁이 받을 수 있는 최소 총점인 98점, 103점보다 낮다. 따라서 丙은 정규직으로 채용되지 않는다.
② B가 27이면 C는 3이므로 乙의 점수는 102점이고, 丙의 점수는 73점이다. 이때 D가 25 이상이면 丁은 최소 125점이고 甲은 최대 100점이므로 乙은 丁에 이어 2위가 된다.
④ 업무능력에 가중치를 3배 준다면 甲~丁이 받을 수 있는 점수는 甲 155 + A점, 乙 115 + B점, 丙 90 + C점, 丁 : 180 + D이다. 丁이 발전가능성에서 최소점인 3점을 받는다고 하여도 丁의 총점은 183점으로, 甲, 乙, 丙이 받을 수 있는 최고 총점인 182점, 142점, 117점보다 높다. 따라서 업무능력에 가중치를 3배 준다면 丁은 1위가 된다.

22 T회사에서 사원 김씨, 이씨, 정씨 3인을 대상으로 승진시험을 치뤘다. 다음 〈보기〉에 따라 승진이 결정된다고 할 때 승진하는 사람은?

〈보기〉
- T회사에서 김씨, 이씨, 정씨 세 명의 승진후보자가 시험을 보았으며, 상식 20문제, 영어 10문제가 출제되었다.
- 각 과목을 100만점으로 하되 상식은 정답을 맞힌 개수 당 5점씩, 틀린 개수 당 −3점씩을 부여하고, 영어의 경우 정답을 맞힌 개수 당 10점씩, 틀린 개수 당 −5점씩을 부여한다.
- 채점 방식에 따라 계산했을 때 100점 이하면 승진에서 탈락된다.
- 각 후보자들이 정답을 맞힌 문항의 개수는 다음과 같고, 그 이외의 문항은 모두 틀린 것이다.

	상식	영어
김씨	14	7
이씨	10	9
정씨	18	4

① 김씨와 이씨
② 김씨와 정씨
③ 이씨와 정씨
④ 모두 승진

 김씨 : $(14 \times 5) - (6 \times 3) + (7 \times 10) - (3 \times 5) = 107$
이씨 : $(10 \times 5) - (10 \times 3) + (9 \times 10) - (1 \times 5) = 105$
정씨 : $(18 \times 5) - (2 \times 3) + (4 \times 10) - (6 \times 5) = 94$(탈락)

Answer ↪ 21.③ 22.①

23 어느 회사에서 영업부, 편집부, 홍보부, 전산부, 영상부, 사무부에 대한 직무조사 순서를 정할 때 다음과 같은 조건을 충족시켜야 한다면 순서로 가능한 것은?

- 편집부에 대한 조사는 전산부 또는 영상부 중 어느 한 부서에 대한 조사보다 먼저 시작되어야 한다.
- 사무부에 대한 조사는 홍보부나 전산부에 대한 조사보다 늦게 시작될 수는 있으나, 영상부에 대한 조사보다 나중에 시작될 수 없다.
- 영업부에 대한 조사는 아무리 늦어도 홍보부 또는 전산부 중 적어도 어느 한 부서에 대한 조사보다는 먼저 시작되어야 한다.

① 홍보부 – 편집부 – 사무부 – 영상부 – 전산부 – 영업부
② 영상부 – 홍보부 – 편집부 – 영업부 – 사무부 – 전산부
③ 전산부 – 영업부 – 편집부 – 영상부 – 사무부 – 홍보부
④ 편집부 – 홍보부 – 영업부 – 사무부 – 영상부 – 전산부

> (Tip) ②③은 사무부가 영상부에 대한 조사보다 나중에 시작될 수 없다는 조건과 모순된다. ①은 영업부에 대한 조사가 홍보부 또는 전산부 중 적어도 어느 한 부서에 대한 조사보다는 먼저 시작되어야 한다는 조건에 모순된다. 따라서 가능한 답은 ④이다.

24 OO기업은 A, B, C, D, E, F, G, H의 8개 프로젝트를 담당하고 있다. 올해 예산이 증액되어 5개의 프로젝트의 예산을 늘리려고 할 때 조건은 다음과 같다. C와 F 프로젝트의 예산을 늘린다면 반드시 옳은 것은?

〈조건〉
- 만약 E 프로젝트의 예산을 늘리면, B 프로젝트의 예산은 늘리지 않는다.
- 만약 D 프로젝트의 예산을 늘리면, F 프로젝트와 G 프로젝트는 모두 예산을 늘리지 않는다.
- 만약 A 프로젝트와 G 프로젝트가 모두 예산을 늘리면, C 프로젝트의 예산도 늘려야 한다.
- B, C, F 프로젝트 가운데 2개만 예산을 늘린다.

① A 프로젝트와 D 프로젝트의 예산은 늘린다.
② B 프로젝트와 D 프로젝트의 예산은 늘리지 않는다.
③ A 프로젝트와 B 프로젝트의 예산은 늘린다.
④ B 프로젝트와 E 프로젝트의 예산은 늘리지 않는다.

Tip 마지막 조건에서 B, C, F 프로젝트 중에 2개만 예산을 늘린다고 하였고 문제에서 C와 F 프로젝트의 예산을 늘린다고 하였으므로 B는 예산을 늘리지 않는다. 그리고 2번째 조건의 대우를 통해 F 프로젝트의 예산을 늘리면 D의 프로젝트의 예산을 늘리지 않는다. 따라서 ②는 반드시 옳다.

25 다음은 어느 회사의 신입사원 선발 조건과 지원자의 현황이다. 다음 조건에 따를 때 반드시 선발되는 사람은?

〈지원자 현황〉
• 甲, 乙, 丙, 丁 총 4명이 지원하였다.
• 甲과 乙은 추천을 받은 지원자이다.
• 乙과 丙은 같은 학교 출신이다.
• 甲과 丙은 남성이다.
• 乙과 丁은 여성이다.

〈선발 조건〉
• 지원자 중 1명 이상은 반드시 선발하여야 한다.
• 추천을 받은 지원자 중에는 1명을 초과하여 선발할 수 없다.
• 같은 학교 출신 지원자는 1명을 초과하여 선발할 수 없다.
• 남성 지원자만을 선발하거나 여성 지원자만을 선발할 수 없다.

① 甲   ② 乙
③ 丙   ④ 丁

Tip 남성 지원자만을 선발하거나 여성 지원자만을 선발할 수 없으므로 甲, 乙, 丙, 丁 각각 1명만을 선발할 수는 없고 남성과 여성을 섞어 2명 이상을 선발하여야 한다. 그러나, 추천을 받은 지원자 중에서 1명을 초과하여 선발할 수 없으며 같은 학교 출신 지원자는 1명을 초과하여 선발할 수 없으므로 선발 가능한 경우는 (甲, 丁), (甲, 丙, 丁), (丙, 丁)이다. 따라서 반드시 선발되는 사람은 丁이다.

Answer ↱ 23.④   24.②   25.④

26 다음 팀별 성과 지표와 조건에 따라서 팀별로 점수를 매기고자 할 때, 총점이 가장 높은 팀은?

〈팀별 성과 지표〉

팀	오류발생률	영업실적	고객만족	목표달성
A	1.6	8	10	6
B	1.4	7	4	8
C	0.7	9	8	5
D	0.8	10	9	10

〈조건〉

• 오류발생률은 낮은 순서대로, 그 밖의 항목들은 높은 순서대로 1순위부터 4순위까지 순위를 정한다.
• 각 항목의 1순위에 4점, 2순위에 3점, 3순위에 2점, 4순위에 1점을 각각 부여한다.
• 오류발생률이 1미만인 팀에게는 1점의 가산점을 부여한다.
• 다른 팀과 비교하여 가장 많은 항목에서 1위를 한 팀에게는 5점의 가산점을 부여한다.
• 오류발생률을 제외하고 그 밖의 항목에서 측정값이 5 미만의 값이 있는 팀은 3점을 감점한다.

① A   ② B
③ C   ④ D

팀	오류발생률	영업실적	고객만족	목표달성	합계
A	4위(1점)	3위(2점)	1위(4점)	3위(2점)	9점
B	3위(2점)	4위(1점)	4위(1점)	2위(3점)	7−3＝4점
C	1위(4점)	2위(3점)	3위(2점)	4위(1점)	10＋1＝11점
D	2위(3점)	1위(4점)	2위(3점)	1위(4점)	14＋1＋5＝20점

27 이번에 탄생한 TF팀에서 팀장과 부팀장을 선정하려고 한다. 선정기준은 이전에 있던 팀에서의 근무성적과 성과점수, 봉사점수 등을 기준으로 한다. 구체적인 선정기준이 다음과 같을 때 선정되는 팀장과 부팀장을 바르게 연결한 것은?

〈선정기준〉
- 최종점수가 가장 높은 직원이 팀장이 되고, 팀장과 다른 성별의 직원 중에서 가장 높은 점수를 받은 직원이 부팀장이 된다(예를 들어 팀장이 남자가 되면, 여자 중 최고점을 받은 직원이 부팀장이 된다).
- 근무성적 40%, 성과점수 40%, 봉사점수 20%로 기본점수를 산출하고, 기본점수에 투표점수를 더하여 최종점수를 산정한다.
- 투표점수는 한 명당 5점이 부여된다(예를 들어 2명에게서 한 표씩 받으면 10점이다).

〈직원별 근무성적과 점수〉

직원	성별	근무성적	성과점수	봉사점수	투표한 사람 수
고경원	남자	88	92	80	2
박하나	여자	74	86	90	1
도경수	남자	96	94	100	0
하지민	여자	100	100	75	0
유해영	여자	80	90	80	2
문정진	남자	75	75	95	1

① 고경원 - 하지민
② 고경원 - 유해영
③ 하지민 - 도경수
④ 하지민 - 문정진

 점수를 계산하면 다음과 같다.

직원	성별	근무점수	성과점수	봉사점수	투표점수	합계
고경원	남자	35.2	36.8	16	10	98
박하나	여자	29.6	34.4	18	5	87
도경수	남자	38.4	37.6	20	0	96
하지민	여자	40	40	15	0	95
유해영	여자	32	36	16	10	94
문정진	남자	30	30	19	5	84

Answer 26.④ 27.①

┃28∼29┃ 다음은 J공단 민원센터의 상담원 다섯 명에 대한 고객 설문지 조사 결과를 표로 나타낸 것이다. 공단에서는 이를 근거로 최우수 상담원을 선정하여 포상을 하려 한다. 제시된 표를 바탕으로 이어지는 물음에 답하시오.

〈상담원별 고객 부여 득점 결과표〉

구분	대면		비대면		
	응대친절	의사소통	신속처리	전문성	사후 피드백
상담원A	75	80	83	92	88
상담원B	92	94	82	82	90
상담원C	80	82	85	94	96
상담원D	84	90	95	90	82

〈최우수 상담원 선정 방법〉

• 각 항목별 득점에 다음 구간 기준을 적용하여 점수를 부여한다.

96점 이상	90∼95점	85∼89점	80∼84점	79점 이하
5점	4점	3점	2점	1점

• 각 항목별 점수의 합이 큰 상담원 순으로 선정하되, 다음과 같은 가중치를 적용한다.
 − 응대친절과 의사소통 항목: 점수의 30% 가산
 − 신속처리와 전문성 항목: 점수의 20% 가산
 − 사후 피드백 : 점수의 10% 가산
• 점수가 동일한 경우 왼쪽 항목부터 얻은 점수가 높은 상담원을 우선순위로 선정한다.

28 다음 중 위의 기준에 의해 최우수 상담원으로 선정될 사람은 누구인가?

① 상담원A ② 상담원B
③ 상담원C ④ 상담원D

 기준에 따라 각 상담원의 점수를 계산해 보면 다음과 같다.

구분	응대친절	의사소통	신속처리	전문성	사후 피드백	합계
상담원A	1×1.3=1.3	2×1.3=2.6	2×1.2=2.4	4×1.2=4.8	3×1.1=3.3	14.4
상담원B	4×1.3=5.2	4×1.3=5.2	2×1.2=2.4	2×1.2=2.4	4×1.1=4.4	19.6
상담원C	2×1.3=2.6	2×1.3=2.6	3×1.2=3.6	4×1.2=4.8	5×1.1=5.5	19.1
상담원D	2×1.3=2.6	4×1.3=5.2	4×1.2=4.8	4×1.2=4.8	2×1.1=2.2	19.6

따라서 동일한 점수를 얻은 상담원B, D 중 응대친절 항목에서 높은 점수를 얻은 상담원 B가 최우수 상담원이 된다.

29 다음 중 위와 같은 평가 방식과 결과를 잘못 이해한 의견은?

① 이 평가방식은 대면 상담을 비대면 상담보다 더 중요하게 여기는구나.

② 고객에게 친절하게 응대하는 것을 가장 중요시하는 평가 기준이군.

③ 평가 항목당 가중치가 없다면 상담원D가 최우수 상담원이 되었겠어.

④ 상담원A는 고객이 부여한 득점 결과가 1위인 항목이 하나도 없군.

 ③ 평가 항목당 가중치가 없다면 상담원B, C, D가 모두 16점이 되나 응대친절 항목에서 높은 점수를 얻은 상담원B가 최우수 상담원이 된다.
① 대면 상담 항목의 가중치가 비대면 상담 항목의 가중치보다 높으므로 대면 상담 항목을 더 중요하게 여긴다고 볼 수 있다.
② 가중치와 동일 점수 시의 기준으로 볼 때, 고객에게 친절하게 응대하는 것을 가장 중요시하는 평가 기준이라고 볼 수 있다.
④ 응대친절, 의사소통 항목은 상담원B, 신속처리 항목은 상담원D, 전문성, 사후피드백 항목은 상담원C가 고객이 부여한 득점 결과 1위이다.

30 공동물류는 기업의 입장에서 많은 비용을 차지하고 있는 인적 및 물적 자원을 물류시설의 공동이용으로 개별적으로 운영 및 유지할 때보다 최소의 비용으로 최대의 이익을 올리려고 하는 물류합리화 방법을 말한다. 공동 물류의 개념을 참조하여 다음의 사례를 보면 차고 및 A, B, C 간의 거리는 다음 표와 같다. 아래의 표를 이용해 차고에서 출발하여 A, B, C 3개의 수요지를 각각 1대의 차량이 방문하는 경우에 비해, 1대의 차량으로 3개의 수요지를 모두 방문하고 차고지로 되돌아오는 경우, 수송 거리가 최대 몇 km 감소되는지 구하면?

구분	A	B	C
차고	10	13	12
A	–	5	10
B	–	–	7

① 11

② 17

③ 29

④ 36

 A, B, C의 장소를 각각 1대의 차량으로 방문할 시의 수송거리는 $(10+13+12) \times 2 = 70km$, 하나의 차량으로 3곳 수요지를 방문하고 차고지로 되돌아오는 경우의 수송거리 $10+5+7+12 = 34km$, 그러므로 $70-34 = 36km$가 된다.

Answer ☞ 28.② 29.③ 30.④

05 정보능력

1 정보화사회와 정보능력

(1) 정보와 정보화사회

① 자료 · 정보 · 지식

구분	특징
자료 (Data)	객관적 실제의 반영이며, 그것을 전달할 수 있도록 기호화한 것
정보 (Information)	자료를 특정한 목적과 문제해결에 도움이 되도록 가공한 것
지식 (Knowledge)	정보를 집적하고 체계화하여 장래의 일반적인 사항에 대비해 보편성을 갖도록 한 것

② **정보화사회** … 필요로 하는 정보가 사회의 중심이 되는 사회

(2) 업무수행과 정보능력

① 컴퓨터의 활용 분야
   ㉠ 기업 경영 분야에서의 활용 : 판매, 회계, 재무, 인사 및 조직관리, 금융 업무 등
   ㉡ 행정 분야에서의 활용 : 민원처리, 각종 행정 통계 등
   ㉢ 산업 분야에서의 활용 : 공장 자동화, 산업용 로봇, 판매시점관리시스템(POS) 등
   ㉣ 기타 분야에서의 활용 : 교육, 연구소, 출판, 가정, 도서관, 예술 분야 등

② 정보처리과정
   ㉠ 정보 활용 절차 : 기획→수집→관리→활용
   ㉡ 5W2H : 정보 활용의 전략적 기획
   • WHAT(무엇을?) : 정보의 입수대상을 명확히 한다.
   • WHERE(어디에서?) : 정보의 소스(정보원)를 파악한다.
   • WHEN(언제까지) : 정보의 요구(수집)시점을 고려한다.
   • WHY(왜?) : 정보의 필요목적을 염두에 둔다.
   • WHO(누가?) : 정보활동의 주체를 확정한다.
   • HOW(어떻게) : 정보의 수집방법을 검토한다.
   • HOW MUCH(얼마나?) : 정보수집의 비용성(효용성)을 중시한다.

5W2H는 정보를 전략적으로 수집·활용할 때 주로 사용하는 방법이다.
5W2H에 대한 설명으로 옳지 않은 것은?

① WHAT : 정보의 수집방법을 검토한다.
② WHERE : 정보의 소스(정보원)를 파악한다.
③ WHEN : 정보의 요구(수집)시점을 고려한다.
④ HOW : 정보의 수집방법을 검토한다.

[출제의도]
방대한 정보들 중 꼭 필요한 정보와 수집 방법 등을 전략적으로 기획하고 정보수집이 이루어질 때 효과적인 정보 수집이 가능해진다. 5W2H는 이러한 전략적 정보 활용 기획의 방법으로 그 개념을 이해하고 있는지를 묻는 질문이다.
[해설]
5W2H의 'WHAT'은 정보의 입수대상을 명확히 하는 것이다. 정보의 수집방법을 검토하는 것은 HOW(어떻게)에 해당되는 내용이다.

답 ①

(3) 사이버공간에서 지켜야 할 예절

① 인터넷의 역기능
   ㉠ 불건전 정보의 유통
   ㉡ 개인 정보 유출
   ㉢ 사이버 성폭력
   ㉣ 사이버 언어폭력
   ㉤ 언어 훼손
   ㉥ 인터넷 중독
   ㉦ 불건전한 교제
   ㉧ 저작권 침해

② 네티켓(netiquette) … 네트워크(network) + 에티켓(etiquette)

(4) 정보의 유출에 따른 피해사례

① 개인정보의 종류

    ㉠ **일반 정보** : 이름, 주민등록번호, 운전면허정보, 주소, 전화번호, 생년월일, 출생지, 본적지, 성별, 국적 등

    ㉡ **가족 정보** : 가족의 이름, 직업, 생년월일, 주민등록번호, 출생지 등

    ㉢ **교육 및 훈련 정보** : 최종학력, 성적, 기술자격증/전문면허증, 이수훈련 프로그램, 서클활동, 상벌사항, 성격/행태보고 등

    ㉣ **병역 정보** : 군번 및 계급, 제대유형, 주특기, 근무부대 등

    ㉤ **부동산 및 동산 정보** : 소유주택 및 토지, 자동차, 저축현황, 현금카드, 주식 및 채권, 수집품, 고가의 예술품 등

    ㉥ **소득 정보** : 연봉, 소득의 원천, 소득세 지불 현황 등

    ㉦ **기타 수익 정보** : 보험가입 현황, 수익자, 회사의 판공비 등

    ㉧ **신용 정보** : 대부상황, 저당, 신용카드, 담보설정 여부 등

    ㉨ **고용 정보** : 고용주, 회사주소, 상관의 이름, 직무수행 평가 기록, 훈련기록, 상벌기록 등

    ㉩ **법적 정보** : 전과기록, 구속기록, 이혼기록 등

    ㉪ **의료 정보** : 가족병력 기록, 과거 의료기록, 신체장애, 혈액형 등

    ㉫ **조직 정보** : 노조가입, 정당가입, 클럽회원, 종교단체 활동 등

    ㉬ **습관 및 취미 정보** : 흡연/음주량, 여가활동, 도박성향, 비디오 대여기록 등

② 개인정보 유출방지 방법

    ㉠ 회원 가입 시 이용 약관을 읽는다.

    ㉡ 이용 목적에 부합하는 정보를 요구하는지 확인한다.

    ㉢ 비밀번호는 정기적으로 교체한다.

    ㉣ 정체불명의 사이트는 멀리한다.

    ㉤ 가입 해지 시 정보 파기 여부를 확인한다.

    ㉥ 남들이 쉽게 유추할 수 있는 비밀번호는 자제한다.

2 정보능력을 구성하는 하위능력

(1) 컴퓨터활용능력

① 인터넷 서비스 활용
- ㉠ 전자우편(E-mail) 서비스 : 정보 통신망을 이용하여 다른 사용자들과 편지나 여러 정보를 주고받는 통신 방법
- ㉡ 인터넷 디스크/웹 하드 : 웹 서버에 대용량의 저장 기능을 갖추고 사용자가 개인용 컴퓨터의 하드디스크와 같은 기능을 인터넷을 통하여 이용할 수 있게 하는 서비스
- ㉢ 메신저 : 인터넷에서 실시간으로 메시지와 데이터를 주고받을 수 있는 소프트웨어
- ㉣ 전자상거래 : 인터넷을 통해 상품을 사고팔거나 재화나 용역을 거래하는 사이버 비즈니스

② 정보검색 … 여러 곳에 분산되어 있는 수많은 정보 중에서 특정 목적에 적합한 정보만을 신속하고 정확하게 찾아내어 수집, 분류, 축적하는 과정
- ㉠ 검색엔진의 유형
  - 키워드 검색 방식 : 찾고자 하는 정보와 관련된 핵심적인 언어인 키워드를 직접 입력하여 이를 검색 엔진에 보내어 검색 엔진이 키워드와 관련된 정보를 찾는 방식
  - 주제별 검색 방식 : 인터넷상에 존재하는 웹 문서들을 주제별, 계층별로 정리하여 데이터베이스를 구축한 후 이용하는 방식
  - 통합형 검색방식 : 사용자가 입력하는 검색어들이 연계된 다른 검색 엔진에게 보내고 이를 통하여 얻어진 검색 결과를 사용자에게 보여주는 방식
- ㉡ 정보 검색 연산자

기호	연산자	검색조건
*, &	AND	두 단어가 모두 포함된 문서를 검색
|	OR	두 단어가 모두 포함되거나 두 단어 중 하나만 포함된 문서를 검색
-, !	NOT	'-' 기호나 '!' 기호 다음에 오는 단어는 포함하지 않는 문서를 검색
~, near	인접검색	앞/뒤의 단어가 가깝게 있는 문서를 검색

③ 소프트웨어의 활용
- ㉠ 워드프로세서
  - 특징 : 문서의 내용을 화면으로 확인하면서 쉽게 수정 가능, 문서 작성 후 인쇄 및 저장 가능, 글이나 그림의 입력 및 편집 가능
  - 기능 : 입력기능, 표시기능, 저장기능, 편집기능, 인쇄기능 등

ⓛ 스프레드시트
- 특징 : 쉽게 계산 수행, 계산 결과를 차트로 표시, 문서를 작성하고 편집 가능
- 기능 : 계산, 수식, 차트, 저장, 편집, 인쇄기능 등

예제 2

귀하는 커피 전문점을 운영하고 있다. 아래와 같이 엑셀 워크시트로 4개 지점의 원두 구매 수량과 단가를 이용하여 금액을 산출하고 있다. 귀하가 다음 중 D3셀에서 사용하고 있는 함수식으로 옳은 것은? (단, 금액 = 수량 × 단가)

	A	B	C	D	E
1	지점	원두	수량(100g)	금액	
2	A	케냐	15	150000	
3	B	콜롬비아	25	175000	
4	C	케냐	30	300000	
5	D	브라질	35	210000	
6					
7		원두	100g당 단가		
8		케냐	10,000		
9		콜롬비아	7,000		
10		브라질	6,000		
11					

① =C3*VLOOKUP(B3, $B$8:$C$10, 1, 1)

② =B3*HLOOKUP(C3, $B$8:$C$10, 2, 0)

③ =C3*VLOOKUP(B3, $B$8:$C$10, 2, 0)

④ =C3*HLOOKUP($B$8:$C$10, 2, B3)

[출제의도]
본 문항은 엑셀 워크시트 함수의 활용도를 확인하는 문제이다.
[해설]
"VLOOKUP(B3,$B$8:$C$10, 2, 0)"의 함수를 해설해보면 B3의 값(콜롬비아)을 B8:C10에서 찾은 후 그 영역의 2번째 열(C열, 100g당 단가)에 있는 값을 나타내는 함수이다. 금액은 "수량 × 단가"으로 나타내므로 D3셀에 사용되는 함수식은 "=C3*VLOOKUP(B3, $B$8: $C$10, 2, 0)"이다.
※ HLOOKUP과 VLOOKUP
ⓐ HLOOKUP : 배열의 첫 행에서 값을 검색하여, 지정한 행의 같은 열에서 데이터를 추출
ⓛ VLOOKUP : 배열의 첫 열에서 값을 검색하여, 지정한 열의 같은 행에서 데이터를 추출

답 ③

ⓒ 프레젠테이션
- 특징 : 각종 정보를 사용자 또는 대상자에게 쉽게 전달
- 기능 : 저장, 편집, 인쇄, 슬라이드 쇼 기능 등
ⓔ 유틸리티 프로그램 : 파일 압축 유틸리티, 바이러스 백신 프로그램

④ 데이터베이스의 필요성
ⓐ 데이터의 중복을 줄인다.
ⓛ 데이터의 무결성을 높인다.
ⓒ 검색을 쉽게 해준다.
ⓔ 데이터의 안정성을 높인다.
ⓜ 개발기간을 단축한다.

184 » PART Ⅱ. 직업기초능력평가

(2) 정보처리능력

① **정보원** ⋯ 1차 자료는 원래의 연구성과가 기록된 자료이며, 2차 자료는 1차 자료를 효과적으로 찾아보기 위한 자료 또는 1차 자료에 포함되어 있는 정보를 압축·정리한 형태로 제공하는 자료이다.

    ㉠ **1차 자료** : 단행본, 학술지와 논문, 학술회의자료, 연구보고서, 학위논문, 특허정보, 표준 및 규격자료, 레터, 출판 전 배포자료, 신문, 잡지, 웹 정보자원 등

    ㉡ **2차 자료** : 사전, 백과사전, 편람, 연감, 서지데이터베이스 등

② **정보분석 및 가공**

    ㉠ **정보분석의 절차** : 분석과제의 발생 → 과제(요구)의 분석 → 조사항목의 선정 → 관련정보의 수집(기존자료 조사/신규자료 조사) → 수집정보의 분류 → 항목별 분석 → 종합·결론 → 활용·정리

    ㉡ **가공** : 서열화 및 구조화

③ **정보관리**

    ㉠ 목록을 이용한 정보관리

    ㉡ 색인을 이용한 정보관리

    ㉢ 분류를 이용한 정보관리

예제 3

인사팀에서 근무하는 J씨는 회사가 성장함에 따라 직원 수가 급증하기 시작하면서 직원들의 정보관리 방법을 모색하던 중 다음과 같은 A사의 직원 정보관리 방법을 보게 되었다. J씨는 A사가 하고 있는 이 방법을 회사에도 도입하고자 한다. 이 방법은 무엇인가?

> A사의 인사부서에 근무하는 H씨는 직원들의 개인정보를 관리하는 업무를 담당하고 있다. A사에서 근무하는 직원은 수천 명에 달하기 때문에 H씨는 주요 키워드나 주제어를 가지고 직원들의 정보를 구분하여 관리하여, 찾을 때도 쉽고 내용을 수정할 때도 이전보다 훨씬 간편할 수 있도록 했다.

① 목록을 활용한 정보관리
② 색인을 활용한 정보관리
③ 분류를 활용한 정보관리
④ 1:1 매칭을 활용한 정보관리

[출제의도]
본 문항은 정보관리 방법의 개념을 이해하고 있는가를 묻는 문제이다.
[해설]
주어진 자료의 A사에서 사용하는 정보관리는 주요 키워드나 주제어를 가지고 정보를 관리하는 방식인 색인을 활용한 정보관리이다. 디지털 파일에 색인을 저장할 경우 추가, 삭제, 변경 등이 쉽다는 점에서 정보관리에 효율적이다.

답 ②

05 출제예상문제

1 다음 워크시트에서 [A1] 셀에 '111'를 입력하고 마우스로 채우기 핸들을 아래로 드래그하여 숫자가 증가하도록 입력하려고 한다. 이때 같이 눌러야 하는 키는 무엇인가?

	A
1	111
2	112
3	113
4	114
5	115
6	116
7	117
8	118
9	119
10	120

① F1
② Ctrl
③ Alt
④ Shift

 마우스로 채우기 핸들을 아래로 드래그하여 숫자가 증가되도록 하려면 〈Ctrl〉을 같이 눌러줘야 한다.

2 왼쪽 워크시트의 성명 데이터를 오른쪽 워크시트처럼 성과 이름의 열로 분리하기 위해 어떤 기능을 사용하면 되는가?

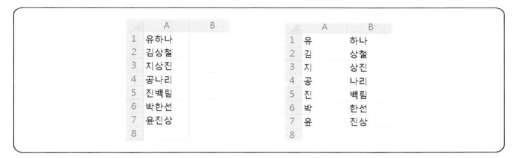

① 텍스트 나누기
② 조건부 서식
③ 그룹 해제
④ 필터

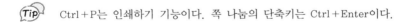

(Tip) 오른쪽 워크시트는 왼쪽 워크시트를 텍스트 나누기 기능을 통해 열구분선을 기준으로 하여 텍스트를 나눈 결과이다.

3 한글에서 사용할 수 있는 단축키에 대한 기능이 옳지 않은 것은?

① Ctrl+N,T - 표 만들기
② Ctrl+Z - 되돌리기
③ Ctrl+P - 쪽 나눔
④ Ctrl+N,M - 수식 입력하기

(Tip) Ctrl+P는 인쇄하기 기능이다. 쪽 나눔의 단축키는 Ctrl+Enter이다.

Answer ↪ 1.② 2.① 3.③

▌4~7▐ 글로벌기업인 K회사는 한국, 일본, 중국, 필리핀에 지점을 두고 있으며 주요 품목인 외장 하드를 생산하여 판매하고 있다. 다음 규정은 외장하드에 코드를 부여하는 방식이라 할 때, 다음을 보고 물음에 답하시오.

〈예시〉외장하드
2015년 2월 12일에 한국 제3공장에서 제조된 스마트S 500GB 500번째 품목
→150212-1C-04001-00500

제조연월일	생산라인				제품종류				완성된 순서
	국가코드		공장 라인		분류코드		용량번호		
	1	한국	A	제1공장	01	xs1	001	500GB	00001부터 시작하여 완성된 순서대로 번호가 매겨짐
			B	제2공장			002	1TB	
			C	제3공장			003	2TB	
			D	제4공장	02	xs2	001	500GB	
2014년 11월 11일 제조→141111 2015년 12월 20일 제조→151220	2	일본	A	제1공장			002	1TB	
			B	제2공장			003	2TB	
			C	제3공장	03	oz	001	500GB	
			D	제4공장			002	1TB	1511번째 품목 →01511
	3	중국	A	제1공장			003	2TB	
			B	제2공장	04	스마트S	001	500GB	
			C	제3공장			002	1TB	
			D	제4공장			003	2TB	
	4	필리핀	A	제1공장	05	HS	001	500GB	
			B	제2공장			002	1TB	
			C	제3공장			003	2TB	
			D	제4공장					

4 2015년 10월 9일에 필리핀 제1공장에서 제조된 xs1 모델로 용량이 2TB인 1584번째 품목 코드로 알맞은 것은?

① 1501093A0100201584　　　　② 1510094B0200301584

③ 1510094D0100315840　　　　④ 1510094A0100301584

 2015년 10월 9일 : 151009
필리핀 제1공장 : 4A
xs1 2TB : 01003
1584번째 품목 : 01584

5 상품코드 1412222D0500201799에 대한 설명으로 옳지 않은 것은?

① 2014년 12월 22일에 제조되었다.

② 완성된 품목 중 1799번째 품목이다.

③ 일본 제4공장에서 제조되었다.

④ 스마트S 1TB이다.

> (Tip) ④ 05002이므로 HS 1TB이다.

6 이 회사에 입사한지 1개월도 안된 신입사원은 상품 코드에 익숙해지기 위해 코드 읽는 연습을 하고 있는데 상사가 다가오더니 잘못된 부분이 있다며 수정해 주었다. 상사가 잘못 수정한 부분은?

> 1501193B0300101588
> → 2015년 1월 9일 제조
> → 일본 제2공장
> → oz 1TB
> → 15880번째 완성 품목

① 2015년 1월 9일 제조 → 2015년 1월 19일 제조

② 일본 제2공장 → 중국 제2공장

③ oz 1TB → oz 2TB

④ 15880번째 완성 품목 → 1588번째 완성 품목

> (Tip) ③ 03001이므로 oz 500GB로 수정해야 한다.

Answer → 4.④ 5.④ 6.③

7 기계결함으로 인해 코드번호가 다음과 같이 잘못 찍혔다. 사원 J씨가 수동으로 수정하려고 할 때 올바르게 수정한 것은?

> 2015년 9월 7일 한국 제4공장에서 제조된 xs2 2TB 13698번째 품목
> 1509071D0200213698

① 제조연월일 : 150907 → 150917
② 생산라인 : 1D → 2D
③ 제품종류 : 02002 → 02003
④ 완성된 순서 : 13698 → 13699

> (Tip) 2015년 9월 7일 제조 : 150907
> 한국 제4공장 : 1D
> xs2 2TB : 02003
> 13698번째 품목 : 13698

▌8~12▐ 다음은 시스템 모니터링 중에 나타난 화면이다. 다음 화면에 나타나는 정보를 이해하고 시스템 상태를 파악하여 적절한 input code를 고르시오.

〈시스템 화면〉

```
System is checking........
Run.....


Error Found!
Index GTEMSHFCBA of file WODRTSUEAI


input code : _____
```

항목	세부사항
index '_' of file '_'	• 오류 문자 : Index 뒤에 나타나는 10개의 문자 • 오류 발생 위치 : file 뒤에 나타나는 10개의 문자
Error Value	오류 문자와 오류 발생 위치를 의미하는 문자에 사용된 알파벳을 비교하여 일치하는 알파벳의 개수를 확인(단, 알파벳의 위치와 순서는 고려하지 않으며 동일한 알파벳이 속해 있는지만 확인한다.)
input code	Error Value를 통하여 시스템 상태를 판단

판단 기준	시스템 상태	input code
일치하는 알파벳의 개수가 0개인 경우	안전	safe
일치하는 알파벳의 개수가 1~3개인 경우	경계	alert
일치하는 알파벳의 개수가 4~6개인 경우		vigilant
일치하는 알파벳의 개수가 7~10개인 경우	위험	danger

8

〈시스템 화면〉

System is checking........
Run.....

Error Found!
Index DRHIZGJUMY of file OPAULMBCEX

input code : _____
---

① safe   ② alert
③ vigilant   ④ danger

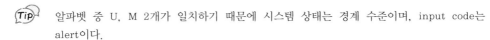 알파벳 중 U, M 2개가 일치하기 때문에 시스템 상태는 경계 수준이며, input code는
alert이다.

Answer 7.③ 8.②

05. 정보능력 » 191

9

〈시스템 화면〉

System is checking........
Run.....

Error Found!
Index QWERTYUIOP of file POQWIUERTY

input code : _____

① safe   ② alert
③ vigilant   ④ danger

(Tip) 10개의 알파벳이 모두 일치하기 때문에 시스템 상태는 위험 수준이며, input code는 danger이다.

10

〈시스템 화면〉

System is checking........
Run.....

Error Found!
Index QAZWSXEDCR of file EDCWSXPLMO

input code : _____

① safe   ② alert
③ vigilant   ④ danger

(Tip) 알파벳 중 W, S, X, E, D, C 6개가 일치하기 때문에 시스템 상태는 경계 수준이며, input code는 vigilant이다.

11

〈시스템 화면〉

System is checking........
Run.....

Error Found!
Index ZXCVBNMASD of file LKAJHGFDSP

input code : _____

① safe   ② alert
③ vigilant   ④ danger

 알파벳 중 A, S, D 3개가 일치하기 때문에 시스템 상태는 경계 수준이며, input code는 alert
이다.

12

〈시스템 화면〉

System is checking........
Run.....

Error Found!
Index OKMIJNUHBY of file GVTFCRDXES

input code : _____

① safe   ② alert
③ vigilant   ④ danger

 일치하는 알파벳이 없기 때문에 시스템 상태는 안전 수준이며, input code는 safe이다.

Answer ➡ 9.④ 10.③ 11.② 12.①

13 다음은 버블정렬에 관한 설명과 예시이다. 보기에 있는 수를 버블 정렬을 이용하여 오름차순으로 정렬하려고 한다. 1회전의 결과는?

버블정렬은 인접한 두 숫자의 크기를 비교하여 교환하는 방식으로 정렬한다. 이때 인접한 두 숫자는 수열의 맨 앞부터 뒤로 이동하며 비교된다. 맨 마지막 숫자까지 비교가 이루어져 가장 큰 수가 맨 뒷자리로 이동하게 되면 한 회전이 끝난다. 다음 회전에는 맨 뒷자리로 이동한 수를 제외하고 같은 방식으로 비교 및 교환이 이루어진다. 더 이상 교환할 숫자가 없을 때 정렬이 완료된다. 교환은 두 개의 숫자가 서로 자리를 맞바꾸는 것을 말한다.

〈예시〉

30, 15, 40, 10을 정렬하려고 한다.
- 1회전
  (30, 15), 40, 10 : 30>15 이므로 교환
  15, (30, 40), 10 : 40>30 이므로 교환이 이루어지지 않음
  15, 30, (40, 10) : 40>10 이므로 교환
  1회전의 결과 값 : 15, 30, 10, 40
- 2회전 (40은 비교대상에서 제외)
  (15, 30), 10, 40 : 30>15 이므로 교환이 이루어지지 않음
  15, (30, 10), 40 : 30>10 이므로 교환
  2회전의 결과 값 : 15, 10, 30, 40
- 3회전 (30, 40은 비교대상에서 제외)
  (15, 10), 30, 40 : 15>10이므로 교환
  3회전 결과 값 : 10, 15, 30, 40 →교환 완료

〈보기〉

9, 6, 7, 3, 5

① 6, 3, 5, 7, 9　　　　　② 3, 5, 6, 7, 9
③ 6, 7, 3, 5, 9　　　　　④ 9, 6, 7, 3, 5

 버블 정렬은 서로 이웃한 데이터들을 비교하여 가장 큰 데이터를 가장 뒤로 보내는 정렬이다.

㉠ 1회전

9↔6		7	3	5
6	9↔7		3	5
6	7	9↔3		5
6	7	3	9↔5	
6	7	3	5	9

㉡ 2회전

6	7↔3		5	9
6	3	7↔5		9
6	3	5	7	9

㉢ 3회전

6↔3		5	7	9
3	6↔5		7	9
3	5	6	7	9

14 다음의 워크시트에서 추리영역이 90점 이상인 사람의 수를 구하고자 할 때, [D8] 셀에 입력할 수식으로 옳은 것은?

	A	B	C	D	E	F
1	이름	언어영역	수리영역	추리영역		
2	김철수	72	85	91		추리영역
3	김영희	65	94	88		>=90
4	안영이	95	76	91		
5	이윤희	92	77	93		
6	채준수	94	74	95		
7						
8	추리영역 90점 이상인 사람의 수			4		
9						

① $=$ DSUM(A1:D6, 4, F2:F3)

② $=$ DSUM(A1:D6, 3, F2:F3)

③ $=$ DCOUNT(A1:D6, 3, F2:F3)

④ $=$ DCOUNT(A1:D6, 4, F2:F3)

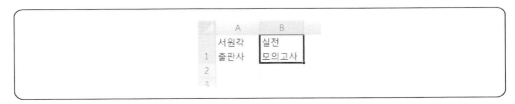 DSUM(범위, 열번호, 조건)은 조건에 맞는 수치를 합하는 함수이며 DCOUNT(범위, 열번호, 조건)은 조건에 맞는 셀의 개수를 세는 함수이다. 따라서 DSUM이 아닌 DCOUNT 함수를 사용해야 하며, 추리영역이 있는 열은 4열이므로 '=DCOUNT(A1:D6, 4, F2:F3)'를 입력해야 한다.

15 다음 시트처럼 한 셀에 두 줄 이상 입력하려는 경우 줄을 바꿀 때 사용하는 키는?

	A	B
1	서원각 출판사	실전 모의고사
2		
3		

① 〈F1〉+〈Enter〉　　　　　② 〈Alt〉+〈Enter〉

③ 〈Alt〉+〈Shift〉+〈Enter〉　　④ 〈Shift〉+〈Enter〉

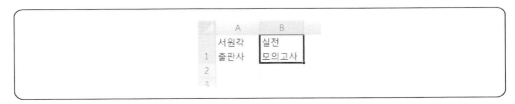 한 셀에 두 줄 이상 입력하려고 하는 경우 줄을 바꿀 때는 〈Alt〉+〈Enter〉를 눌러야 한다.

Answer 13.③　14.④　15.②

16 다음 순서도에서 인쇄되는 S의 값은?

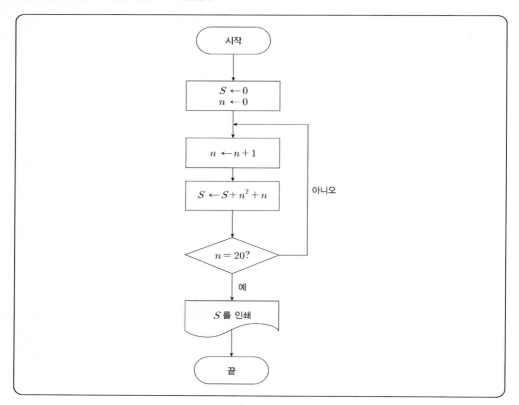

① 3050　　　　　　　　　　② 3060

③ 3070　　　　　　　　　　④ 3080

Tip
$$S = \left(1^2 + 2^2 + \cdots + 20^2\right) + \left(1 + 2 + \cdots + 20\right)$$
$$= \frac{20 \times 21 \times 41}{6} + \frac{20 \times 21}{2} = 3080$$

17 다음 순서도에서 인쇄되는 S의 값은? (단, $[x]$는 x보다 크지 않은 최대의 정수이다)

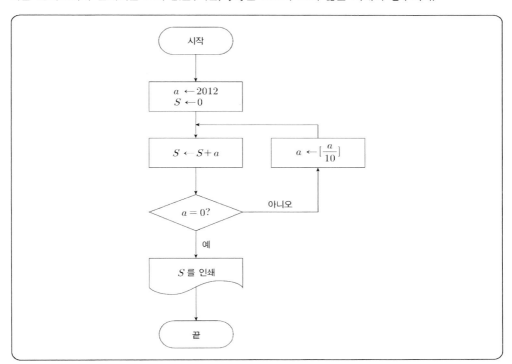

① 2230   ② 2235

③ 2240   ④ 2245

 a, S의 값의 변화과정을 표로 나타내면

a	S
2012	0
2012	$0+2012$
201	$0+2012+201$
20	$0+2012+201+20$
2	$0+2012+201+20+2$
0	$0+2012+201+20+2+0$

따라서 인쇄되는 S의 값은 $0+2012+201+20+2+0=2235$이다.

Answer ⟶ 16.④   17.②

18 S회사에서 근무하고 있는 김대리는 최근 업무 때문에 HTML을 배우고 있다. 아직 초보라서 신입사원 H씨로부터 도움을 많이 받고 있지만, H씨가 자리를 비운 사이 김대리가 HTML에서 사용할 수 있는 tag를 써보았다. 잘못된 것은 무엇인가?

① 김대리는 줄을 바꾸기 위해 〈br〉를 사용하였다.
② 김대리는 글자의 크기, 모양, 색상을 설정하기 위해 〈font〉를 사용하였다.
③ 김대리는 표를 만들기 위해 〈table〉을 사용하였다.
④ 김대리는 이미지를 삽입하기 위해 〈form〉을 사용하였다.

 ④ HTML에서 이미지를 삽입하기 위해서는 〈img〉 태그를 사용한다.

19 다음 워크시트에서 수식 '=INDEX(B2:D8,4,3)'의 결과 값은?

	A	B	C	D
1	제품	정가	판매대수	판매가격
2	A	38,000	475	18,050,000
3	B	27,000	738	19,926,000
4	C	33,000	996	32,868,000
5	D	91,000	908	82,628,000
6	E	28,000	956	26,768,000
7	F	50,000	832	41,600,000
8	G	35,000	947	33,145,000

① 18,050,000
② 996
③ 908
④ 82,628,000

 INDEX(array, row_num, column_num) 함수는 조건에 맞는 값을 찾아주는 함수이다. array 는 검색영역을 나타내며 row_num은 검색 영역 안에서의 행을 나타내고, column_num는 검색영역 안에서의 열을 나타낸다. 따라서 제시된 문제는 D의 판매가격을 찾으라는 문제이다.

20 직장인 A씨는 워크시트를 작업하던 중 데이터가 많아져 스크롤을 내리면 중요항목들의 행과 열이 보이지 않게 되었다. A씨는 스크롤할 때 행과 열의 위쪽이나 왼쪽 부분이 항상 표시되 도록 하고 싶다. 어떤 기능을 사용해야 하는가?

① 틀 고정
② 창 정렬
③ 그룹 해제
④ 피벗 테이블

 행과 열의 위쪽이나 왼쪽 부분이 항상 표시되도록 하는 기능은 틀 고정이다.

21 다음과 같은 판매실적 테이블에 대하여 경기지역에 한하여 판매액 오름차순으로 지점명과 판매액을 출력하고자 할 때, 가장 적절한 SQL 구문은?

[테이블명 : 판매실적]

도시	지점명	판매액
경기	용인지점	350
경기	일산지점	270
서울	은평지점	130
부산	부산지점	175
경기	수원지점	238
인천	인천지점	212
경기	안성지점	183

① SELECT 지점명, 판매액 FROM 판매실적 WHERE 도시='서울' ORDER BY 판매액, ASC;

② SELECT * FROM 판매액 WHERE 도시='경기' ORDER BY 판매액, ASC;

③ SELECT 지점명, 판매액 FROM 판매실적 WHERE 도시='경기' ORDER BY 판매액, ASC;

④ SELECT 지점명, 판매액 FROM 판매실적 WHERE 도시='경기' ORDER BY ASC;

 SELECT 필드명 FROM 테이블명
WHERE 조건
ORDER BY 조건
으로 나타내며, 조건에서 ASC는 오름차순이고 DESC는 내림차순이다.

22 윈도우에서 현재 활성화된 창과 동일한 창을 새로 띄우려고 한다. 어떤 단축키를 사용해야 하는가?

① Ctrl+N ② Alt+N
③ Shift+N ④ Tab+N

 Ctrl+N 단축키는 현재 열려있는 프로그램과 같은 프로그램을 새롭게 실행시킨다. 현재 사용하는 인터넷 브라우저 혹은 폴더를 하나 더 열 때 사용한다.

SE-11-KOR-3A-1512	CH-08-CHA-2C-1308	SE-07-KOR-2C-1503
CO-14-IND-2A-1511	JE-28-KOR-1C-1508	TE-11-IND-2A-1411
CH-19-IND-1C-1301	SE-01-KOR-3B-1411	CH-26-KOR-1C-1307
NA-17-PHI-2B-1405	AI-12-PHI-1A-1502	NA-16-IND-1B-1311
JE-24-PHI-2C-1401	TE-02-PHI-2C-1503	SE-08-KOR-2B-1507
CO-14-PHI-3C-1508	CO-31-PHI-1A-1501	AI-22-IND-2A-1503
TE-17-CHA-1B-1501	JE-17-KOR-1C-1506	JE-18-IND-1C-1504
NA-05-CHA-3A-1411	SE-18-KOR-1A-1503	CO-20-KOR-1C-1502
AI-07-KOR-2A-1501	TE-12-IND-1A-1511	AI-19-IND-1A-1503
SE-17-KOR-1B-1502	CO-09-CHA-3C-1504	CH-28-KOR-1C-1308
TE-18-IND-1C-1510	JE-19-PHI-2B-1407	SE-16-KOR-2C-1505
CO-19-CHA-3A-1509	NA-06-KOR-2A-1401	AI-10-KOR-1A-1509

〈코드 부여 방식〉

[제품 종류]-[모델 번호]-[생산 국가]-[공장과 라인]-[제조연월]

〈예시〉

TE-13-CHA-2C-1501

2015년 1월에 중국 2공장 C라인에서 생산된 텔레비전 13번 모델

제품 종류 코드	제품 종류	생산 국가 코드	생산 국가
SE	세탁기	CHA	중국
TE	텔레비전	KOR	한국
CO	컴퓨터	IND	인도네시아
NA	냉장고	PHI	필리핀
AI	에어컨		
JE	전자레인지		
GA	가습기		
CH	청소기		

23 위의 코드 부여 방식을 참고할 때 옳지 않은 내용은?

① 창고에 있는 기기 중 세탁기는 모두 한국에서 제조된 것들이다.

② 창고에 있는 기기 중 컴퓨터는 모두 2015년에 제조된 것들이다.

③ 창고에 있는 기기 중 청소기는 있지만 가습기는 없다.

④ 창고에 있는 기기 중 2013년에 제조된 것은 청소기 뿐이다.

 NA-16-IND-1B-1311가 있으므로 2013년에 제조된 냉장고도 창고에 있다.

24 J회사에 다니는 Y씨는 가전제품 코드 목록을 파일로 불러와 검색을 하고자 한다. 검색의 결과로 옳지 않은 것은?

① 창고에 있는 세탁기가 몇 개인지 알기 위해 'SE'를 검색한 결과 7개임을 알았다.

② 창고에 있는 기기 중 인도네시아에서 제조된 제품이 몇 개 인지 알기 위해 'IND'를 검색한 결과 10개임을 알았다.

③ 모델 번호가 19번인 제품을 알기 위해 '19'를 검색한 결과 4개임을 알았다.

④ 1공장 A공장에서 제조된 제품을 알기 위해 '1A'를 검색한 결과 6개임을 알았다.

(Tip) ② 인도네시아에서 제조된 제품은 9개이다.

25 다음은 스프레드시트로 작성한 워크시트이다. ⑺~⑼에 대한 설명으로 옳지 않은 것은?

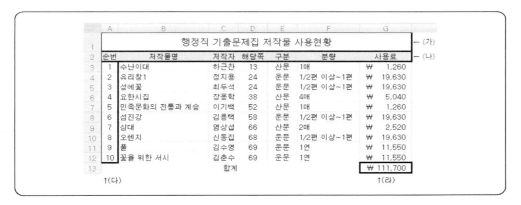

① ⑺는 '셀 병합' 기능을 이용하여 작성할 수 있다.

② ⑼는 '셀 서식'의 '채우기' 탭에서 색상을 변경할 수 있다.

③ ⑼는 A3 값을 입력 후 '자동 채우기' 기능을 사용할 수 있다.

④ ⑼의 값은 '=EVEN(G3:G12)'로 구할 수 있다.

(Tip) ④ ⑼는 G3부터 G12 값의 합이다. 따라서 '=SUM(G3:G12)'로 구할 수 있다.

Answer ⟶ 23.④ 24.② 25.④

26 A그룹 전산팀 팀장인 B씨는 자사 프로그램 언어를 담당하고 있다. 이번 신입사원들에 대한 프로그래밍 언어를 교육함에 있어 아래와 같은 언어가 나타난 상황이다. 이 때 아래의 내용을 읽고 B씨가 ㉠에 입력해야 하는 내용으로 가장 적절한 것을 고르면?]

```
#include<iostream.h>
void main() {
int a[5] = { 5, 4, 6, 7, 3 };
int *pa = a;
cout << ㉠ ;
}
```

① *pa+2   ② pa+2
③ &pa+2   ④ *(pa+2)

 ① *pa+2는 a[1]의 값에 2를 더하여 7이 출력되어진다.
② pa+2는 a[2]의 주소가 출력되어진다.
③ &pa+2는 포인터변수 pa의 주소에 2(실질적으로 2*4)를 더해 출력한다.

27 기억장치 배치전략이란 프로그램을 주기억장치 내의 어디에 위치시킬 것인가를 결정하는 전략을 의미한다. 아래와 같은 메모리 영역이 주어져 있다. 이 때 주기억장치 관리 기법에서 worst-fit을 사용할 경우에 10K의 프로그램이 할당 받게 되는 영역 번호를 고르면? (단, 모든 영역은 현재 공백 상태라고 가정한다.)

영역		
	1	9K
	2	15K
	3	10K
	4	30K

① 영역 1   ② 영역 2
③ 영역 3   ④ 영역 4

 worst fit은 할당되지 않은 공간 중 가장 큰 공간을 선택해서 프로세스가 적재되는 것을 의미한다. 다시 말해 모든 공간 중에서 수용 가능한 가장 큰 곳을 선택하는 방식을 말한다. 남은 공간이 큼직큼직하며, 1순위에 할당하므로 선택이 빠르다는 이점이 있는 반면에 기억공간의 정렬이 필요하고 더불어서 공간의 낭비가 발생하게 되는 문제점이 존재한다. 참고로 first-fit : 영역 2, best-fit : 영역 3에 각각 해당한다.

28 우리는 인터넷과 개인용 PC를 생활화하고 있다. 컴퓨터의 여러 기능 중 많이 활용되고 있는 기능인 "휴지통"에 관한 서술로서 가장 옳지 않은 것은?

① 사용자가 물리 기억장치에서 완전하게 지우도록 설정하지 않은 경우에도 자료가 휴지통에서 삭제된다.

② 휴지통에 삭제된 파일을 오랫동안 보관할 경우에는 불필요한 용량을 차지할 수 있다.

③ 사용자가 고의적으로나 실수로 삭제한 파일을 찾아보거나 복구할 수 있게 하며, '휴지통 비우기'를 누름으로써 완전히 지울 수 있는 기능도 있다.

④ 휴지통 폴더 안의 기록은 파일 및 디렉토리의 본래 위치를 기억하고 있다.

> **(Tip)** 사용자가 물리 기억장치에서 완전하게 지우도록 설정하지 않은 경우에 자료가 휴지통에 보관된다.

29 언제나 앙숙인 A당과 B당의 대표는 서로를 헐뜯는 일이 비일비재하다. 어느 날 중요한 사안을 앞두고 A당 대표는 B당 대표에게 국가의 명운이 걸린 일이라며 협조공문을 만들고 있다. 하지만 컴퓨터에 대한 지식이 전무한 A당 대표는 문서작업에 애를 먹고 있는 상황이다. 다음 중 A당 대표가 문서작업에서 단축키를 사용하는 데 있어 해당 메뉴와 그에 대한 설명으로 가장 잘못된 것을 고르면?

① F3 : 파일 또는 폴더 등을 검색한다.

② F8 : 컴퓨터 부팅 시에 메뉴를 표시한다.

③ Alt + F4 : 현재 활성화되어 있는 프로그램의 창을 닫는다.

④ Alt + Enter : 작업 전환 창을 활용해서 타 응용 프로그램으로 이동한다.

> **(Tip)** Alt + Enter 는 선택한 대상에 대한 속성을 표시하는 역할을 한다.

Answer 26.④ 27.④ 28.① 29.④

30 다음의 사례가 말하고자 하는 것으로써 옳은 내용을 고르면?

> 2000년 이후 신사복 시장은 의류의 전반적인 캐주얼화 경향과 브랜드 난립 때문에 저성장 추세로 접어들었다. 업체 간 경쟁도 '120수'니 '150수'니 하는 원단 고급화 쪽으로 모아져 수익성마저 악화되고 있는 실정이었다. 이런 상황에서 L사는 2004년부터 30년 이상 경력의 패턴사들로 구성된 태스크포스 팀을 구성, 세계 최고라고 평가받는 해외 선진 신사복 브랜드인 제냐 카날리 등의 패턴을 분석하는 한편 기존 고객들의 체형도 데이터베이스화했다. 이 자료를 바탕으로 '뉴 패턴'을 연이어 개발하고 상품화를 위해 공장의 제작 공정까지 완전히 새롭게 편성했다. 이런 노력이 결실을 맺어 원단 중심이던 신사복 업계의 패러다임을 착용감과 실루엣으로 바꿨다. L사의 '뉴 패턴' 라인이 출시된 이후 다른 업체들도 서둘러 실루엣을 강조한 제품 라인을 내놨지만 착실히 준비해온 L사의 제품을 쉽게 넘보지 못하고 있다. L사의 신제품은 2005년 7월 말 기준 6.3% 신장(전년 동기 대비)하는 기염을 토했다. 백화점에 입점한 전체 남성복 매출이 3.4% 정도 역신장한 것에 비하면 눈부신 성과가 아닐 수 없다.

① 단순히 자료를 많이 모으는 것이 가장 중요하다는 것을 느끼게 하고 있다.
② 데이터베이스 구축의 중요성에 대한 사례이다.
③ 현재의 고객에 대해서만 조사를 충실히 하면 성공할 수 있다는 것을 보여주고 있다.
④ 시장을 완전경쟁이 아닌 독점체제로 이끌어가는 것이 중요하다는 것을 역설하고 있다.

 위 내용은 데이터베이스 구축의 중요성에 대한 사례로써 한 의류업체는 기존 고객들의 체형을 데이터베이스화하여 이러한 자료들을 기반으로 신상품을 연이어 개발할 수 있었다. 또한 이 노력들이 결실을 맺어 해당 의류회사는 눈부신 매출액 신장을 이룰 수 있었는데, 이처럼 데이터베이스를 구축해서 효과적으로 활용하는 것이 상당히 중요하다는 것을 알 수 있다.

Answer ➞ 30.②

06 조직이해능력

1 조직과 개인

(1) 조직

① 조직과 기업
  ㉠ 조직 : 두 사람 이상이 공동의 목표를 달성하기 위해 의식적으로 구성된 상호작용과 조정을 행하는 행동의 집합체
  ㉡ 기업 : 노동, 자본, 물자, 기술 등을 투입하여 제품이나 서비스를 산출하는 기관

② 조직의 유형

기준	구분	예
공식성	공식조직	조직의 규모, 기능, 규정이 조직화된 조직
	비공식조직	인간관계에 따라 형성된 자발적 조직
영리성	영리조직	사기업
	비영리조직	정부조직, 병원, 대학, 시민단체
조직규모	소규모 조직	가족 소유의 상점
	대규모 조직	대기업

(2) 경영

① 경영의 의미 … 경영은 조직의 목적을 달성하기 위한 전략, 관리, 운영활동이다.

② 경영의 구성요소
  ㉠ 경영목적 : 조직의 목적을 달성하기 위한 방법이나 과정
  ㉡ 인적자원 : 조직의 구성원·인적자원의 배치와 활용
  ㉢ 자금 : 경영활동에 요구되는 돈·경영의 방향과 범위 한정
  ㉣ 경영전략 : 변화하는 환경에 적응하기 위한 경영활동 체계화

③ 경영자의 역할

대인적 역할	정보적 역할	의사결정적 역할
• 조직의 대표자 • 조직의 리더 • 상징자, 지도자	• 외부환경 모니터 • 변화전달 • 정보전달자	• 문제 조정 • 대외적 협상 주도 • 분쟁조정자, 자원배분자, 협상가

(3) 조직체제 구성요소

① 조직목표 … 전체 조직의 성과, 자원, 시장, 인력개발, 혁신과 변화, 생산성에 대한 목표

② 조직구조 … 조직 내의 부문 사이에 형성된 관계

③ 조직문화 … 조직구성원들 간에 공유하는 생활양식이나 가치

④ 규칙 및 규정 … 조직의 목표나 전략에 따라 수립되어 조직구성원들이 활동범위를 제약하고 일관성을 부여하는 기능

예제 1

주어진 글의 빈칸에 들어갈 말로 가장 적절한 것은?

> 조직이 지속되게 되면 조직구성원들 간 생활양식이나 가치를 공유하게 되는데 이를 조직의 (㉠)라고 한다. 이는 조직구성원들의 사고와 행동에 영향을 미치며 일체감과 정체성을 부여하고 조직이 (㉡)으로 유지되게 한다. 최근 이에 대한 중요성이 부각되면서 긍정적인 방향으로 조성하기 위한 경영층의 노력이 이루어지고 있다.

① ㉠ : 목표, ㉡ : 혁신적　　② ㉠ : 구조, ㉡ : 단계적
③ ㉠ : 문화, ㉡ : 안정적　　④ ㉠ : 규칙, ㉡ : 체계적

[출제의도]
본 문항은 조직체계의 구성요소들의 개념을 묻는 문제이다.
[해설]
조직문화란 조직구성원들 간에 공유하게 되는 생활양식이나 가치를 말한다. 이는 조직구성원들의 사고와 행동에 영향을 미치며 일체감과 정체성을 부여하고 조직이 안정적으로 유지되게 한다.

답 ③

---

(4) 조직변화의 과정

환경변화 인지 → 조직변화 방향 수립 → 조직변화 실행 → 변화결과 평가

(5) 조직과 개인

개인	지식, 기술, 경험 → ← 연봉, 성과급, 인정, 칭찬, 만족감	조직

2 조직이해능력을 구성하는 하위능력

(1) 경영이해능력

① 경영 ⋯ 경영은 조직의 목적을 달성하기 위한 전략, 관리, 운영활동이다.
　㉠ 경영의 구성요소 : 경영목적, 인적자원, 자금, 전략
　㉡ 경영의 과정

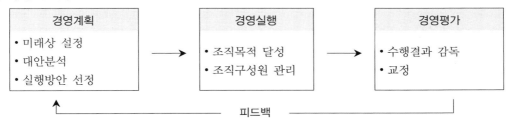

　㉢ 경영활동 유형
　　• 외부경영활동 : 조직외부에서 조직의 효과성을 높이기 위해 이루어지는 활동이다.
　　• 내부경영활동 : 조직내부에서 인적, 물적 자원 및 생산기술을 관리하는 것이다.

② 의사결정과정
　㉠ 의사결정의 과정
　　• 확인 단계 : 의사결정이 필요한 문제를 인식한다.
　　• 개발 단계 : 확인된 문제에 대하여 해결방안을 모색하는 단계이다.
　　• 선택 단계 : 해결방안을 마련하며 실행가능한 해결안을 선택한다.
　㉡ 집단의사결정의 특징
　　• 지식과 정보가 더 많아 효과적인 결정을 할 수 있다.
　　• 다양한 견해를 가지고 접근할 수 있다.
　　• 결정된 사항에 대하여 의사결정에 참여한 사람들이 해결책을 수월하게 수용하고, 의사
　　　소통의 기회도 향상된다.
　　• 의견이 불일치하는 경우 의사결정을 내리는데 시간이 많이 소요된다.

　　　　• 특정 구성원에 의해 의사결정이 독점될 가능성이 있다.

③ 경영전략

　㉠ 경영전략 추진과정

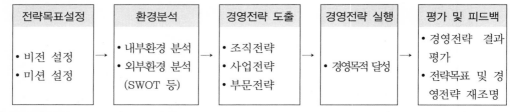

전략목표설정	→	환경분석	→	경영전략 도출	→	경영전략 실행	→	평가 및 피드백
• 비전 설정 • 미션 설정		• 내부환경 분석 • 외부환경 분석 　(SWOT 등)		• 조직전략 • 사업전략 • 부문전략		• 경영목적 달성		• 경영전략 결과 평가 • 전략목표 및 경영전략 재조명

　㉡ 마이클 포터의 본원적 경쟁전략

		전략적 우위 요소	
		고객들이 인식하는 제품의 특성	원가우위
전략적 목표	산업전체	차별화	원가우위
	산업의 특정부문	집중화	
		(차별화 + 집중화)	(원가우위 + 집중화)

예제 2

다음은 경영전략을 세우는 방법 중 하나인 SWOT에 따른 어느 기업의 분석결과이다. 다음 중 주어진 기업 분석 결과에 대응하는 전략은?

강점(Strength)	• 차별화 된 맛과 메뉴 • 폭 넓은 네트워크
약점(Weakness)	• 매출의 계절적 변동폭이 큼 • 딱딱한 기업 이미지
기회(Opportunity)	• 소비자의 수요 트렌드 변화 • 가계의 외식 횟수 증가 • 경기회복 가능성
위협(Threat)	• 새로운 경쟁자의 진입 가능성 • 과도한 가계부채

내부환경 외부환경	강점(Strength)	약점(Weakness)
기회 (Opportunity)	① 계절 메뉴 개발을 통한 분기 매출 확보	② 고객의 소비패턴을 반영한 광고를 통한 이미지 쇄신
위협 (Threat)	③ 소비 트렌드 변화를 반영한 시장 세분화 정책	④ 고급화 전략을 통한 매출 확대

[출제의도]
본 문항은 조직이해능력의 하위능력인 경영관리능력을 측정하는 문제이다. 기업에서 경영전략을 세우는데 많이 사용되는 SWOT분석에 대해 이해하고 주어진 분석표를 통해 가장 적절한 경영전략을 도출할 수 있는지를 확인할 수 있다.

[해설]
② 딱딱한 이미지를 현재 소비자의 수요 트렌드라는 환경 변화에 대응하여 바꿀 수 있다.

답 ②

④ 경영참가제도

  ⊙ 목적

    • 경영의 민주성을 제고할 수 있다.

    • 공동으로 문제를 해결하고 노사 간의 세력 균형을 이룰 수 있다.

    • 경영의 효율성을 제고할 수 있다.

    • 노사 간 상호 신뢰를 증진시킬 수 있다.

  ⓛ 유형

    • 경영참가 : 경영자의 권한인 의사결정과정에 근로자 또는 노동조합이 참여하는 것

    • 이윤참가 : 조직의 경영성과에 대하여 근로자에게 배분하는 것

    • 자본참가 : 근로자가 조직 재산의 소유에 참여하는 것

예제 3

다음은 중국의 H사에서 시행하는 경영참가제도에 대한 기사이다. 밑줄 친이 제도는 무엇인가?

> H사는 '사람' 중심의 수평적 기업문화가 발달했다. H사는 <u>이 제도</u>의 시행을 통해 직원들이 경영에 간접적으로 참여할 수 있게 하였는데 이에 따라 자연스레 기업에 대한 직원들의 책임 의식도 강화됐다. 참여주주는 8만 2471명이다. 모두 H사의 임직원이며, 이 중 창립자인 CEO R은 개인 주주로 총 주식의 1.18%의 지분과 퇴직연금으로 주식총액의 0.21%만을 보유하고 있다.

① 노사협의회제도
② 이윤분배제도
③ 종업원지주제도
④ 노동주제도

(2) 체제이해능력

① 조직목표 … 조직이 달성하려는 장래의 상태

  ⊙ 조직목표의 기능

    • 조직이 존재하는 정당성과 합법성 제공

    • 조직이 나아갈 방향 제시

    • 조직구성원 의사결정의 기준

    • 조직구성원 행동수행의 동기유발

    • 수행평가 기준

    • 조직설계의 기준

ⓛ 조직목표의 특징
- 공식적 목표와 실제적 목표가 다를 수 있음
- 다수의 조직목표 추구 가능
- 조직목표 간 위계적 상호관계가 있음
- 가변적 속성
- 조직의 구성요소와 상호관계를 가짐

② 조직구조
  ㉠ 조직구조의 결정요인 : 전략, 규모, 기술, 환경
  ㉡ 조직구조의 유형과 특징

유형	특징
기계적 조직	• 구성원들의 업무가 분명하게 규정 • 엄격한 상하 간 위계질서 • 다수의 규칙과 규정 존재
유기적 조직	• 비공식적인 상호의사소통 • 급변하는 환경에 적합한 조직

③ 조직문화
  ㉠ 조직문화 기능
   - 조직구성원들에게 일체감, 정체성 부여
   - 조직몰입 향상
   - 조직구성원들의 행동지침 : 사회화 및 일탈행동 통제
   - 조직의 안정성 유지
  ㉡ 조직문화 구성요소(7S) : 공유가치(Shared Value), 리더십 스타일(Style), 구성원(Staff), 제도·절차(System), 구조(Structure), 전략(Strategy), 스킬(Skill)

④ 조직 내 집단
  ㉠ 공식적 집단 : 조직에서 의식적으로 만든 집단으로 집단의 목표, 임무가 명확하게 규정되어 있다.
   예 임시위원회, 작업팀 등
  ㉡ 비공식적 집단 : 조직구성원들의 요구에 따라 자발적으로 형성된 집단이다.
   예 스터디모임, 봉사활동 동아리, 각종 친목회 등

(3) 업무이해능력

① 업무 … 업무는 상품이나 서비스를 창출하기 위한 생산적인 활동이다.

　㉠ 업무의 종류

부서	업무(예)
총무부	주주총회 및 이사회개최 관련 업무, 의전 및 비서업무, 집기비품 및 소모품의 구입과 관리, 사무실 임차 및 관리, 차량 및 통신시설의 운영, 국내외 출장 업무 협조, 복리후생 업무, 법률자문과 소송관리, 사내외 홍보 광고업무
인사부	조직기구의 개편 및 조정, 업무분장 및 조정, 인력수급계획 및 관리, 직무 및 정원의 조정 종합, 노사관리, 평가관리, 상벌관리, 인사발령, 교육체계 수립 및 관리, 임금제도, 복리후생제도 및 지원업무, 복무관리, 퇴직관리
기획부	경영계획 및 전략 수립, 전사기획업무 종합 및 조정, 중장기 사업계획의 종합 및 조정, 경영정보 조사 및 기획보고, 경영진단업무, 종합예산수립 및 실적관리, 단기사업계획 종합 및 조정, 사업계획, 손익추정, 실적관리 및 분석
회계부	회계제도의 유지 및 관리, 재무상태 및 경영실적 보고, 결산 관련 업무, 재무제표 분석 및 보고, 법인세, 부가가치세, 국세 지방세 업무자문 및 지원, 보험가입 및 보상업무, 고정자산 관련 업무
영업부	판매 계획, 판매예산의 편성, 시장조사, 광고 선전, 견적 및 계약, 제조지시서의 발행, 외상매출금의 청구 및 회수, 제품의 재고 조절, 거래처로부터의 불만처리, 제품의 애프터서비스, 판매원가 및 판매가격의 조사 검토

다음은 I기업의 조직도와 팀장님의 지시사항이다. H씨가 팀장님의 심부름을 수행하기 위해 연락해야 할 부서로 옳은 것은?

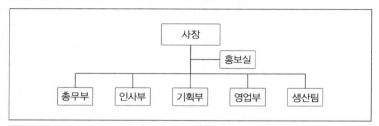

H씨! 내가 지금 너무 바빠서 그러는데 부탁 좀 들어줄래요? 다음 주 중에 사장님 모시고 클라이언트와 만나야 할 일이 있으니까 사장님 일정을 확인해주시구요. 이번 달에 신입사원 교육·훈련계획이 있었던 것 같은데 정확한 시간이랑 날짜를 확인해주세요.

① 총무부, 인사부   ② 총무부, 홍보실
③ 기획부, 총무부   ④ 영업부, 기획부

[출제의도]
조직도와 부서의 명칭을 보고 개략적인 부서의 소관 업무를 분별할 수 있는지를 묻는 문항이다.
[해설]
사장의 일정에 관한 사항은 비서실에서 관리하나 비서실이 없는 회사의 경우 총무부(또는 팀)에서 비서 업무를 담당하기도 한다. 또한 신입사원 관리 및 교육은 인사부에서 관리한다.

답 ①

　　ⓛ 업무의 특성
　　　• 공통된 조직의 목적 지향
　　　• 요구되는 지식, 기술, 도구의 다양성
　　　• 다른 업무와의 관계, 독립성
　　　• 업무수행의 자율성, 재량권

　② 업무수행 계획
　　　㉠ 업무지침 확인 : 조직의 업무지침과 나의 업무지침을 확인한다.
　　　㉡ 활용 자원 확인 : 시간, 예산, 기술, 인간관계
　　　㉢ 업무수행 시트 작성
　　　　• 간트 차트 : 단계별로 업무의 시작과 끝 시간을 바 형식으로 표현
　　　　• 워크 플로 시트 : 일의 흐름을 동적으로 보여줌
　　　　• 체크리스트 : 수행수준 달성을 자가점검

Point 》간트 차트와 플로 차트

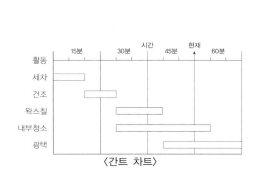

〈간트 차트〉

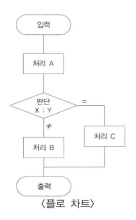

〈플로 차트〉

■ 예제 5

다음 중 업무수행 시 단계별로 업무를 시작해서 끝나는 데까지 걸리는 시간을 바 형식으로 표시하여 전체 일정 및 단계별로 소요되는 시간과 각 업무활동 사이의 관계를 볼 수 있는 업무수행 시트는?

① 간트 차트
② 워크 플로 차트
③ 체크리스트
④ 퍼트 차트

---

③ 업무 방해요소

　　㉠ 다른 사람의 방문, 인터넷, 전화, 메신저 등

　　㉡ 갈등관리

　　㉢ 스트레스

(4) 국제감각

① 세계화와 국제경영

    ㉠ 세계화 : 3Bs(국경 ; Border, 경계 ; Boundary, 장벽 ; Barrier)가 완화되면서 활동범위가 세계로 확대되는 현상이다.

    ㉡ 국제경영 : 다국적 내지 초국적 기업이 등장하여 범지구적 시스템과 네트워크 안에서 기업 활동이 이루어지는 것이다.

② 이문화 커뮤니케이션 … 서로 상이한 문화 간 커뮤니케이션으로 직업인이 자신의 일을 수행하는 가운데 문화배경을 달리하는 사람과 커뮤니케이션을 하는 것이 이에 해당한다. 이문화 커뮤니케이션은 언어적 커뮤니케이션과 비언어적 커뮤니케이션으로 구분된다.

③ 국제 동향 파악 방법

    ㉠ 관련 분야 해외사이트를 방문해 최신 이슈를 확인한다.

    ㉡ 매일 신문의 국제면을 읽는다.

    ㉢ 업무와 관련된 국제잡지를 정기구독 한다.

    ㉣ 고용노동부, 한국산업인력공단, 산업통상자원부, 중소벤처기업부, 대한상공회의소, 산업별인적자원개발협의체 등의 사이트를 방문해 국제동향을 확인한다.

    ㉤ 국제학술대회에 참석한다.

    ㉥ 업무와 관련된 주요 용어의 외국어를 알아둔다.

    ㉦ 해외서점 사이트를 방문해 최신 서적 목록과 주요 내용을 파악한다.

    ㉧ 외국인 친구를 사귀고 대화를 자주 나눈다.

④ 대표적인 국제매너

    ㉠ 미국인과 인사할 때에는 눈이나 얼굴을 보는 것이 좋으며 오른손으로 상대방의 오른손을 힘주어 잡았다가 놓아야 한다.

    ㉡ 러시아와 라틴아메리카 사람들은 인사할 때에 포옹을 하는 경우가 있는데 이는 친밀함의 표현이므로 자연스럽게 받아주는 것이 좋다.

    ㉢ 명함은 받으면 꾸기거나 계속 만지지 않고 한 번 보고나서 탁자 위에 보이는 채로 대화하거나 명함집에 넣는다.

    ㉣ 미국인들은 시간 엄수를 중요하게 생각하므로 약속시간에 늦지 않도록 주의한다.

    ㉤ 스프를 먹을 때에는 몸쪽에서 바깥쪽으로 숟가락을 사용한다.

    ㉥ 생선요리는 뒤집어 먹지 않는다.

    ㉦ 빵은 스프를 먹고 난 후부터 디저트를 먹을 때까지 먹는다.

출제예상문제

┃1~3┃ 다음 조직도를 보고 물음에 답하시오.

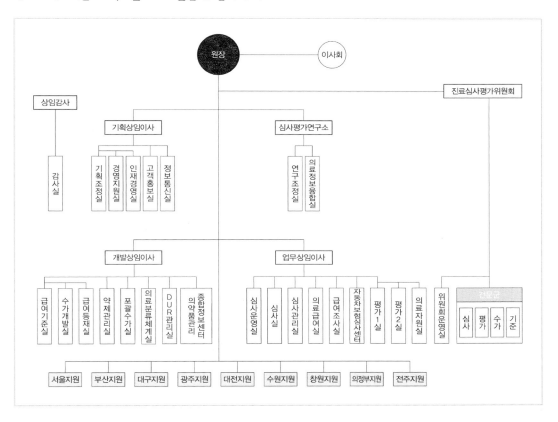

1 위의 조직도를 이해한 내용으로 옳은 것은?

① 원장 소속으로 4인의 상임이사와 하나의 심사평가연구소가 있다.
② 위원회운영실은 업무상임이사 소속으로 되어 있다.
③ 원장 소속으로 10개의 지원이 있다.
④ 심사운영실과 심사관리실은 같은 상임이사 소속으로 되어 있다.

① 원장 소속으로 3인의 상임이사, 심사평가연구소, 진료심사평가위원회가 있다.
② 위원회운영실은 진료심사평가위원회에 소속되어 있다.
③ 원장 소속으로 서울, 부산, 대구, 광주, 대전, 수원, 창원, 의정부, 전주 9개의 지원이
있다.

2 다음과 같은 업무를 수행하는 부서를 고르면?

- 기관운영 기본계획 수립 · 추진에 관한 사항
- 부서 간 업무 조정에 관한 사항
- 미래발전 기획에 관한 사항
- 업무혁신 및 업무 조정에 관한 사항
- 이사회 운영에 관한 사항
- 주간 · 월간 회의 운영에 관한 사항
- 국회 관련 업무(국정감사 포함)에 관한 사항

① 감사실   ② 기획조정실
③ 인재경영실   ④ 고객홍보실

주어진 업무는 기획과 전략, 조정에 관한 업무로서 기획조정실에서 수행하는 업무이다.

3 부서와 담당하는 업무가 옳지 않게 짝지어진 것은?

① 고객홍보실 – 소셜미디어 운영 · 관리에 관한 사항
② 정보통신실 – IT 투자성과 평가에 관한 사항
③ 인재경영실 – 고객만족도 조사에 관한 사항
④ 연구조정실 – 연구 조직 · 인력 총괄 및 연구기획 · 조정 · 평가에 관한 사항

③ 고객만족도 조사에 관한 사항은 고객홍보실에서 행하는 업무이다.

4 다음은 어느 회사의 전략목표에 따른 전략과제를 나타낸 것이다. ㉠~㉣ 중 분류가 잘못된 것은?

전략목표	전략과제
국민이 행복한 주거복지 종합서비스 실현	• 공공주택 서비스 강화 • 주거복지 전달체계 구축 • ㉠ 맞춤형 주거복지 서비스 강화 • 공동주택 관리 및 건축물 가치 제고
융복합을 통한 미래국토가치 창조	• 수요 맞춤형 도시조성 • 국민경제 성장기반 조성 • 지역균형발전 선도 • ㉡ 원가절감 및 수익성 관리 강화
지속가능한 경영체계 구축	• 부채감축 및 재무위험관리 강화 • ㉢ 판매 및 대금회수 극대화 • 워크스마트 체계 구축 • 미래대비 노력 강화
신뢰받는 고객중심 서비스 강화	• 국민 맞춤형 서비스 제공 강화 • ㉣ 국민신뢰도 제고 • 소통·화합을 통한 생산성 제고 • 사회공헌을 통한 사회적책임 강화

① ㉠

② ㉡

③ ㉢

④ ㉣

 ② '원가절감 및 수익성 관리 강화'는 '지속가능한 경영체계 구축'에 따른 전략과제이다.

Answer 1.④ 2.② 3.③ 4.②

|5~7| 다음 설명을 읽고 분석 결과에 대응하는 가장 적절한 전략을 고르시오.

> SWOT분석이란 기업의 환경 분석을 통해 마케팅 전략을 수립하는 기법이다. 조직 내부 환경으로는 조직이 우위를 점할 수 있는 강점(Strength), 조직의 효과적인 성과를 방해하는 자원·기술·능력 면에서의 약점(Weakness), 조직 외부 환경으로는 조직 활동에 이점을 주는 기회(Opportunity), 조직 활동에 불이익을 미치는 위협(Threat)으로 구분된다.
>
> ※ SWOT분석에 의한 마케팅 전략
> ㉠ SO전략(강점-기회전략) : 시장의 기회를 활용하기 위해 강점을 사용하는 전략
> ㉡ ST전략(강점-위협전략) : 시장의 위협을 회피하기 위해 강점을 사용하는 전략
> ㉢ WO전략(약점-기회전략) : 약점을 극복함으로 시장의 기회를 활용하려는 전략
> ㉣ WT전략(약점-위협전략) : 시장의 위협을 회피하고 약점을 최소화하는 전략

5 다음은 A화장품 기업의 SWOT분석이다. 가장 적절한 전략은?

강점(Strength)	• 화장품과 관련된 높은 기술력 보유 • 기초화장품 전문 브랜드라는 소비자인식과 높은 신뢰도
약점(Weakness)	• 남성전용 화장품 라인의 후발주자 • 용량 대비 높은 가격
기회(Opportunity)	• 남성들의 화장품에 대한 인식변화와 화장품 시장의 지속적인 성장 • 화장품 분야에 대한 정부의 지원
위협(Threat)	• 경쟁업체들의 남성화장품 시장 공략 • 내수경기 침체로 인한 소비심리 위축

① SO전략 : 기초화장품 기술력을 통한 경쟁적 남성 기초화장품 개발
② ST전략 : 유통비조정을 통한 제품의 가격 조정
③ WO전략 : 남성화장품 이외의 라인에 주력하여 경쟁력 강화
④ WT전략 : 정부의 지원을 통한 제품의 가격 조정

 ② 가격을 낮추어 기타 업체들과 경쟁하는 전략으로 WO전략에 해당한다.
③ 위협을 회피하고 약점을 최소화하는 WT전략에 해당한다.
④ 정부의 지원이라는 기회를 활용하여 약점을 극복하는 WO전략에 해당한다.

6 다음은 여성의류 인터넷쇼핑몰의 SWOT분석이다. 가장 적절한 전략은?

강점(Strength)	• 쉽고 빠른 제품선택, 시·공간의 제약 없음 • 오프라인 매장이 없어 비용 절감 • 고객데이터 활용의 편리성
약점(Weakness)	• 높은 마케팅 비용 • 보안 및 결제시스템의 취약점 • 낮은 진입 장벽으로 경쟁업체 난립
기회(Opportunity)	• 업체 간 업무 제휴로 상생 경영 • IT기술과 전자상거래 기술 발달
위협(Threat)	• 경기 침체의 가변성 • 잦은 개인정보유출사건으로 인한 소비자의 신뢰도 하락 • 일부 업체로의 집중화에 의한 독과점 발생

① SO전략 : 악세사리 쇼핑몰과의 제휴로 마케팅 비용을 줄인다.
② ST전략 : 높은 IT기술을 이용하여 보안부문을 강화한다.
③ WO전략 : 남성의류 쇼핑몰과 제휴를 맺어 연인컨셉으로 경쟁력을 높인다.
④ WT전략 : 고객데이터를 이용하여 이벤트를 주기적으로 열어 경쟁력을 높인다.

 ①③ 업체 간의 업무 제휴라는 기회를 통해 약점을 극복한 WO전략에 해당한다.
② IT기술과 전자상거래 기술 발달이라는 기회를 통해 약점을 극복한 WO전략에 해당한다.
④ 강점을 이용하여 위협을 회피하는 ST전력에 해당한다.

Answer↱ 5.① 6.③

7   다음은 K모바일메신저의 SWOT분석이다. 가장 적절한 전략은?

강점(Strength)	• 국내 브랜드 이미지 1위 • 무료 문자&통화 가능 • 다양한 기능(쇼핑, 뱅킹서비스 등)
약점(Weakness)	• 특정 지역에서의 접속 불량 • 서버 부족으로 인한 잦은 결함
기회(Opportunity)	• 스마트 폰의 사용 증대 • App Store 시장의 확대
위협(Threat)	• 경쟁업체의 고급화 • 안정적인 해외 업체 메신저의 유입

① SO전략 : 다양한 기능과 서비스를 강조하여 해외 업체들과 경쟁한다.
② ST전략 : 접속 불량이 일어나는 지역의 원인을 파악하여 제거한다.
③ WO전략 : 서버를 추가적으로 구축하여 이용자를 유치한다.
④ WT전략 : 국내 브랜드 이미지를 이용하여 마케팅 전략을 세운다.

 ③ 서버 부족이라는 약점을 극복하여 사용이 증대되고 있는 스마트폰 시장에서 이용자를 유치하는 WO전략에 해당한다.

┃8~9┃ 다음은 전화응대 매뉴얼이다. 이를 읽고 물음에 답하시오.

〈전화응대 매뉴얼〉

1. 전화응대의 중요성

　전화응대는 직접응대와 달리 목소리만으로 응대하기 때문에 더욱 신중을 기해야 한다. 목소리의 감정과 높낮이에 따라 회사의 이미지도 결정되기 때문이다.

2. 전화걸 때 매뉴얼
　1) 준비사항
　　• 준비물 – 메모지/펜, 전화번호(내선목록, 전화번호부)
　2) 전화거는 요령
　　• 용건은 6하 원칙으로 정리하여 메모합니다.
　　• 전화번호를 확인 후 왼손으로 수화기를 들고 오른손으로 다이얼을 누릅니다.
　3) 전화응대 요령
　　• 상대방이 나오면 자신을 밝힌 후 상대방을 확인합니다.
　　• 간단한 인사말을 한 후 시간, 장소, 상황을 고려하여 용건을 말합니다.
　4) 전화응대 종료
　　• 용건이 끝났음을 확인한 후 마무리 인사를 합니다.
　　• 상대방이 수화기를 내려놓은 다음 수화기를 조심스럽게 내려놓습니다.

3. 전화 받을 때 매뉴얼

구분	응대방법
준비된 응대 (1단계)	• 전화기는 왼쪽에, 펜과 메모지는 오른쪽에 둔다. • 밝은 톤의 목소리로 명랑하고 경쾌하게 받는다.
정중한 응대 (2단계)	• 전화벨이 3번 이상 울리기 전에 받는다. – "감사합니다. ○○○팀 ○○○입니다." – "늦게 받아 죄송합니다. ○○○팀 ○○○입니다." • 상대방의 말을 가로막지 않는다.
성의있는 응대 (3단계)	• 밝고 정중한 어투로 받는다. – "전화주셔서 감사합니다." – "○○○에 관한 말씀 주셨는데 더 궁금하신 내용은 없으십니까?" – "더 필요하신 사항 있으시면 언제든지 전화 주십시오." • 말끝을 흐리지 않고 경어로 마무리 한다. – "네↗ ○○○에 관한 내용이시군요." – "네↗ ○○○ 과장 찾으십니까?" – "잠시만 기다려 주십시오(정확하게 연결)" • 상대방이 찾는 사람이 부재 중인 경우 성의있게 응대하여 메모를 받아 놓는다. 이때 메모 사항은 복창하여 확인한다. – "자리에 안 계시는데 메모 남겨드리겠습니다."
성실한 응대(4단계)	• 고객이 끊고 난 후 수화기를 살며시 내려놓는다(응대완료).

Answer ↰ 7.③

8 다음 중 전화 응대 매뉴얼에 따라 바르지 못한 행동을 한 사람은?

① 민영 - 과장님께서 회의에 들어가셔서 전화거신 분께 메모 남겨 드리겠다고 말씀드렸어.

② 희우 - 용건을 확인하기 위해 귀찮아 하셨지만 6하 원칙으로 여쭤보아 메모했어.

③ 찬영 - 내 담당업무가 아니어서 담당자분을 연결드리겠다고 하고 연결해드렸어.

④ 주희 - 급하게 부장님이 찾으셔서 나중에 전화드리겠다고 말씀드리고 끊었어.

 전화응대 시 상대방의 용건이 끝났음을 확인한 후 마무리 인사를 해야 한다. 정말 부득이한 경우에는 상대방에게 양해를 구한 후 동의를 받으면 다시 연락 드리겠다고 말한다.

9 다음은 전화응대에 대한 상사의 추가 피드백 사항이다. 다음 중 적절하지 않은 예시문은?

상황	추가내용
① 전화감이 좋지 않을 때	"죄송합니다만, 전화감이 멀어서 잘 못 들었습니다. 다시 한번 말씀해 주시겠습니까?"
② 찾는 사람이 다른 전화중일 때	"통화가 길어질 것 같습니다. 연락처를 주시면 전화를 드리라고 하겠습니다."
③ 잘못 연결된 전화일 때	"전화 잘못 거셨습니다"
④ 담당자가 부재 중일 때	"죄송합니다만 지금 외출(교육, 출장, 회의) 중입니다."

 "전화 잘못 거셨습니다"라고 응대하는 것은 적절하지 않은 대응책이다. 잘못 연결된 전화일 때는 바로 끊지 않고 연결하려던 부서를 물어봐 원하는 곳으로 전화를 돌려준다.

∥10~12∥ 다음 결재규정을 보고 주어진 상황에 맞게 작성된 양식을 고르시오.

〈결재규정〉

• 결재를 받으려는 업무에 대해서는 대표이사를 포함한 이하 직책자의 결재를 받아야 한다.
• '전결'은 회사의 경영·관리 활동에 있어서 대표이사의 결재를 생략하고, 자신의 책임 하에 최종적으로 결정하는 행위를 말한다.
• 전결사항에 대해서도 위임받은 자를 포함한 이하 직책자의 결재를 받아야 한다.
• 표시내용 : 결재를 올리는 자는 대표이사로부터 전결 사항을 위임받은 자가 있는 경우 결재란에 전결이라고 표시하고 최종결재란에 위임받은 자를 표시한다. 다만, 결재가 불필요한 직책자의 결재란은 상향대각선으로 표시한다.
• 대표이사의 결재사항 및 대표이사로부터 위임된 전결사항은 아래의 표에 따른다.

구분	내용	금액기준	결재서류	팀장	부장	대표이사
접대비	거래처 식대, 경조사비 등	20만 원 이하	접대비지출품의서 지출결의서	● ■		
		30만 원 이하			● ■	
		30만 원 초과				● ■
교통비	국내 출장비	30만 원 이하	출장계획서 출장비신청서	● ■		
		50만 원 이하		●	■	
		50만 원 초과		●		■
	해외 출장비			●		■
소모품비	사무용품		지출결의서	■		
	문서, 전산소모품					■
	잡비	10만 원 이하		■		
		30만 원 이하			■	
		30만 원 초과				■
교육비	사내·외 교육		기안서 지출결의서	●		■
법인카드	법인카드 사용	50만 원 이하	법인카드 신청서	■		
		100만 원 이하			■	
		100만 원 초과				■

※ ● : 기안서, 출장계획서, 접대비지출품의서
※ ■ : 지출결의서, 각종신청서

Answer⤷ 8.④ 9.③

10 영업부 사원 甲씨는 부산출장으로 450,000원을 지출했다. 甲씨가 작성한 결재 양식으로 옳은 것은?

①
출장계획서			
결재	담당	팀장	부장	최종결재
	甲			팀장

②
출장계획서			
결재	담당	팀장	부장	최종결재
	甲		전결	부장

③
출장비신청서			
결재	담당	팀장	부장	최종결재
	甲			팀장

④
출장비신청서			
결재	담당	팀장	부장	최종결재
	甲		전결	부장

> **Tip** 국내 출장비 50만 원 이하인 경우 출장계획서는 팀장 전결, 출장비신청서는 부장 전결이므로 사원 甲씨가 작성해야 하는 결재 양식은 다음과 같다.

출장계획서				
결재	담당	팀장	부장	최종결재
	甲	전결		팀장

출장비신청서				
결재	담당	팀장	부장	최종결재
	甲		전결	부장

11 기획팀 사원 乙씨는 같은 팀 사원 丙씨의 부친상 부의금 500,000원을 회사 명의로 지급하기로 했다. 乙씨가 작성한 결재 양식으로 옳은 것은?

①
접대비지출품의서			
결재	담당	팀장	부장	최종결재
	乙		전결	부장

②
접대비지출품의서			
결재	담당	팀장	부장	최종결재
	乙			대표이사

③
지출결의서			
결재	담당	팀장	부장	최종결재
	乙	전결		팀장

④
지출결의서			
결재	담당	팀장	부장	최종결재
	乙		전결	부장

> **Tip** 부의금은 접대비에 해당하는 경조사비이다. 30만 원이 초과되는 접대비는 접대비지출품의서, 지출결의서 모두 대표이사 결재사항이다. 따라서 사원 乙씨가 작성해야 하는 결재 양식은 다음과 같다.

접대비지출품의서				
결재	담당	팀장	부장	최종결재
	乙			대표이사

지출결의서				
결재	담당	팀장	부장	최종결재
	乙			대표이사

12 민원실 사원 丁씨는 외부 교육업체로부터 1회에 5만 원씩 총 10회에 걸쳐 진행되는 「전화상
담 역량교육」을 담당하게 되었다. 丁씨가 작성한 결재 양식으로 옳은 것은?

①

기안서				
결재	담당	팀장	부장	최종결재
	丁	전결	/	팀장

②

기안서				
결재	담당	팀장	부장	최종결재
	丁			대표이사

③

지출결의서				
결재	담당	팀장	부장	최종결재
	丁	전결	/	팀장

④

지출결의서				
결재	담당	팀장	부장	최종결재
	丁		전결	대표이사

(Tip) 교육비의 결재서류는 금액에 상관없이 기안서는 팀장 전결, 지출결의서는 대표이사 결재
사항이므로 丁씨가 작성해야 하는 결재 양식은 다음과 같다.

기안서				
결재	담당	팀장	부장	최종결재
	丁	전결	/	팀장

지출결의서				
결재	담당	팀장	부장	최종결재
	丁			대표이사

Answer ⟶ 10.④ 11.② 12.①

13 다음 조직도에 대한 설명으로 옳은 것을 모두 고르면?

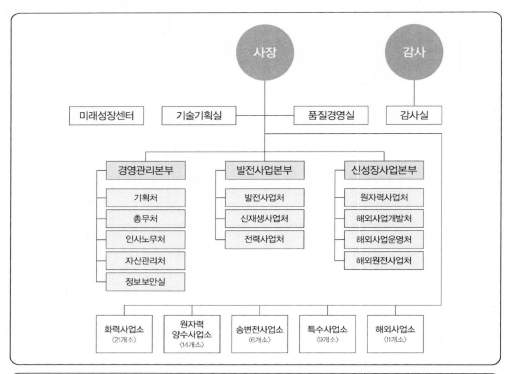

⊙ 기술기획실, 품질경영실, 감사실은 사장 직속으로 되어 있다.
ⓒ 이 회사의 사업소는 총 61개이다.
ⓒ 경영관리본부는 4처 1실을 이끌고 있다.
ⓔ 미래성장센터는 신성장사업본부에 속해 있다.

① ⊙ⓒ   ② ⓒⓒ
③ ⓒⓔ   ④ ⓒⓔ

 ⊙ 감사실은 사장 직속이 아니라 독립되어 있다.
ⓔ 미래성장센터는 본부에 속해 있는 것이 아니라 독립되어 있다.

∥14~15∥ 다음은 어느 회사의 사내 복지 제도와 지원내역에 관한 자료이다. 물음에 답하시오.

〈2017년 사내 복지 제도〉

주택 지원
주택구입자금 대출
전보자 및 독신자를 위한 합숙소 운영

자녀학자금 지원
중고생 전액지원, 대학생 무이자융자

경조사 지원
사내근로복지기금을 운영하여 각종 경조금 지원

기타
사내 동호회 활동비 지원
상병 휴가, 휴직, 4대보험 지원
생일 축하금(상품권 지급)

〈2017년 1/4분기 지원 내역〉

이름	부서	직위	내역	금액(만원)
엄영식	총무팀	차장	주택구입자금 대출	–
이수연	전산팀	사원	본인 결혼	10
임효진	인사팀	대리	독신자 합숙소 지원	–
김영태	영업팀	과장	휴직(병가)	–
김원식	편집팀	부장	대학생 학자금 무이자융자	–
심민지	홍보팀	대리	부친상	10
이영호	행정팀	대리	사내 동호회 활동비 지원	10
류민호	자원팀	사원	생일(상품권 지급)	5
백성미	디자인팀	과장	중학생 학자금 전액지원	100
채준민	재무팀	인턴	사내 동호회 활동비 지원	10

Answer⌐◦ 13.②

14 인사팀에 근무하고 있는 사원 B씨는 2017년 1분기에 지원을 받은 사원들을 정리했다. 다음 중 분류가 잘못된 사원은?

구분	이름
주택 지원	엄영식, 임효진
자녀학자금 지원	김원식, 백성미
경조사 지원	이수연, 심민지, 김영태
기타	이영호, 류민호, 채준민

① 엄영식   ② 김원식
③ 심민지   ④ 김영태

 ④ 김영태는 병가로 인한 휴직이므로 '기타'에 속해야 한다.

15 사원 B씨는 위의 복지제도와 지원 내역을 바탕으로 2분기에도 사원들을 지원하려고 한다. 지원한 내용으로 옳지 않은 것은?

① 엄영식 차장이 장모상을 당하셔서 경조금 10만원을 지원하였다.
② 심민지 대리가 동호회에 참여하게 되어서 활동비 10만원을 지원하였다.
③ 이수연 사원의 생일이라서 현금 5만원을 지급하였다.
④ 류민호 사원이 결혼을 해서 10만원을 지원하였다.

 ③ 생일인 경우에는 상품권 5만원을 지급한다.

┃16～18┃ 다음은 L기업의 회의록이다. 다음을 보고 물음에 답하시오.

〈회의록〉

일시	2017. 00. 00 10:00～12:00	장소	7층 소회의실
참석자	영업본부장, 영업1부장, 영업2부장, 기획개발부장 불참자(1명) : 영업3부장(해외출장)		
회의제목	고객 관리 및 영업 관리 체계 개선 방안 모색		
의안	고객 관리 체계 개선 방법 및 영업 관리 대책 모색 – 고객 관리 체계 확립을 위한 개선 및 A/S 고객의 만족도 증진방안 – 자사 영업직원의 적극적인 영업활동을 위한 개선방안		
토의 내용	㉠ 효율적인 고객관리 체계의 개선 방법 • 고객 관리를 위한 시스템 정비 및 고객관리 업무 전담 직원 증원이 필요(영업2부장) • 영업부와 기획개발부 간의 지속적인 제품 개선 방안 협의 건의(기획개발부장) • 영업 조직 체계를 제품별이 아닌 기업별 담당제로 전환(영업1부장) • 고객 정보를 부장차원에서 통합관리(영업2부장) • 각 부서의 영업직원의 고객 방문 스케줄 공유로 방문처 중복을 방지(영업1부장) ㉡ 자사 영업직원의 적극적인 영업활동을 위한 개선방안 • 영업직원의 영업능력을 향상시키기 위한 교육프로그램 운영(영업본부장)		
협의사항	㉠ IT본부와 고객 리스트 관리 프로그램 교체를 논의해보기로 함 ㉡ 인사과와 협의하여 추가 영업 사무를 처리하는 전담 직원을 채용할 예정임 ㉢ 인사과와 협의하여 연2회 교육세미나를 실시함으로써 영업교육과 프레젠테이션 기술 교육을 받을 수 있도록 함 ㉣ 기획개발부와 협의하여 제품에 대한 자세한 이해와 매뉴얼 숙지를 위해 신제품 출시에 맞춰 영업직원을 위한 설명회를 열도록 함 ㉤ 기획개발부와 협의하여 주기적인 회의를 갖도록 함		

16 다음 중 본 회의록으로 이해할 수 있는 내용이 아닌 것은?

① 회의 참석 대상자는 총 5명이었다.

② 영업본부의 업무 개선을 위한 회의이다.

③ 교육세미나의 강사는 인사과의 담당직원이다.

④ 영업1부와 2부의 스케줄 공유가 필요하다.

> Tip 직원 교육에 대한 업무는 인사과에서 담당하기 때문에 교육세미나에 대해 인사과와 협의해야 하지만 영업교육과 프레젠테이션 기술 교육을 인사과 직원이 직접하는 것은 아니다.

Answer⌐➔ 14.④ 15.③ 16.③

17 다음 중 회의 후에 영업부가 협의해야 할 부서가 아닌 것은?

① IT본부   ② 인사과
③ 기획개발부   ④ 비서실

 협의 사항 중 비서실과 관련된 내용은 없다.

18 회의록을 보고 영업부 교육세미나에 대해 알 수 있는 내용이 아닌 것은?

① 교육내용   ② 교육일시
③ 교육횟수   ④ 교육목적

 ① 영업교육과 프레젠테이션 기술 교육
③ 연2회
④ 영업직원의 영업능력 향상

19 다음 표는 A, B회사를 비교한 것이다. 이에 대한 설명으로 옳은 것을 모두 고른 것은?

내용 \ 회사	A	B
특징	• 태양광 장비 판매 • 국내 · 외 특허 100건 보유	• 휴대폰 생산 판매 • 미국 특허 10건 보유
경영자	전문 경영자	고용 경영자
생산 방식	주문 생산	계획 생산
노동조합	채용 후 일정 기간 안에 조합에 가입해야 함	채용과 동시에 조합에 가입해야 함

> ㉠ A는 판매 시장의 수요를 고려하여 생산한다.
> ㉡ B는 국내에서 휴대폰을 생산할 때 특허에 대한 권리를 인정받는다.
> ㉢ A는 유니언 숍 방식을, B는 클로즈드 숍 방식을 채택하고 있다.
> ㉣ A의 경영자는 B에 비하여 출자자로부터 독립하여 독자적인 지위와 기업 경영에 대한 실권을 가진다.

① ㉠㉡   ② ㉠㉢
③ ㉡㉢   ④ ㉢㉣

 ㉢ 채용 후 일정 기간 안에 조합에 가입하는 것이 유니언 숍, 채용과 동시에 가입하는 것이 클로즈드 숍이다.
㉣ 전문 경영자는 고용 경영자에 비해 독자적인 지위와 기업 경영에 대한 실권을 가진다.
㉠ 계획 생산은 판매 시장의 수요를 고려하면서 생산한다.

20 다음의 혁신 사례 보고서를 통해 알 수 있는 기업의 활동으로 옳은 것만을 〈보기〉에서 있는 대로 모두 고른 것은?

> **- (주)서원각 혁신 사례 보고서 -**
> 〈인적자원관리부문〉
> ▸ 주택 자금 저금리 대출, 자녀 학비 보조금 등 지원
> ▸ 구성원들이 소외감을 갖지 않고 유대감을 높일 수 있도록 사내 동아리 활성화
> 〈생산관리부문〉
> ▸ 자재를 필요한 시기에 공급하여 원활한 생산이 가능한 시스템 구축
> ▸ 품질에 영향을 끼칠 수 있는 모든 활동을 분석하여 기업의 구성원 전체가 품질관리에 참여

> 〈보기〉
> ㉠ 근로자들에게 법정 외 복리 후생을 지원하였다.
> ㉡ 인사 관리 원칙 중 창의력 계발의 원칙을 적용하였다.
> ㉢ 적시생산시스템(JIT)을 도입하여 재고를 관리하였다.
> ㉣ 품질을 관리하기 위해 종합적 품질관리(TQC)시스템을 도입하였다.

① ㉠㉣   ② ㉡㉢
③ ㉠㉡㉢   ④ ㉠㉢㉣

 ㉡ 구성원들이 서로 유대감을 가지고 협동, 단결할 수 있도록 하는 것은 단결의 원칙이다.
　　　㉠ 대출 및 자녀 학비 보조금 지원은 법정 외 복리 후생제도에 의한 지원이다.
　　　㉢ 자재를 필요한 시기에 공급하는 것은 적시생산시스템이다.
　　　㉣ 기업의 구성원 전체가 품질관리에 참여하도록 하는 것은 종합적 품질관리이다.

21 다음 중 조직목표의 특징으로 볼 수 없는 것은?

① 공식적 목표와 실제적 목표가 일치한다.
② 다수의 조직목표 추구가 가능하다.
③ 조직목표 간에 위계적 관계가 있다.
④ 조직의 구성요소와 상호관계를 가진다.

 ① 조직목표는 공식적 목표와 실제적 목표가 다를 수 있다.

Answer ⟶ 17.④ 18.② 19.④ 20.④ 21.①

22 조직문화의 기능에 대한 설명으로 옳지 않은 것은?

① 조직구성원에게 일체감과 정체성을 부여한다.
② 조직문화는 조직몰입을 높여준다.
③ 조직구성원들의 일탈행동이 늘어난다.
④ 조직의 안정성을 유지한다.

 ③ 조직문화는 조직구성원들의 행동지침으로 일탈행동을 통제하는 기능이 있다.

23 국제매너와 관련된 설명 중 옳은 것은?

① 미국사람과 인사할 때에는 눈이나 얼굴을 보는 것이 좋다.
② 미국사람과 악수를 할 때는 왼손으로 상대방의 왼손을 힘주어서 잡았다가 놓아야 한다.
③ 러시아와 라틴아메리카 사람들은 친밀함의 표시로 포옹을 하는 것은 실례이다.
④ 동부 유럽 사람들은 약속시간을 매우 중요하게 생각한다.

 ② 미국사람과 악수를 할 때는 오른손으로 상대방의 오른손을 힘주어 잡았다 놓아야 한다.
③ 러시아와 라틴아메리카 사람들은 친밀함의 표시로 포옹을 하는 경우가 있다.
④ 동부 유럽이나 아랍지역 사람들에게 시간 약속은 형식적일 뿐이며 상대방이 당연히 기다려 줄 것으로 생각한다.

24 다음 글을 읽고 대형씨가 사내 연락망을 살펴보는 과정에서 직통번호에 일정 규칙이 있다는 것을 발견하였다. 대형씨가 이 규칙을 메모해 두고 좀 더 쉽게 번호를 암기하기로 하였다고 할 때, 다음 중 메모한 내용으로 적절한 것은?

> 대형씨는 서원각 출판사의 편집팀 인턴사원으로 입사하였다. 대형씨는 선임 직원으로부터 다음과 같은 사내 연락망을 전달받았다.
>
> 〈사내 연락망〉
>
> | 편집기획팀(대표번호 : 5420) | | 편집지원팀(대표번호 : 6420) | |
> |---|---|---|---|
> | 이름 | 직통 | 이름 | 직통 |
> | 김수미 팀장 | 5400 | 김기남 팀장 | 6400 |
> | 오수정 | 5421 | 하나유 대리 | 6410 |
> | 경대식 | 5420 | 고길동 | 6412 |
> | 디자인팀(대표번호 : 7420) | | 오구리 | 6420 |
> | 정나래 팀장 | 7400 | | |
> | 강월래 | 7421 | | |
> | 도사다 | 7420 | | |
>
> 서원각 출판사 (TEL : 070-123-직통번호)
> • 당겨받기 : 수화기 들고 # +당겨받기 버튼
> • 사내통화 : 내선번호
> • 돌려주기 : 돌려주기 버튼 +내선번호+#+연결확인 후 끊기
> • 전화 받았을 때 : 안녕하십니까? 수험서의 명가 서원각 출판사 ○○팀 ○○○입니다.

070-123-□□□□		직통번호의 숫자	규칙
	①	첫 번째 자리 숫자	팀코드
① ② ③ ④	②	두 번째 자리 숫자	근속연수코드
	③	세 번째 자리 숫자	회사코드
	④	네 번째 자리 숫자	직위코드

 첫 번째 자리 숫자는 팀별로 동일하고 팀이 다른 경우 다른 번호로 나타나므로 팀코드임을 알 수 있다. 직원들의 근속연수는 문항에서 알 수 없는 정보로 두 번째 자리 숫자는 근속연수코드가 아닐 수 있다. 또, 직원 모두 같은 회사이므로 세 번째 자리 숫자가 회사코드라면 모두 같겠지만, 실제로 0, 1, 2 등 동일하지 않다. 마지막으로 김기남 팀장과 하나유 대리는 직위가 다름에도 네 번째 자리 숫자가 같으므로 네 번째 자리 숫자는 직위코드가 될 수 없다.

Answer ↦ 22.③ 23.① 24.①

25 다음 조직도를 잘못 이해한 사람은?

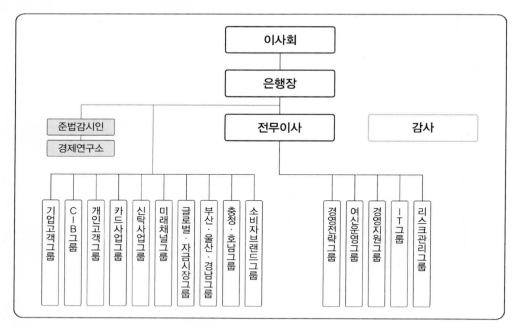

① 연지 : 그룹은 총 15개로 이루어져 있네.

② 동성 : 감사는 업무의 독립성을 위해 이사회 소속이 아니라 따로 독립되어 있어.

③ 진이 : 준법감시인과 경제연구소는 전무이사 소속으로 되어 있어.

④ 경영전략그룹과 경영지원그룹은 업무의 연관성으로 인해 똑같이 전무이사 소속으로 되어 있어.

> Tip   ③ 준법감시인과 경제연구소는 은행장 소속으로 되어 있다.

26 다음과 같은 조직형태에 관한 내용으로 옳지 않은 것은?

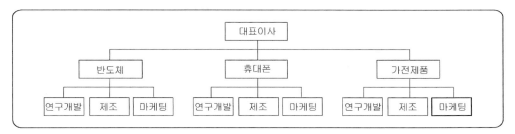

① 책임의 소재가 명확하게 나타난다.
② 구성원들의 동기부여 및 사기 등이 진작된다.
③ 권한 위임으로 인해 관리자의 책임의식이 높아지고, 현장변화에 대해 빠른 대응이 가능하다.
④ 상호보완적인 소수가 공동의 목표달성을 위해 책임을 공유하고 문제해결을 위해 노력하는 수평적 조직이다

 그림은 사업부제 조직구조를 나타내고 있다. 사업부제 조직구조는 단위적 분화의 원리에 따라 사업부 단위를 편성하고 각 단위에 대하여 독자적인 생산마케팅·재무인사 등의 독자적인 관리권한을 부여함으로써 제품별·시장별·지역별로 이익중심점을 설정하여 독립채산제를 실시할 수 있는 분권적 조직이다. 이러한 사업부제는 생산, 판매, 기술개발, 관리 등에 관한 최고경영층의 의사결정 권한을 단위 부서장에게 대폭 위양하는 동시에 각 부서가 마치 하나의 독립회사처럼 자주적이고 독립채산적인 경영을 하는 시스템 구조를 취하고 있다. 사업부제는 고객/시장욕구에 대한 관심 제고, 사업부간 경쟁에 따른 단기적 성과 제고 및 목표달성에 초점을 둔 책임경영체제를 실현할 수 있는 장점이 있는 반면에 사업부 간 자원의 중복에 따른 능률 저하, 사업부 간 과당경쟁으로 조직전체의 목표달성 저해를 가져올 수 있는 단점이 있다. ④번은 팀제 조직에 관한 내용이다.

Answer → 25.③   26.④

27 조직에서 구성원들의 욕구는 다양한 형태로 표출되게 마련이다. 아래의 그림은 욕구이론 중 하나를 나타낸 것인데, 이를 참조하여 잘못 설명하고 있는 것을 고르면?

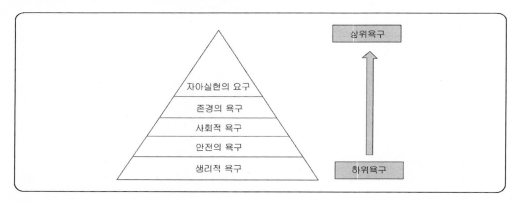

① 생리적 욕구는 인간의 가장 기본적인 욕구인 의식주 등에 관한 욕구로 인간이라 면 누구나 충족해야 하는 가장 저차원 단계의 욕구라 할 수 있다.

② 안전의 욕구는 일종의 직무환경으로부터의 안전 및 생활의 안정 등과 같은 욕구 를 의미한다.

③ 사회적 욕구는 다른 말로 애정 및 소속감의 욕구라고도 하며, 인간이 살아가면서 집단 또는 사회의 일원으로 소속되어 타인과의 유대관계를 형성하고 어울리고 싶 어하는 욕구를 나타낸다.

④ 위 모형의 경우 단계별 하위욕구를 충족하지 않아도 상위욕구로의 진출이 가능 하다.

> (Tip) 매슬로우의 인간 욕구 5단계 이론(Maslow's hierarchy of needs)'이다. 이 이론에 의하 면 사람은 누구나 다섯 가지 욕구를 가지고 태어나는데 이들 다섯 가지 욕구에는 우선 순위가 있어서 단계가 구분된다는 것이다. 이 이론은 다른 이론들과는 달리 각 단계별 하위 욕구가 충족되지 못하면 상위 단계로 진출할 수가 없다.

28 조직을 이해함에 있어 조직구조 형태를 이해하고 있어야 한다. A는 T그룹에 지원하여 최종합격한 후 자사의 조직구조 형태를 익히기 위해 아래와 같은 자사 조직형태를 분석하고 있다. 다음 중 A가 이해한 내용으로 바르지 않은 것을 고르면?

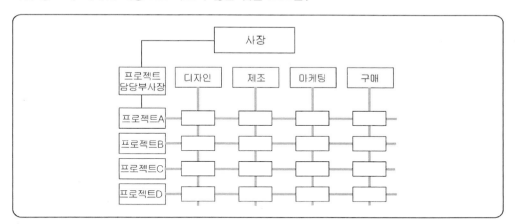

① 경영활동을 직능부문으로 전문화시키면서 전문화 된 부문들을 프로젝트로 통합시킬 단위를 갖기 위한 조직적 요구에 부응하고자 만들어진 조직이다.

② 조직을 가로와 세로로 연결한 형태로 가로축은 직능, 세로축은 사업부로 구분하고 있다.

③ 전사적 차원에서의 일괄적 관리가 불가능하다.

④ 두 상사 간의 지시에 모순이 있으면 지시를 받은 사원은 일을 제대로 진행할 수 없다는 문제점이 있다.

 문제에 제시된 조직형태는 매트릭스 조직구조를 나타내고 있다. 매트릭스 조직구조는 기존의 기능부서 상태를 유지하면서 특정한 프로젝트를 위해 서로 다른 부서의 인력이 함께 일하는 현대적인 조직설계방식을 의미한다. 매트릭스 조직에서는 서로 다른 기능부서에 속해 있는 전문 인력들이 프로젝트 관리자가 이끄는 프로젝트에서 함께 일한다. 매트릭스 조직에 속한 개인은 두 명의 상급자(기능부서 관리자, 프로젝트 관리자)로부터 지시를 받으며 보고를 하게 되는 구조를 띠고 있다. 이러한 매트릭스 조직은 전사적 차원에서의 일괄적 관리가 가능하다.

29 다음의 기사를 참조하여 밑줄 친 부분에 관련한 내용으로 보기 어려운 것을 고르면?

청주시 산하 기관인 문화산업진흥재단의 안종철 사무총장과 부장 4명이 지난 7일 사의를 표명하면서 재단이 흔들리고 있다. 특히 오는 20일자로 사직서를 제출한 안 총장의 사표가 수리될 것으로 전해지면서, 당장 오는 15일 열리는 청주직지축제를 비롯한 청주국제공예비엔날레 등 재단 주관 문화행사가 차질을 빚을 것으로 우려된다. 지난해 1월에 취임한 안 총장의 재임기간은 2년으로 내년 1월까지 재단을 이끌어 나갈 예정이었으나, 3개월여의 임기를 남겨두고 사퇴를 결정했다. 청주시는 지난 8일 보도 자료를 통해 "안 총장이 미래첨단의 먹거리 문화산업 발전과 이를 뒷받침하기 위한 조직 개혁을 위해 용퇴를 결정했다"고 이유를 밝혔지만, 안 총장의 사퇴에는 조직 내부에 팽배한 불신과 직원들간의 마찰이 결정적이었다. 안 총장은 "주말도 없이 청주시 문화 발전을 위해 뛰었지만, 결국 헐뜯고 비방하는 조직 분위기에 회의를 느꼈다"며 "이번 사퇴 결정이 불신이 팽배한 이 조직의 분위기를 개혁하는 시작점이 되길 바란다"고 사퇴 이유를 밝혔다. 그러나 재단 관계자는 "재신임여부를 판단하는 과정에서 안 총장은 빨리 성과를 내라고 직원들을 압박했다"고 말했다. 이어 "특히 올해 처음 MBO (목표에 의한 관리) 평가를 시행하면서 내부에서 불만이 많았다"며 "실적 중심의 MBO평가로 직원들이 긴장과 낙오된다는 불안감을 느꼈다"고 덧붙였다. 또, 이 관계자는 "안 총장의 연임에 불안을 느낀 내부 직원이 언론에 경영부실 문제 등을 투서하면서 조직이 흔들린 것 같다"고 말했다. 이에 대해 안 총장은 'MBO 평가'는 지난해 초임때부터 조직개혁을 외치며 1순위로 추진했던 사항 이라는 입장이다. 그는 "몇몇 능력 없는 관피아들이 재단을 쥐고 있어 성과 위주의 평가로 능력있는 직원들에게 많은 상을 주고 싶어 시행한 것"이라며 "올 12월부터는 연봉제를 도입해 능력없는 간부들보다 열심히 일하는 직원들에게 적절한 보상을 할 계획이었다"고 말했다. 안 총장에 이어 부장 4명도 사표를 제출했다. 사표를 낸 A부장 역시 "실제로 비문화적인 조직 분위기에서 문화적인 환경을 만드는 것은 불가능 한 일"이라며 "서로 눈치보기 급급한 조직이 아닌 즐겁게 일할 수 있는 재단이 되길 바라는 마음에 내린 결정"이라고 말했다. 청주시는 부장 4명의 진위 여부를 판단한 후 사표 수리를 결정할 예정이다.

① 상하조직성원의 참여과정을 통해서 조직의 공통목표를 명확히 하고, 체계적으로 조직성원들의 개개목표 내지 책임을 합의하여 부과하며, 그 수행 결과를 사후에 평가하고 환류 시켜 궁극적으로 조직의 효율성 향상에 기여코자 하는 관리체제 내지 관리기법이라 할 수 있다.

② 구성원의 자율성, 내면적인 동기부여 및 자아실현인관을 전제로 하는 Y이론적인 탈 전통적 관리모형이다.

③ 목표설정 과정에 상하 간에 협의하며, 특히 부하의 참여가 강조되는 집중적, 하향적인 의사결정방식이다.

④ MBO의 기본과정은 구체적인 조직목표, 개인목표 등의 목표설정 및 계획수립, 중간평가, 최종평가 등의 순환과정 등으로 구성된다.

> (Tip) 목표에 의한 관리는 조직의 거대화에 따른 종업원의 무기력화를 방지하고 근로의욕을 향상시키기 위한 목표관리 방법을 의미하는데, 이 방식은 목표설정 과정에 있어 상하 간에 협의하며, 특히 부하의 참여가 강조되는 분권적이면서 상향적인 의사결정방식이다.

Answer 29.③

30 다음 기사를 읽고 밑줄 친 부분의 내용과 가장 관련성이 높은 것을 고르면?

화려하게 막을 올린 제17회 인천 아시안게임이 10월 4일 폐막식을 끝으로 16일간의 열전을 마무리했다. 셰이크 아흐마드 알 파하드 알 사바 아시아올림픽평의회(OCA) 회장은 제17회 인천 아시안게임에 대해 성공적인 대회였다고 평가했다. 특히 알 사바 회장은 "선수들의 기량도 훌륭하게 진화했고 대회 준비 과정과 선수촌, 숙박, 미디어센터 등 여러 인프라의 수준도 훌륭했다"고 호평했다. 아시안게임이 끝나면서 아시안게임의 경제효과에 대한 전망도 쏟아지고 있다. 경기장을 건설하고 도로교통망을 확충하는 과정에서 10조 원의 경제효과가 있고, 관광객 숙박 및 쇼핑 등으로 4조 원, 입장료·광고·TV방송 중계료 등으로 1조 원, 서울과 인천 주변 지역에서도 경기가 열리면서 3조 원의 추가 효과를 거둬 총 18조 원 정도의 경제적 효과가 기대된다고 한다. 특히 무형의 경제적 효과도 무시할 수 없다. 아시안게임은 45억 아시아인들에게 인천을 알릴 수 있는 기회가 됐기 때문이다. 송도국제도시의 주요 지역 경관이 각종 경기 생중계로 전파를 탄 것은 수백 억, 수천억 원의 홍보효과를 얻은 것으로 분석된다. 송도국제도시에서는 마라톤, 남녀 사이클, 비치발리볼 등의 대회가 열렸다. 마라톤과 사이클 경기가 세계에 중계되면서 고층 빌딩과 공원 등 송도국제도시의 매력을 해외에 널리 알렸다. 마라톤 선수들이 송도 센트럴공원을 배경으로 달리며, 사이클 선수들이 동북아무역센터, 송도 호수1교 부근을 지나고, 패션잡지에서 막 튀어나온 것 같은 비치발리볼 여자선수들이 송도국제도시의 도심 비치발리볼 경기장에 입장했다. 구릿빛 피부에 탄탄한 복근, 햇볕 아래 모래를 흩날리며 '스파이크'를 꽂아 넣는 모습이 전세계 언론의 시선을 사로잡은 것처럼 송도국제도시 곳곳의 첨단 빌딩과 자연의 조화는 언론을 통해 세계 곳곳으로 퍼져나갔다. 특히 송도국제도시에 위치한 인천 아시안게임 메인프레스센터(MPC)에 출입했던 해외 기자단들은 송도국제도시의 구석구석을 다니면서 그 매력에 빠져들었다. 대부분 송도국제도시를 처음 방문했지만, 다시 찾고 싶은 도시라며 입을 모았다. 중국 CCTV 기술팀 관계자는 "송도국제도시는 전해들은 것보다 훨씬 깔끔하고 세련된 도시라는 인상을 받았다"고 소감을 밝혔다. 해외 기자단들이 송도국제도시의 매력에 빠지게 되는 것은 송도국제도시가 국제도시에 걸 맞은 '시티라이프'를 누릴 수 있는 주거 명소로 거듭나고 있기 때문이다. 특히 송도국제도시의 '시티라이프'는 GCF 유치 소식이나, 세계기관의 입주 소식 보다 더 높은 관심을 받고 있다. 공중파 프로그램에서도 송일국씨가 일명 '송국열차'로 송도국제도시 내 곳곳을 지나가자 '송도국제도시의 시티라이프'가 각종 사이트에 거론되면서 뜨거운 인기를 보인 바 있다. 송도국제도시가 알려지고, 주거명소로 거듭나면서 부동산도 뜨겁게 달궈지고 있다. 인근 부동산 중개업소에 따르면 "최근 몇 달 사이 미분양이 빠르게 소진되고 있으며, 중소형 아파트의 경우 매물이 거의 없어 품귀현상까지 보이고 있다"고 분위기를 전했다. 특히 내년 상반기까지는 신규 분양도 없는 것으로 알려지면서, 10월 말에 분양하는 포스코건설의 '송도 더샵 퍼스트파크'에 벌써부터 문의가 이어지고 있다. 포스코건설 '송도 더샵 퍼스트파크'의 권순기 분양소장은 "아시안게임으로 전세계에 송도가 소개되면서 벌써부터 문의가 몰려오고 있다. 특히 분양을 고지한 지 하루 이틀밖에 안됐는데, 멀리 해외교민들의 문의가 올 정도로 관심이 뜨겁다. 아시안게임으로 송도국제도시의 위상이 한층 높아진 듯하다"고 말했다. 아시안게임을 통해 송도국제도시가 세계의 안방에 속속 소개되면서 '후광효과'에 대한 기대가 높아지고 있다.

① 어떤 한 부분에 있어 어떠한 사람에 대해서 호의적인 태도 등이 다른 부분에 있어서도 그 사람에 대한 평가에 영향을 주는 것이다.

② 고과에 있어 쉽게 기억할 수 있는 최근의 실적 또는 능력 중심으로 고과하려는 부분에서 생기는 오류이다.

③ 근무성적평정 등에 있어서 평정 결과의 분포가 우수한 쪽으로 집중되는 경향을 의미한다.

④ 논리적으로 놓고 볼 때 관련이 있다고 생각되는 특성들 간에 비슷한 점수들을 주는 것이다.

 현혹효과(후광효과)는 고과에 있어 피평가자들에 대한 전체적인 인상 등에 의해 구체적인 성과 차원에 대한 평가가 영향을 받게 되거나, 또는 고과에 있어 평가자가 평가 차원 등을 구별하지 않으려는 경향에 의해 발생됨을 의미한다.

PART

III

인성검사

01 인성검사의 개요

1 인성(성격)검사의 개념과 목적

인성(성격)이란 개인을 특징짓는 평범하고 일상적인 사회적 이미지, 즉 지속적이고 일관된 공적 성격(Public – personality)이며, 환경에 대응함으로써 선천적·후천적 요소의 상호작용으로 결정화된 심리적·사회적 특성 및 경향을 의미한다.

인성검사는 직무적성검사를 실시하는 대부분의 기업체에서 병행하여 실시하고 있으며, 인성검사만 독자적으로 실시하는 기업도 있다.

기업체에서는 인성검사를 통하여 각 개인이 어떠한 성격 특성이 발달되어 있고, 어떤 특성이 얼마나 부족한지, 그것이 해당 직무의 특성 및 조직문화와 얼마나 맞는지를 알아보고 이에 적합한 인재를 선발하고자 한다. 또한 개인에게 적합한 직무 배분과 부족한 부분을 교육을 통해 보완하도록 할 수 있다.

인성검사의 측정요소는 검사방법에 따라 차이가 있다. 또한 각 기업체들이 사용하고 있는 인성검사는 기존에 개발된 인성검사방법에 각 기업체의 인재상을 적용하여 자신들에게 적합하게 재개발하여 사용하는 경우가 많다. 그러므로 기업체에서 요구하는 인재상을 파악하여 그에 따른 대비책을 준비하는 것이 바람직하다. 본서에서 제시된 인성검사는 크게 '특성'과 '유형'의 측면에서 측정하게 된다.

2 성격의 특성

(1) 정서적 측면

정서적 측면은 평소 마음에서 당연시하는 자세나 정신상태가 얼마나 안정되어 있는지 또는 불안정한지를 측정한다.

정서의 상태는 직무수행이나 대인관계와 관련하여 태도나 행동으로 드러난다. 그러므로 정서적 측면을 측정하는 것에 의해, 장래 조직 내의 인간관계에 어느 정도 잘 적응할 수 있을까(또는 적응하지 못할까)를 예측하는 것이 가능하다.

그렇기 때문에, 정서적 측면의 결과는 채용 시에 상당히 중시된다. 아무리 능력이 좋아도 장기적으로 조직 내의 인간관계에 잘 적응할 수 없다고 판단되는 인재는 기본적으로는 채용되지 않는다.

일반적으로 인성(성격)검사는 채용과는 관계없다고 생각하나 정서적으로 조직에 적응하지 못하는 인재는 채용단계에서 가려내지는 것에 유의하여야 한다.

① 민감성(신경도) … 꼼꼼함, 섬세함, 성실함 등의 요소를 통해 일반적으로 신경질적인지 또는 자신의 존재를 위협받는다는 불안을 갖기 쉬운지를 측정한다.

질문	전혀 그렇지 않다	그렇지 않다	그렇다	매우 그렇다
• 배려적이라고 생각한다. • 어지러진 방에 있으면 불안하다. • 실패 후에는 불안하다. • 세세한 것까지 신경쓴다. • 이유 없이 불안할 때가 있다.				

▶측정결과

㉠ '그렇다'가 많은 경우(상처받기 쉬운 유형) : 사소한 일에 신경 쓰고 다른 사람의 사소한 한마디 말에 상처를 받기 쉽다.
  • 면접관의 심리 : '동료들과 잘 지낼 수 있을까?', '실패할 때마다 위축되지 않을까?'
  • 면접대책 : 다소 신경질적이라도 능력을 발휘할 수 있다는 평가를 얻도록 한다. 주변과 충분한 의사소통이 가능하고, 결정한 것을 실행할 수 있다는 것을 보여주어야 한다.

㉡ '그렇지 않다'가 많은 경우(정신적으로 안정적인 유형) : 사소한 일에 신경 쓰지 않고 금방 해결하며, 주위 사람의 말에 과민하게 반응하지 않는다.
  • 면접관의 심리 : '계약할 때 필요한 유형이고, 사고 발생에도 유연하게 대처할 수 있다.'
  • 면접대책 : 일반적으로 '민감성'의 측정치가 낮으면 플러스 평가를 받으므로 더욱 자신감 있는 모습을 보여준다.

② **자책성(과민도)** ··· 자신을 비난하거나 책망하는 정도를 측정한다.

질문	전혀 그렇지 않다	그렇지 않다	그렇다	매우 그렇다
• 후회하는 일이 많다. • 자신이 하찮은 존재라 생각된다. • 문제가 발생하면 자기의 탓이라고 생각한다. • 무슨 일이든지 끙끙대며 진행하는 경향이 있다. • 온순한 편이다.				

▶측정결과

㉠ '그렇다'가 많은 경우(자책하는 유형) : 비관적이고 후회하는 유형이다.
　• 면접관의 심리 : '끙끙대며 괴로워하고, 일을 진행하지 못할 것 같다.'
　• 면접대책 : 기분이 저조해도 항상 의욕을 가지고 생활하는 것과 책임감이 강하다는 것을 보여준다.

㉡ '그렇지 않다'가 많은 경우(낙천적인 유형) : 기분이 항상 밝은 편이다.
　• 면접관의 심리 : '안정된 대인관계를 맺을 수 있고, 외부의 압력에도 흔들리지 않는다.'
　• 면접대책 : 일반적으로 '자책성'의 측정치가 낮아야 좋은 평가를 받는다.

③ **기분성(불안도)** ··· 기분의 굴곡이나 감정적인 면의 미숙함이 어느 정도인지를 측정하는 것이다.

질문	전혀 그렇지 않다	그렇지 않다	그렇다	매우 그렇다
• 다른 사람의 의견에 자신의 결정이 흔들리는 경우가 많다. • 기분이 쉽게 변한다. • 종종 후회한다. • 다른 사람보다 의지가 약한 편이라고 생각한다. • 금방 싫증을 내는 성격이라는 말을 자주 듣는다.				

▶측정결과

㉠ '그렇다'가 많은 경우(감정의 기복이 많은 유형) : 의지력보다 기분에 따라 행동하기 쉽다.
　• 면접관의 심리 : '감정적인 것에 약하며, 상황에 따라 생산성이 떨어지지 않을까?'
　• 면접대책 : 주변 사람들과 항상 협조한다는 것을 강조하고 한결같은 상태로 일할 수 있다는 평가를 받도록 한다.

㉡ '그렇지 않다'가 많은 경우(감정의 기복이 적은 유형) : 감정의 기복이 없고, 안정적이다.
　• 면접관의 심리 : '안정적으로 업무에 임할 수 있다.'
　• 면접대책 : 기분성의 측정치가 낮으면 플러스 평가를 받으므로 자신감을 가지고 면접에 임한다.

④ **독자성**(개인도) ··· 주변에 대한 견해나 관심, 자신의 견해나 생각에 어느 정도의 속박감을 가지고 있는지를 측정한다.

질문	전혀 그렇지 않다	그렇지 않다	그렇다	매우 그렇다
• 창의적 사고방식을 가지고 있다. • 융통성이 있는 편이다. • 혼자 있는 편이 많은 사람과 있는 것보다 편하다. • 개성적이라는 말을 듣는다. • 교제는 번거로운 것이라고 생각하는 경우가 많다.				

▶측정결과

㉠ '그렇다'가 많은 경우 : 자기의 관점을 중요하게 생각하는 유형으로, 주위의 상황보다 자신의 느낌과 생각을 중시한다.

• 면접관의 심리 : '제멋대로 행동하지 않을까?'

• 면접대책 : 주위 사람과 협조하여 일을 진행할 수 있다는 것과 상식에 얽매이지 않는다는 인상을 심어준다.

㉡ '그렇지 않다'가 많은 경우 : 상식적으로 행동하고 주변 사람의 시선에 신경을 쓴다.

• 면접관의 심리 : '다른 직원들과 협조하여 업무를 진행할 수 있겠다.'

• 면접대책 : 협조성이 요구되는 기업체에서는 플러스 평가를 받을 수 있다.

⑤ **자신감**(자존심도) … 자기 자신에 대해 얼마나 긍정적으로 평가하는지를 측정한다.

질문	전혀 그렇지 않다	그렇지 않다	그렇다	매우 그렇다
• 다른 사람보다 능력이 뛰어나다고 생각한다. • 다소 반대의견이 있어도 나만의 생각으로 행동할 수 있다. • 나는 다른 사람보다 기가 센 편이다. • 동료가 나를 모욕해도 무시할 수 있다. • 대개의 일을 목적한 대로 헤쳐나갈 수 있다고 생각한다.				

▶측정결과

㉠ '그렇다'가 많은 경우 : 자기 능력이나 외모 등에 자신감이 있고, 비판당하는 것을 좋아하지 않는다.
• 면접관의 심리 : '자만하여 지시에 잘 따를 수 있을까?'
• 면접대책 : 다른 사람의 조언을 잘 받아들이고, 겸허하게 반성하는 면이 있다는 것을 보여주고, 동료들과 잘 지내며 리더의 자질이 있다는 것을 강조한다.

㉡ '그렇지 않다'가 많은 경우 : 자신감이 없고 다른 사람의 비판에 약하다.
• 면접관의 심리 : '패기가 부족하지 않을까?', '쉽게 좌절하지 않을까?'
• 면접대책 : 극도의 자신감 부족으로 평가되지는 않는다. 그러나 마음이 약한 면은 있지만 의욕적으로 일을 하겠다는 마음가짐을 보여준다.

⑥ **고양성**(분위기에 들뜨는 정도) ··· 자유분방함, 명랑함과 같이 감정(기분)의 높고 낮음의 정도를 측정한다.

질문	전혀 그렇지 않다	그렇지 않다	그렇다	매우 그렇다
• 침착하지 못한 편이다. • 다른 사람보다 쉽게 우쭐해진다. • 모든 사람이 아는 유명인사가 되고 싶다. • 모임이나 집단에서 분위기를 이끄는 편이다. • 취미 등이 오랫동안 지속되지 않는 편이다.				

▶측정결과

㉠ '그렇다'가 많은 경우 : 자극이나 변화가 있는 일상을 원하고 기분을 들뜨게 하는 사람과 친밀하게 지내는 경향이 강하다.

• 면접관의 심리 : '일을 진행하는 데 변덕스럽지 않을까?'

• 면접대책 : 밝은 태도는 플러스 평가를 받을 수 있지만, 착실한 업무능력이 요구되는 직종에서는 마이너스 평가가 될 수 있다. 따라서 자기조절이 가능하다는 것을 보여준다.

㉡ '그렇지 않다'가 많은 경우 : 감정이 항상 일정하고, 속을 드러내 보이지 않는다.

• 면접관의 심리 : '안정적인 업무 태도를 기대할 수 있겠다.'

• 면접대책 : '고양성'의 낮음은 대체로 플러스 평가를 받을 수 있다. 그러나 '무엇을 생각하고 있는지 모르겠다' 등의 평을 듣지 않도록 주의한다.

⑦ 허위성(진위성) ⋯ 필요 이상으로 자기를 좋게 보이려 하거나 기업체가 원하는 '이상형'에 맞춘 대답을 하고 있는지, 없는지를 측정한다.

질문	전혀 그렇지 않다	그렇지 않다	그렇다	매우 그렇다
• 약속을 깨뜨린 적이 한 번도 없다. • 다른 사람을 부럽다고 생각해 본 적이 없다. • 꾸지람을 들은 적이 없다. • 사람을 미워한 적이 없다. • 화를 낸 적이 한 번도 없다.				

▶측정결과

㉠ '그렇다'가 많은 경우 : 실제의 자기와는 다른, 말하자면 원칙으로 대답할 가능성이 있다.
• 면접관의 심리 : '거짓을 말하고 있다.'
• 면접대책 : 조금이라도 좋게 보이려고 하는 '거짓말쟁이'로 평가될 수 있다. '거짓을 말하고 있다.'는 마음 따위가 전혀 없다 해도 결과적으로는 정직하게 답하지 않는다는 것이 되어 버린다. '허위성'의 측정 질문은 구분되지 않고 다른 질문 중에 섞여 있다. 그러므로 모든 질문에 솔직하게 답하여야 한다. 또한 자기 자신과 너무 동떨어진 이미지로 답하면 좋은 결과를 얻지 못한다. 그리고 면접에서 '허위성'을 기본으로 한 질문을 받게 되므로 당황하거나 또다른 모순된 답변을 하게 된다. 겉치레를 하거나 무리한 욕심을 부리지 말고 '이런 사회인이 되고 싶다.'는 현재의 자신보다, 조금 성장한 자신을 표현하는 정도가 적당하다.

㉡ '그렇지 않다'가 많은 경우 : 냉정하고 정직하며, 외부의 압력과 스트레스에 강한 유형이다. '대쪽 같음'의 이미지가 굳어지지 않도록 주의한다.

(2) 행동적인 측면

행동적 측면은 인격 중에 특히 행동으로 드러나기 쉬운 측면을 측정한다. 사람의 행동 특징 자체에는 선도 악도 없으나, 일반적으로는 일의 내용에 의해 원하는 행동이 있다. 때문에 행동적 측면은 주로 직종과 깊은 관계가 있는데 자신의 행동 특성을 살려 적합한 직종을 선택한다면 플러스가 될 수 있다.

행동 특성에서 보여지는 특징은 면접장면에서도 드러나기 쉬운데 본서의 모의 TEST의 결과를 참고하여 자신의 태도, 행동이 면접관의 시선에 어떻게 비치는지를 점검하도록 한다.

① **사회적 내향성** … 대인관계에서 나타나는 행동경향으로 '낯가림'을 측정한다.

질문	선택
A : 파티에서는 사람을 소개받은 편이다. B : 파티에서는 사람을 소개하는 편이다.	
A : 처음 보는 사람과는 어색하게 시간을 보내는 편이다. B : 처음 보는 사람과는 즐거운 시간을 보내는 편이다.	
A : 친구가 적은 편이다. B : 친구가 많은 편이다.	
A : 자신의 의견을 말하는 경우가 적다. B : 자신의 의견을 말하는 경우가 많다.	
A : 사교적인 모임에 참석하는 것을 좋아하지 않는다. B : 사교적인 모임에 항상 참석한다.	

▶측정결과

㉠ 'A'가 많은 경우 : 내성적이고 사람들과 접하는 것에 소극적이다. 자신의 의견을 말하지 않고 조심스러운 편이다.
- **면접관의 심리** : '소극적인데 동료와 잘 지낼 수 있을까?'
- **면접대책** : 대인관계를 맺는 것을 싫어하지 않고 의욕적으로 일을 할 수 있다는 것을 보여준다.

㉡ 'B'가 많은 경우 : 사교적이고 자기의 생각을 명확하게 전달할 수 있다.
- **면접관의 심리** : '사교적이고 활동적인 것은 좋지만, 자기주장이 너무 강하지 않을까?'
- **면접대책** : 협조성을 보여주고, 자기주장이 너무 강하다는 인상을 주지 않도록 주의한다.

② 내성성(침착도) … 자신의 행동과 일에 대해 침착하게 생각하는 정도를 측정한다.

질문	선택
A : 시간이 걸려도 침착하게 생각하는 경우가 많다. B : 짧은 시간에 결정을 하는 경우가 많다.	
A : 실패의 원인을 찾고 반성하는 편이다. B : 실패를 해도 그다지(별로) 개의치 않는다.	
A : 결론이 도출되어도 몇 번 정도 생각을 바꾼다. B : 결론이 도출되면 신속하게 행동으로 옮긴다.	
A : 여러 가지 생각하는 것이 능숙하다. B : 여러 가지 일을 재빨리 능숙하게 처리하는 데 익숙하다.	
A : 여러 가지 측면에서 사물을 검토한다. B : 행동한 후 생각을 한다.	

▶측정결과

㉠ 'A'가 많은 경우 : 행동하기 보다는 생각하는 것을 좋아하고 신중하게 계획을 세워 실행한다.

• 면접관의 심리 : '행동으로 실천하지 못하고, 대응이 늦은 경향이 있지 않을까?'

• 면접대책 : 발로 뛰는 것을 좋아하고, 일을 더디게 한다는 인상을 주지 않도록 한다.

㉡ 'B'가 많은 경우 : 차분하게 생각하는 것보다 우선 행동하는 유형이다.

• 면접관의 심리 : '생각하는 것을 싫어하고 경솔한 행동을 하지 않을까?'

• 면접대책 : 계획을 세우고 행동할 수 있는 것을 보여주고 '사려깊다'라는 인상을 남기도록 한다.

③ 신체활동성 … 몸을 움직이는 것을 좋아하는가를 측정한다.

질문	선택
A : 민첩하게 활동하는 편이다. B : 준비행동이 없는 편이다.	
A : 일을 척척 해치우는 편이다. B : 일을 더디게 처리하는 편이다.	
A : 활발하다는 말을 듣는다. B : 얌전하다는 말을 듣는다.	
A : 몸을 움직이는 것을 좋아한다. B : 가만히 있는 것을 좋아한다.	
A : 스포츠를 하는 것을 즐긴다. B : 스포츠를 보는 것을 좋아한다.	

▶측정결과

㉠ 'A'가 많은 경우 : 활동적이고, 몸을 움직이게 하는 것이 컨디션이 좋다.

• 면접관의 심리 : '활동적으로 활동력이 좋아 보인다.'

• 면접대책 : 활동하고 얻은 성과 등과 주어진 상황의 대응능력을 보여준다.

㉡ 'B'가 많은 경우 : 침착한 인상으로, 차분하게 있는 타입이다.

• 면접관의 심리 : '좀처럼 행동하려 하지 않아 보이고, 일을 빠르게 처리할 수 있을까?'

④ **지속성(노력성)** … 무슨 일이든 포기하지 않고 끈기 있게 하려는 정도를 측정한다.

질문	선택
A : 일단 시작한 일은 시간이 걸려도 끝까지 마무리한다. B : 일을 하다 어려움에 부딪히면 단념한다.	
A : 끈질긴 편이다. B : 바로 단념하는 편이다.	
A : 인내가 강하다는 말을 듣는다. B : 금방 싫증을 낸다는 말을 듣는다.	
A : 집념이 깊은 편이다. B : 담백한 편이다.	
A : 한 가지 일에 구애되는 것이 좋다고 생각한다. B : 간단하게 체념하는 것이 좋다고 생각한다.	

▶측정결과

㉠ 'A'가 많은 경우 : 시작한 것은 어려움이 있어도 포기하지 않고 인내심이 높다.
• 면접관의 심리 : '한 가지의 일에 너무 구애되고, 업무의 진행이 원활할까?'
• 면접대책 : 인내력이 있는 것은 플러스 평가를 받을 수 있지만 집착이 강해 보이기도 한다.

㉡ 'B'가 많은 경우 : 뒤끝이 없고 조그만 실패로 일을 포기하기 쉽다.
• 면접관의 심리 : '질리는 경향이 있고, 일을 정확히 끝낼 수 있을까?'
• 면접대책 : 지속적인 노력으로 성공했던 사례를 준비하도록 한다.

⑤ 신중성(주의성) … 자신이 처한 주변 상황을 즉시 파악하고 자신의 행동이 어떤 영향을 미치는지를 측정한다.

질문	선택
A : 여러 가지로 생각하면서 완벽하게 준비하는 편이다. B : 행동할 때부터 임기응변적인 대응을 하는 편이다.	
A : 신중해서 타이밍을 놓치는 편이다. B : 준비 부족으로 실패하는 편이다.	
A : 자신은 어떤 일에도 신중히 대응하는 편이다. B : 순간적인 충동으로 활동하는 편이다.	
A : 시험을 볼 때 끝날 때까지 재검토하는 편이다. B : 시험을 볼 때 한 번에 모든 것을 마치는 편이다.	
A : 일에 대해 계획표를 만들어 실행한다. B : 일에 대한 계획표 없이 진행한다.	

▶측정결과

㉠ 'A'가 많은 경우 : 주변 상황에 민감하고, 예측하여 계획있게 일을 진행한다.
- 면접관의 심리 : '너무 신중해서 적절한 판단을 할 수 있을까?', '앞으로의 상황에 불안을 느끼지 않을까?'
- 면접대책 : 예측을 하고 실행을 하는 것은 플러스 평가가 되지만, 너무 신중하면 일의 진행이 정체될 가능성을 보이므로 추진력이 있다는 강한 의욕을 보여준다.

㉡ 'B'가 많은 경우 : 주변 상황을 살펴보지 않고 착실한 계획없이 일을 진행시킨다.
- 면접관의 심리 : '사려 깊지 않고, 실패하는 일이 많지 않을까?', '판단이 빠르고 유연한 사고를 할 수 있을까?'
- 면접대책 : 사전준비를 중요하게 생각하고 있다는 것 등을 보여주고, 경솔한 인상을 주지 않도록 한다. 또한 판단력이 빠르거나 유연한 사고 덕분에 일 처리를 잘 할 수 있다는 것을 강조한다.

(3) 의욕적인 측면

의욕적인 측면은 의욕의 정도, 활동력의 유무 등을 측정한다. 여기서의 의욕이란 우리들이 보통 말하고 사용하는 '하려는 의지'와는 조금 뉘앙스가 다르다. '하려는 의지'란 그 때의 환경이나 기분에 따라 변화하는 것이지만, 여기에서는 조금 더 변화하기 어려운 특징, 말하자면 정신적 에너지의 양으로 측정하는 것이다.

의욕적 측면은 행동적 측면과는 다르고, 전반적으로 어느 정도 점수가 높은 쪽을 선호한다. 모의검사에서 의욕적 측면의 결과가 낮다면, 평소 일에 몰두할 때 조금 의욕 있는 자세를 가지고 서서히 개선하도록 노력해야 한다.

① 달성의욕 … 목적의식을 가지고 높은 이상을 가지고 있는지를 측정한다.

질문	선택
A : 경쟁심이 강한 편이다. B : 경쟁심이 약한 편이다.	
A : 어떤 한 분야에서 제1인자가 되고 싶다고 생각한다. B : 어느 분야에서든 성실하게 임무를 진행하고 싶다고 생각한다.	
A : 규모가 큰 일을 해 보고 싶다. B : 맡은 일에 충실히 임하고 싶다.	
A : 아무리 노력해도 실패한 것은 아무런 도움이 되지 않는다. B : 가령 실패했을지라도 나름대로의 노력이 있었으므로 괜찮다.	
A : 높은 목표를 설정하여 수행하는 것이 의욕적이다. B : 실현 가능한 정도의 목표를 설정하는 것이 의욕적이다.	

▶측정결과

㉠ 'A'가 많은 경우 : 큰 목표와 높은 이상을 가지고 승부욕이 강한 편이다.
• 면접관의 심리 : '열심히 일을 해줄 것 같은 유형이다.'
• 면접대책 : 달성의욕이 높다는 것은 어떤 직종이라도 플러스 평가가 된다.
㉡ 'B'가 많은 경우 : 현재의 생활을 소중하게 여기고 비약적인 발전을 위하여 기를 쓰지 않는다.
• 면접관의 심리 : '외부의 압력에 약하고, 기획입안 등을 하기 어려울 것이다.'
• 면접대책 : 일을 통하여 하고 싶은 것들을 구체적으로 어필한다.

② **활동의욕** … 자신에게 잠재된 에너지의 크기로, 정신적인 측면의 활동력이라 할 수 있다.

질문	선택
A : 하고 싶은 일을 실행으로 옮기는 편이다. B : 하고 싶은 일을 좀처럼 실행할 수 없는 편이다.	
A : 어려운 문제를 해결해 가는 것이 좋다. B : 어려운 문제를 해결하는 것을 잘하지 못한다.	
A : 일반적으로 결단이 빠른 편이다. B : 일반적으로 결단이 느린 편이다.	
A : 곤란한 상황에도 도전하는 편이다. B : 사물의 본질을 깊게 관찰하는 편이다.	
A : 시원시원하다는 말을 잘 듣는다. B : 꼼꼼하다는 말을 잘 듣는다.	

▶측정결과

㉠ 'A'가 많은 경우 : 꾸물거리는 것을 싫어하고 재빠르게 결단해서 행동하는 타입이다.
- 면접관의 심리 : '일을 처리하는 솜씨가 좋고, 일을 척척 진행할 수 있을 것 같다.'
- 면접대책 : 활동의욕이 높은 것은 플러스 평가가 된다. 사교성이나 활동성이 강하다는 인상을 준다.

㉡ 'B'가 많은 경우 : 안전하고 확실한 방법을 모색하고 차분하게 시간을 아껴서 일에 임하는 타입이다.
- 면접관의 심리 : '재빨리 행동을 못하고, 일의 처리속도가 느린 것이 아닐까?'
- 면접대책 : 활동성이 있는 것을 좋아하고 움직임이 더디다는 인상을 주지 않도록 한다.

3 성격의 유형

(1) 인성검사유형의 4가지 척도

정서적인 측면, 행동적인 측면, 의욕적인 측면의 요소들은 성격 특성이라는 관점에서 제시된 것들로 각 개인의 장·단점을 파악하는 데 유용하다. 그러나 전체적인 개인의 인성을 이해하는 데는 한계가 있다.

성격의 유형은 개인의 '성격적인 특색'을 가리키는 것으로, 사회인으로서 적합한지, 아닌지를 말하는 관점과는 관계가 없다. 따라서 채용의 합격 여부에는 사용되지 않는 경우가 많으며, 입사 후의 적정 부서 배치의 자료가 되는 편이라 생각하면 된다. 그러나 채용과 관계가 없다고 해서 아무런 준비도 필요없는 것은 아니다. 자신을 아는 것은 면접 대책의 밑거름이 되므로 모의검사 결과를 충분히 활용하도록 하여야 한다.

본서에서는 4개의 척도를 사용하여 기본적으로 16개의 패턴으로 성격의 유형을 분류하고 있다. 각 개인의 성격이 어떤 유형인지 재빨리 파악하기 위해 사용되며, '적성'에 맞는지, 맞지 않는지의 관점에 활용된다.

- 흥미·관심의 방향 : 내향형 ←————————→ 외향형
- 사물에 대한 견해 : 직관형 ←————————→ 감각형
- 판단하는 방법 : 감정형 ←————————→ 사고형
- 환경에 대한 접근방법 : 지각형 ←————————→ 판단형

(2) 성격유형

① 흥미·관심의 방향(내향⇆외향) … 흥미·관심의 방향이 자신의 내면에 있는지, 주위환경 등 외면에 향하는지를 가리키는 척도이다.

질문	선택
A : 내성적인 성격인 편이다. B : 개방적인 성격인 편이다.	
A : 항상 신중하게 생각을 하는 편이다. B : 바로 행동에 착수하는 편이다.	
A : 수수하고 조심스러운 편이다. B : 자기 표현력이 강한 편이다.	
A : 다른 사람과 함께 있으면 침착하지 않다. B : 혼자서 있으면 침착하지 않다.	

▶측정결과
㉠ 'A'가 많은 경우(내향) : 관심의 방향이 자기 내면에 있으며, 조용하고 낯을 가리는 유형이다. 행동력은 부족하나 집중력이 뛰어나고 신중하고 꼼꼼하다.
㉡ 'B'가 많은 경우(외향) : 관심의 방향이 외부환경에 있으며, 사교적이고 활동적인 유형이다. 꼼꼼함이 부족하여 대충하는 경향이 있으나 행동력이 있다.

② 일(사물)을 보는 **방법**(직감⇆감각) … 일(사물)을 보는 법이 직감적으로 형식에 얽매이는지, 감각적으로 상식적인지를 가리키는 척도이다.

질문	선택
A : 현실주의적인 편이다. B : 상상력이 풍부한 편이다.	
A : 정형적인 방법으로 일을 처리하는 것을 좋아한다. B : 만들어진 방법에 변화가 있는 것을 좋아한다.	
A : 경험에서 가장 적합한 방법으로 선택한다. B : 지금까지 없었던 새로운 방법을 개척하는 것을 좋아한다.	
A : 성실하다는 말을 듣는다. B : 호기심이 강하다는 말을 듣는다.	

▶측정결과
㉠ 'A'가 **많은 경우**(감각) : 현실적이고 경험주의적이며 보수적인 유형이다.
㉡ 'B'가 **많은 경우**(직관) : 새로운 주제를 좋아하며, 독자적인 시각을 가진 유형이다.

③ 판단하는 **방법**(감정⇆사고) … 일을 감정적으로 판단하는지, 논리적으로 판단하는지를 가리키는 척도이다.

질문	선택
A : 인간관계를 중시하는 편이다. B : 일의 내용을 중시하는 편이다.	
A : 결론을 자기의 신념과 감정에서 이끌어내는 편이다. B : 결론을 논리적 사고에 의거하여 내리는 편이다.	
A : 다른 사람보다 동정적이고 눈물이 많은 편이다. B : 다른 사람보다 이성적이고 냉정하게 대응하는 편이다.	
A : 남의 이야기를 듣고 감정몰입이 빠른 편이다. B : 고민 상담을 받으면 해결책을 제시해주는 편이다.	

▶측정결과
㉠ 'A'가 **많은 경우**(감정) : 일을 판단할 때 마음·감정을 중요하게 여기는 유형이다. 감정이 풍부하고 친절하나 엄격함이 부족하고 우유부단하며, 합리성이 부족하다.
㉡ 'B'가 **많은 경우**(사고) : 일을 판단할 때 논리성을 중요하게 여기는 유형이다. 이성적이고 합리적이나 타인에 대한 배려가 부족하다.

④ 환경에 대한 **접근방법** ··· 주변 상황에 어떻게 접근하는지, 그 판단기준을 어디에 두는지를 측정한다.

질문	선택
A : 사전에 계획을 세우지 않고 행동한다. B : 반드시 계획을 세우고 그것에 의거해서 행동한다.	
A : 자유롭게 행동하는 것을 좋아한다. B : 조직적으로 행동하는 것을 좋아한다.	
A : 조직성이나 관습에 속박당하지 않는다. B : 조직성이나 관습을 중요하게 여긴다.	
A : 계획없이 낭비가 심한 편이다. B : 예산을 세워 물건을 구입하는 편이다.	

▶측정결과

㉠ 'A'가 **많은 경우(지각)** : 일의 변화에 융통성을 가지고 유연하게 대응하는 유형이다. 낙관적이며 질서보다는 자유를 좋아하나 임기응변식의 대응으로 무계획적인 인상을 줄 수 있다.

㉡ 'B'가 **많은 경우(판단)** : 일의 진행 시 계획을 세워서 실행하는 유형이다. 순차적으로 진행하는 일을 좋아하고 끈기가 있으나 변화에 대해 적절하게 대응하지 못하는 경향이 있다.

(3) 성격유형의 판정

성격유형은 합격 여부의 판정보다는 배치를 위한 자료로써 이용된다. 즉, 기업은 입사시험 단계에서 입사 후에도 사용할 수 있는 정보를 입수하고 있다는 것이다. 성격검사에서는 어느 척도가 얼마나 고득점이었는지에 주시하고 각각의 측면에서 반드시 하나씩 고르고 편성한다. 편성은 모두 16가지가 되나 각각의 측면을 더 세분하면 200가지 이상의 유형이 나온다.

여기에서는 16가지 편성을 제시한다. 성격검사에 어떤 정보가 게재되어 있는지를 이해하면서 자기의 성격유형을 파악하기 위한 실마리로 활용하도록 한다.

① 내향 - 직관 - 감정 - 지각(TYPE A)

관심이 내면에 향하고 조용하고 소극적이다. 사물에 대한 견해는 새로운 것에 대해 호기심이 강하고, 독창적이다. 감정은 좋아하는 것과 싫어하는 것의 판단이 확실하고, 감정이 풍부하고 따뜻한 느낌이 있는 반면, 합리성이 부족한 경향이 있다. 환경에 접근하는 방법은 순응적이고 상황의 변화에 대해 유연하게 대응하는 것을 잘한다.

② 내향 – 직관 – 감정 – 판단(TYPE B)

관심이 내면으로 향하고 조용하고 쑥스러움을 잘 타는 편이다. 사물을 보는 관점은 독창적이며, 자기나름대로 궁리하며 생각하는 일이 많다. 좋고 싫음으로 판단하는 경향이 강하고 타인에게는 친절한 반면, 우유부단하기 쉬운 편이다. 환경 변화에 대해 유연하게 대응하는 것을 잘한다.

③ 내향 – 직관 – 사고 – 지각(TYPE C)

관심이 내면으로 향하고 얌전하고 교제범위가 좁다. 사물을 보는 관점은 독창적이며, 현실에서 먼 추상적인 것을 생각하기를 좋아한다. 논리적으로 생각하고 판단하는 경향이 강하고 이성적이지만, 남의 감정에 대해서는 무반응인 경향이 있다. 환경의 변화에 순응적이고 융통성있게 임기응변으로 대응할 수가 있다.

④ 내향 – 직관 – 사고 – 판단(TYPE D)

관심이 내면으로 향하고 주의깊고 신중하게 행동을 한다. 사물을 보는 관점은 독창적이며 논리를 좋아해서 이치를 따지는 경향이 있다. 논리적으로 생각하고 판단하는 경향이 강하고, 객관적이지만 상대방의 마음에 대한 배려가 부족한 경향이 있다. 환경에 대해서는 순응하는 것보다 대응하며, 한 번 정한 것은 끈질기게 행동하려 한다.

⑤ 내향 – 감각 – 감정 – 지각(TYPE E)

관심이 내면으로 향하고 조용하며 소극적이다. 사물을 보는 관점은 상식적이고 그대로의 것을 좋아하는 경향이 있다. 좋음과 싫음으로 판단하는 경향이 강하고 타인에 대해서 동정심이 많은 반면, 엄격한 면이 부족한 경향이 있다. 환경에 대해서는 순응적이고, 예측할 수 없다해도 태연하게 행동하는 경향이 있다.

⑥ 내향 – 감각 – 감정 – 판단(TYPE F)

관심이 내면으로 향하고 얌전하며 쑥스러움을 많이 탄다. 사물을 보는 관점은 상식적이고 논리적으로 생각하는 것보다도 경험을 중요시하는 경향이 있다. 좋고 싫음으로 판단하는 경향이 강하고 사람이 좋은 반면, 개인적 취향이나 소원에 영향을 받는 일이 많은 경향이 있다. 환경에 대해서는 영향을 받지 않고, 자기 페이스 대로 꾸준히 성취하는 일을 잘한다.

⑦ 내향 – 감각 – 사고 – 지각(TYPE G)

관심이 내면으로 향하고 얌전하고 교제범위가 좁다. 사물을 보는 관점은 상식적인 동시에 실천적이며, 틀에 박힌 형식을 좋아한다. 논리적으로 판단하는 경향이 강하고 침착하지만 사람에 대해서는 엄격하여 차가운 인상을 주는 일이 많다. 환경에 대해서 순응적이고, 계획적으로 행동하지 않으며 자유로운 행동을 좋아하는 경향이 있다.

⑧ 내향 - 감각 - 사고 - 판단(TYPE H)

관심이 내면으로 향하고 주의 깊고 신중하게 행동을 한다. 사물을 보는 관점이 상식적이고 새롭고 경험하지 못한 일에 대응을 잘하지 못한다. 논리적으로 생각하고 판단하는 경향이 강하고, 공평하지만 상대방의 감정에 대해 배려가 부족할 때가 있다. 환경에 대해서는 작용하는 편이고, 질서있게 행동하는 것을 좋아한다.

⑨ 외향 - 직관 - 감정 - 지각(TYPE I)

관심이 외향으로 향하고 밝고 활동적이며 교제범위가 넓다. 사물을 보는 관점은 독창적이고 호기심이 강하며 새로운 것을 생각하는 것을 좋아한다. 좋음 싫음으로 판단하는 경향이 강하다. 사람은 좋은 반면 개인적 취향이나 소원에 영향을 받는 일이 많은 편이다.

⑩ 외향 - 직관 - 감정 - 판단(TYPE J)

관심이 외향으로 향하고 개방적이며 누구와도 쉽게 친해질 수 있다. 사물을 보는 관점은 독창적이고 자기 나름대로 궁리하고 생각하는 면이 많다. 좋음과 싫음으로 판단하는 경향이 강하고, 타인에 대해 동정적이기 쉽고 엄격함이 부족한 경향이 있다. 환경에 대해서는 작용하는 편이고 질서 있는 행동을 하는 것을 좋아한다.

⑪ 외향 - 직관 - 사고 - 지각(TYPE K)

관심이 외향으로 향하고 태도가 분명하며 활동적이다. 사물을 보는 관점은 독창적이고 현실과 거리가 있는 추상적인 것을 생각하는 것을 좋아한다. 논리적으로 생각하고 판단하는 경향이 강하고, 공평하지만 상대에 대한 배려가 부족할 때가 있다.

⑫ 외향 - 직관 - 사고 - 판단(TYPE L)

관심이 외향으로 향하고 밝고 명랑한 성격이며 사교적인 것을 좋아한다. 사물을 보는 관점은 독창적이고 논리적인 것을 좋아하기 때문에 이치를 따지는 경향이 있다. 논리적으로 생각하고 판단하는 경향이 강하고 침착성이 뛰어나지만 사람에 대해서 엄격하고 차가운 인상을 주는 경우가 많다. 환경에 대해 작용하는 편이고 계획을 세우고 착실하게 실행하는 것을 좋아한다.

⑬ 외향 - 감각 - 감정 - 지각(TYPE M)

관심이 외향으로 향하고 밝고 활동적이고 교제범위가 넓다. 사물을 보는 관점은 상식적이고 종래대로 있는 것을 좋아한다. 보수적인 경향이 있고 좋아함과 싫어함으로 판단하는 경향이 강하며 타인에게는 친절한 반면, 우유부단한 경우가 많다. 환경에 대해 순응적이고, 융통성이 있고 임기응변으로 대응할 가능성이 높다.

⑭ 외향 - 감각 - 감정 - 판단(TYPE N)

관심이 외향으로 향하고 개방적이며 누구와도 쉽게 대면할 수 있다. 사물을 보는 관점은 상식적이고 논리적으로 생각하기보다는 경험을 중시하는 편이다. 좋아함과 싫어함으로 판단하는 경향이 강하고 감정이 풍부하며 따뜻한 느낌이 있는 반면에 합리성이 부족한 경우가 많다. 환경에 대해서 작용하는 편이고, 한 번 결정한 것은 끈질기게 실행하려고 한다.

⑮ 외향 - 감각 - 사고 - 지각(TYPE O)

관심이 외향으로 향하고 시원한 태도이며 활동적이다. 사물을 보는 관점이 상식적이며 동시에 실천적이고 명백한 형식을 좋아하는 경향이 있다. 논리적으로 생각하고 판단하는 경향이 강하고, 객관적이지만 상대 마음에 대해 배려가 부족한 경향이 있다.

⑯ 외향 - 감각 - 사고 - 판단(TYPE P)

관심이 외향으로 향하고 밝고 명랑하며 사교적인 것을 좋아한다. 사물을 보는 관점은 상식적이고 경험하지 못한 새로운 것에 대응을 잘 하지 못한다. 논리적으로 생각하고 판단하는 경향이 강하고 이성적이지만 사람의 감정에 무심한 경향이 있다. 환경에 대해서는 작용하는 편이고, 자기 페이스대로 꾸준히 성취하는 것을 잘한다.

4 인성검사의 대책

(1) 미리 알아두어야 할 점

① 출제 문항 수 … 인성검사의 출제 문항 수는 특별히 정해진 것이 아니며 각 기업체의 기준에 따라 달라질 수 있다. 보통 100문항 이상에서 500문항까지 출제된다고 예상하면 된다.

  ㉠ 1Set로 묶인 세 개의 문항 중 자신에게 가장 가까운 것(Most)과 가장 먼 것(Least)을 하나씩 고르는 유형(72Set, 1Set당 3문항)

다음 세 가지 문항 중 자신에게 가장 가까운 것은 Most, 가장 먼 것은 Least에 체크하시오.		
질문	Most	Least
① 자신의 생각이나 의견은 좀처럼 변하지 않는다.	✔	
② 구입한 후 끝까지 읽지 않은 책이 많다.		✔
③ 여행가기 전에 계획을 세운다.		

ⓛ '예' 아니면 '아니오'의 유형(178문항)

다음 문항을 읽고 자신에게 해당되는지 안 되는지를 판단하여 해당될 경우 '예'를, 해당되지 않을 경우 '아니오'를 고르시오.

질문	예	아니오
① 걱정거리가 있어서 잠을 못 잘 때가 있다.	✔	
② 시간에 쫓기는 것이 싫다.		✔

ⓒ 그 외의 유형

다음 문항에 대해서 평소에 자신이 생각하고 있는 것이나 행동하고 있는 것에 체크하시오.

질문	전혀 그렇지 않다	그렇지 않다	그렇다	매우 그렇다
① 머리를 쓰는 것보다 땀을 흘리는 일이 좋다.			✔	
② 자신은 사교적이 아니라고 생각한다.	✔			

(2) 임하는 자세

① 솔직하게 있는 그대로 표현한다 … 인성검사는 평범한 일상생활 내용들을 다룬 짧은 문장과 어떤 대상이나 일에 대한 선로를 선택하는 문장으로 구성되었으므로 평소에 자신이 생각한 바를 너무 골똘히 생각하지 말고 문제를 보는 순간 떠오른 것을 표현한다.

② 모든 문제를 신속하게 대답한다 … 인성검사는 시간 제한이 없는 것이 원칙이지만 기업체들은 일정한 시간 제한을 두고 있다. 인성검사는 개인의 성격과 자질을 알아보기 위한 검사이기 때문에 정답이 없다. 다만, 기업체에서 바람직하게 생각하거나 기대되는 결과가 있을 뿐이다. 따라서 시간에 쫓겨서 대충 대답을 하는 것은 바람직하지 못하다.

실전 인성검사

※ 인성검사는 개인의 성향을 측정하기 위한 도구로 정답이 없습니다.

┃1~250┃ 다음 제시된 문항이 당신에게 해당한다면 YES, 그렇지 않다면 NO를 선택하시오.

	YES	NO
1. 조금이라도 나쁜 소식은 절망의 시작이라고 생각해버린다.	( )	( )
2. 언제나 실패가 걱정이 되어 어쩔 줄 모른다.	( )	( )
3. 다수결의 의견에 따르는 편이다.	( )	( )
4. 혼자서 커피숍에 들어가는 것은 전혀 두려운 일이 아니다.	( )	( )
5. 승부근성이 강하다.	( )	( )
6. 자주 흥분해서 침착하지 못하다.	( )	( )
7. 지금까지 살면서 타인에게 폐를 끼친 적이 없다.	( )	( )
8. 소곤소곤 이야기하는 것을 보면 자기에 대해 험담하고 있는 것으로 생각된다.	( )	( )
9. 무엇이든지 자기가 나쁘다고 생각하는 편이다.	( )	( )
10. 자신을 변덕스러운 사람이라고 생각한다.	( )	( )
11. 고독을 즐기는 편이다.	( )	( )
12. 자존심이 강하다고 생각한다.	( )	( )
13. 금방 흥분하는 성격이다.	( )	( )
14. 거짓말을 한 적이 없다.	( )	( )
15. 신경질적인 편이다.	( )	( )
16. 끙끙대며 고민하는 타입이다.	( )	( )
17. 감정적인 사람이라고 생각한다.	( )	( )
18. 자신만의 신념을 가지고 있다.	( )	( )
19. 다른 사람을 바보 같다고 생각한 적이 있다.	( )	( )
20. 금방 말해버리는 편이다.	( )	( )
21. 싫어하는 사람이 없다.	( )	( )
22. 대재앙이 오지 않을까 항상 걱정을 한다.	( )	( )
23. 쓸데없는 고생을 사서 하는 일이 많다.	( )	( )
24. 자주 생각이 바뀌는 편이다.	( )	( )
25. 문제점을 해결하기 위해 여러 사람과 상의한다.	( )	( )

26. 내 방식대로 일을 한다. ···(   )(   )

27. 영화를 보고 운 적이 많다. ···(   )(   )

28. 어떤 것에 대해서도 화낸 적이 없다. ·····························(   )(   )

29. 사소한 충고에도 걱정을 한다. ·······································(   )(   )

30. 자신은 도움이 안되는 사람이라고 생각한다. ···············(   )(   )

31. 금방 싫증을 내는 편이다. ···(   )(   )

32. 개성적인 사람이라고 생각한다. ·······································(   )(   )

33. 자기 주장이 강한 편이다. ···(   )(   )

34. 산만하다는 말을 들은 적이 있다. ·································(   )(   )

35. 학교를 쉬고 싶다고 생각한 적이 한 번도 없다. ···········(   )(   )

36. 사람들과 관계맺는 것을 보면 잘하지 못한다. ···············(   )(   )

37. 사려깊은 편이다. ··(   )(   )

38. 몸을 움직이는 것을 좋아한다. ·······································(   )(   )

39. 끈기가 있는 편이다. ··(   )(   )

40. 신중한 편이라고 생각한다. ···(   )(   )

41. 인생의 목표는 큰 것이 좋다. ···(   )(   )

42. 어떤 일이라도 바로 시작하는 타입이다. ·····················(   )(   )

43. 낯가림을 하는 편이다. ···(   )(   )

44. 생각하고 나서 행동하는 편이다. ···································(   )(   )

45. 쉬는 날은 밖으로 나가는 경우가 많다. ·······················(   )(   )

46. 시작한 일은 반드시 완성시킨다. ···································(   )(   )

47. 면밀한 계획을 세운 여행을 좋아한다. ·························(   )(   )

48. 야망이 있는 편이라고 생각한다. ···································(   )(   )

49. 활동력이 있는 편이다. ···(   )(   )

50. 많은 사람들과 왁자지껄하게 식사하는 것을 좋아하지 않는다. ·····(   )(   )

51. 돈을 허비한 적이 없다. ···(   )(   )

52. 운동회를 아주 좋아하고 기대했다. ·······························(   )(   )

53. 하나의 취미에 열중하는 타입이다. ·······························(   )(   )

54. 모임에서 회장에 어울린다고 생각한다. ·······················(   )(   )

YES NO

55. 입신출세의 성공이야기를 좋아한다. ……………………………………(　)(　)
56. 어떠한 일도 의욕을 가지고 임하는 편이다. ……………………………(　)(　)
57. 학급에서는 존재가 희미했다. ……………………………………………(　)(　)
58. 항상 무언가를 생각하고 있다. …………………………………………(　)(　)
59. 스포츠는 보는 것보다 하는 게 좋다. …………………………………(　)(　)
60. '참 잘했네요'라는 말을 듣는다. ………………………………………(　)(　)
61. 흐린 날은 반드시 우산을 가지고 간다. ………………………………(　)(　)
62. 주연상을 받을 수 있는 배우를 좋아한다. ……………………………(　)(　)
63. 공격하는 타입이라고 생각한다. ………………………………………(　)(　)
64. 리드를 받는 편이다. ……………………………………………………(　)(　)
65. 너무 신중해서 기회를 놓친 적이 있다. ………………………………(　)(　)
66. 시원시원하게 움직이는 타입이다. ……………………………………(　)(　)
67. 야근을 해서라도 업무를 끝낸다. ………………………………………(　)(　)
68. 누군가를 방문할 때는 반드시 사전에 확인한다. ……………………(　)(　)
69. 노력해도 결과가 따르지 않으면 의미가 없다. ………………………(　)(　)
70. 무조건 행동해야 한다. …………………………………………………(　)(　)
71. 유행에 둔감하다고 생각한다. …………………………………………(　)(　)
72. 정해진 대로 움직이는 것은 시시하다. ………………………………(　)(　)
73. 꿈을 계속 가지고 있고 싶다. …………………………………………(　)(　)
74. 질서보다 자유를 중요시하는 편이다. …………………………………(　)(　)
75. 혼자서 취미에 몰두하는 것을 좋아한다. ……………………………(　)(　)
76. 직관적으로 판단하는 편이다. …………………………………………(　)(　)
77. 영화나 드라마를 보면 등장인물의 감정에 이입된다. ………………(　)(　)
78. 시대의 흐름에 역행해서라도 자신을 관철하고 싶다. ………………(　)(　)
79. 다른 사람의 소문에 관심이 없다. ……………………………………(　)(　)
80. 창조적인 편이다. ………………………………………………………(　)(　)
81. 비교적 눈물이 많은 편이다. …………………………………………(　)(　)
82. 융통성이 있다고 생각한다. ……………………………………………(　)(　)
83. 친구의 휴대전화 번호를 잘 모른다. …………………………………(　)(　)

84. 스스로 고안하는 것을 좋아한다. ···(   )(   )

85. 정이 두터운 사람으로 남고 싶다. ··(   )(   )

86. 조직의 일원으로 별로 안 어울린다. ···(   )(   )

87. 세상의 일에 별로 관심이 없다. ···(   )(   )

88. 변화를 추구하는 편이다. ···(   )(   )

89. 업무는 인간관계로 선택한다. ··(   )(   )

90. 환경이 변하는 것에 구애되지 않는다. ···(   )(   )

91. 불안감이 강한 편이다. ···(   )(   )

92. 인생은 살 가치가 없다고 생각한다. ··(   )(   )

93. 의지가 약한 편이다. ··(   )(   )

94. 다른 사람이 하는 일에 별로 관심이 없다. ·····································(   )(   )

95. 사람을 설득시키는 것은 어렵지 않다. ···(   )(   )

96. 심심한 것을 못 참는다. ···(   )(   )

97. 다른 사람을 욕한 적이 한 번도 없다. ···(   )(   )

98. 다른 사람에게 어떻게 보일지 신경을 쓴다. ···································(   )(   )

99. 금방 낙심하는 편이다. ···(   )(   )

100. 다른 사람에게 의존하는 경향이 있다. ···(   )(   )

101. 그다지 융통성이 있는 편이 아니다. ··(   )(   )

102. 다른 사람이 내 의견에 간섭하는 것이 싫다. ·······························(   )(   )

103. 낙천적인 편이다. ···(   )(   )

104. 숙제를 잊어버린 적이 한 번도 없다. ···(   )(   )

105. 밤길에는 발소리가 들리기만 해도 불안하다. ·······························(   )(   )

106. 상냥하다는 말을 들은 적이 있다. ···(   )(   )

107. 자신은 유치한 사람이다. ···(   )(   )

108. 잡담을 하는 것보다 책을 읽는 게 낫다. ······································(   )(   )

109. 나는 영업에 적합한 타입이라고 생각한다. ···································(   )(   )

110. 술자리에서 술을 마시지 않아도 흥을 돋울 수 있다. ····················(   )(   )

111. 한 번도 병원에 간 적이 없다. ··(   )(   )

112. 나쁜 일은 걱정이 되어서 어쩔 줄을 모른다. ·······························(   )(   )

113. 금세 무기력해지는 편이다. ··(   )(   )

114. 비교적 고분고분한 편이라고 생각한다. ·································(   )(   )

115. 독자적으로 행동하는 편이다. ··(   )(   )

116. 적극적으로 행동하는 편이다. ··(   )(   )

117. 금방 감격하는 편이다. ···(   )(   )

118. 어떤 것에 대해서는 불만을 가진 적이 없다. ······················(   )(   )

119. 밤에 못 잘 때가 많다. ···(   )(   )

120. 자주 후회하는 편이다. ···(   )(   )

121. 뜨거워지기 쉽고 식기 쉽다. ··(   )(   )

122. 자신만의 세계를 가지고 있다. ···(   )(   )

123. 많은 사람 앞에서도 긴장하는 일은 없다. ····························(   )(   )

124. 말하는 것을 아주 좋아한다. ··(   )(   )

125. 인생을 포기하는 마음을 가진 적이 한 번도 없다. ··············(   )(   )

126. 어두운 성격이다. ··(   )(   )

127. 금방 반성한다. ··(   )(   )

128. 활동범위가 넓은 편이다. ···(   )(   )

129. 자신을 끈기 있는 사람이라고 생각한다. ····························(   )(   )

130. 좋다고 생각하더라도 좀 더 검토하고 나서 실행한다. ·········(   )(   )

131. 위대한 인물이 되고 싶다. ···(   )(   )

132. 한 번에 많은 일을 떠맡아도 힘들지 않다. ·························(   )(   )

133. 사람과 만날 약속은 부담스럽다. ··(   )(   )

134. 질문을 받으면 충분히 생각하고 나서 대답하는 편이다. ······(   )(   )

135. 머리를 쓰는 것보다 땀을 흘리는 일이 좋다. ·····················(   )(   )

136. 결정한 것에는 철저히 구속받는다. ·····································(   )(   )

137. 외출 시 문을 잠갔는지 몇 번을 확인한다. ·························(   )(   )

138. 이왕 할 거라면 일등이 되고 싶다. ····································(   )(   )

139. 과감하게 도전하는 타입이다. ···(   )(   )

140. 자신은 사교적이 아니라고 생각한다. ·································(   )(   )

141. 무심코 도리에 대해서 말하고 싶어진다. ····························(   )(   )

142. '항상 건강하네요'라는 말을 듣는다. ································( )( )
143. 단념하면 끝이라고 생각한다. ·································( )( )
144. 예상하지 못한 일은 하고 싶지 않다. ·····················( )( )
145. 파란만장하더라도 성공하는 인생을 걷고 싶다. ·········( )( )
146. 활기찬 편이라고 생각한다. ·································( )( )
147. 소극적인 편이라고 생각한다. ·····························( )( )
148. 무심코 평론가가 되어 버린다. ···························( )( )
149. 자신은 성급하다고 생각한다. ·····························( )( )
150. 꾸준히 노력하는 타입이라고 생각한다. ··················( )( )
151. 내일의 계획이라도 메모한다. ·····························( )( )
152. 리더십이 있는 사람이 되고 싶다. ·······················( )( )
153. 열정적인 사람이라고 생각한다. ··························( )( )
154. 다른 사람 앞에서 이야기를 잘 하지 못한다. ············( )( )
155. 통찰력이 있는 편이다. ·····································( )( )
156. 엉덩이가 가벼운 편이다. ···································( )( )
157. 여러 가지로 구애됨이 있다. ·······························( )( )
158. 돌다리도 두들겨 보고 건너는 쪽이 좋다. ···············( )( )
159. 자신에게는 권력욕이 있다. ·······························( )( )
160. 업무를 할당받으면 기쁘다. ·······························( )( )
161. 사색적인 사람이라고 생각한다. ··························( )( )
162. 비교적 개혁적이다. ···( )( )
163. 좋고 싫음으로 정할 때가 많다. ··························( )( )
164. 전통에 구애되는 것은 버리는 것이 적절하다. ···········( )( )
165. 교제 범위가 좁은 편이다. ·································( )( )
166. 발상의 전환을 할 수 있는 타입이라고 생각한다. ·······( )( )
167. 너무 주관적이어서 실패한다. ·····························( )( )
168. 현실적이고 실용적인 면을 추구한다. ·····················( )( )
169. 내가 어떤 배우의 팬인지 아무도 모른다. ···············( )( )
170. 현실보다 가능성이다. ······································( )( )

YES NO

171. 마음이 담겨 있으면 선물은 아무 것이나 좋다. ……………………………( )( )

172. 여행은 마음대로 하는 것이 좋다. …………………………………………( )( )

173. 추상적인 일에 관심이 있는 편이다. ………………………………………( )( )

174. 일은 대담히 하는 편이다. ……………………………………………………( )( )

175. 괴로워하는 사람을 보면 우선 동정한다. …………………………………( )( )

176. 가치기준은 자신의 안에 있다고 생각한다. ………………………………( )( )

177. 조용하고 조심스러운 편이다. ………………………………………………( )( )

178. 상상력이 풍부한 편이라고 생각한다. ……………………………………( )( )

179. 의리, 인정이 두터운 상사를 만나고 싶다. ………………………………( )( )

180. 인생의 앞날을 알 수 없어 재미있다. ……………………………………( )( )

181. 밝은 성격이다. …………………………………………………………………( )( )

182. 별로 반성하지 않는다. ………………………………………………………( )( )

183. 활동범위가 좁은 편이다. ……………………………………………………( )( )

184. 자신을 시원시원한 사람이라고 생각한다. ………………………………( )( )

185. 좋다고 생각하면 바로 행동한다. …………………………………………( )( )

186. 좋은 사람이 되고 싶다. ………………………………………………………( )( )

187. 한 번에 많은 일을 떠맡는 것은 골칫거리라고 생각한다. ……………( )( )

188. 사람과 만날 약속은 즐겁다. ………………………………………………( )( )

189. 질문을 받으면 그때의 느낌으로 대답하는 편이다. ……………………( )( )

190. 땀을 흘리는 것보다 머리를 쓰는 일이 좋다. ……………………………( )( )

191. 결정한 것이라도 그다지 구속받지 않는다. ………………………………( )( )

192. 외출 시 문을 잠갔는지 별로 확인하지 않는다. …………………………( )( )

193. 지위에 어울리면 된다. ………………………………………………………( )( )

194. 안전책을 고르는 타입이다. …………………………………………………( )( )

195. 자신은 사교적이라고 생각한다. …………………………………………( )( )

196. 도리는 상관없다. ………………………………………………………………( )( )

197. '침착하네요'라는 말을 듣는다. ……………………………………………( )( )

198. 단념이 중요하다고 생각한다. ………………………………………………( )( )

199. 예상하지 못한 일도 해보고 싶다. …………………………………………( )( )

200. 평범하고 평온하게 행복한 인생을 살고 싶다. ·····················( )( )

201. 몹시 귀찮아하는 편이라고 생각한다. ·····························( )( )

202. 특별히 소극적이라고 생각하지 않는다. ·······················( )( )

203. 이것저것 평하는 것이 싫다. ···( )( )

204. 자신은 성급하지 않다고 생각한다. ·······························( )( )

205. 꾸준히 노력하는 것을 잘 하지 못한다. ·······················( )( )

206. 내일의 계획은 머릿속에 기억한다. ·······························( )( )

207. 협동성이 있는 사람이 되고 싶다. ·······························( )( )

208. 열정적인 사람이라고 생각하지 않는다. ·······················( )( )

209. 다른 사람 앞에서 이야기를 잘한다. ·····························( )( )

210. 행동력이 있는 편이다. ···( )( )

211. 엉덩이가 무거운 편이다. ···( )( )

212. 특별히 구애받는 것이 없다. ···( )( )

213. 돌다리는 두들겨 보지 않고 건너도 된다. ·····················( )( )

214. 자신에게는 권력욕이 없다. ···( )( )

215. 업무를 할당받으면 부담스럽다. ···································( )( )

216. 활동적인 사람이라고 생각한다. ···································( )( )

217. 비교적 보수적이다. ···( )( )

218. 손해인지 이익인지로 정할 때가 많다. ·························( )( )

219. 전통을 견실히 지키는 것이 적절하다. ·························( )( )

220. 교제 범위가 넓은 편이다. ···( )( )

221. 상식적인 판단을 할 수 있는 타입이라고 생각한다. ·······( )( )

222. 너무 객관적이어서 실패한다. ·······································( )( )

223. 보수적인 면을 추구한다. ···( )( )

224. 내가 누구의 팬인지 주변의 사람들이 안다. ·················( )( )

225. 가능성보다 현실이다. ···( )( )

226. 그 사람이 필요한 것을 선물하고 싶다. ·······················( )( )

227. 여행은 계획적으로 하는 것이 좋다. ·····························( )( )

228. 구체적인 일에 관심이 있는 편이다. ·····························( )( )

	YES	NO

229. 일은 착실히 하는 편이다. ·····································( )( )

230. 괴로워하는 사람을 보면 우선 이유를 생각한다. ·····················( )( )

231. 가치기준은 자신의 밖에 있다고 생각한다. ························( )( )

232. 밝고 개방적인 편이다. ···( )( )

233. 현실 인식을 잘하는 편이라고 생각한다. ·························( )( )

234. 공평하고 공적인 상사를 만나고 싶다. ··························( )( )

235. 시시해도 계획적인 인생이 좋다. ·································( )( )

236. 적극적으로 사람들과 관계를 맺는 편이다. ·····················( )( )

237. 활동적인 편이다. ···( )( )

238. 몸을 움직이는 것을 좋아하지 않는다. ··························( )( )

239. 쉽게 질리는 편이다. ···( )( )

240. 경솔한 편이라고 생각한다. ·······································( )( )

241. 인생의 목표는 손이 닿을 정도면 된다. ························( )( )

242. 무슨 일도 좀처럼 시작하지 못한다. ····························( )( )

243. 초면인 사람과도 바로 친해질 수 있다. ························( )( )

244. 행동하고 나서 생각하는 편이다. ·································( )( )

245. 쉬는 날은 밖에 있는 경우가 많다. ····························( )( )

246. 완성되기 전에 포기하는 경우가 많다. ··························( )( )

247. 계획 없는 여행을 좋아한다. ······································( )( )

248. 욕심이 없는 편이라고 생각한다. ·································( )( )

249. 활동력이 별로 없다. ···( )( )

250. 많은 사람들과 왁자지껄하게 식사하는 것은 피곤하다. ·············( )( )

PART

IV

면접

01 면접의 기본

1 면접준비

(1) 면접의 기본 원칙

① **면접의 의미** … 면접이란 다양한 면접기법을 활용하여 지원한 직무에 필요한 능력을 지원자가 보유하고 있는지를 확인하는 절차라고 할 수 있다. 즉, 지원자의 입장에서는 채용 직무 수행에 필요한 요건들과 관련하여 자신의 환경, 경험, 관심사, 성취 등에 대해 기업에 직접 어필할 수 있는 기회를 제공받는 것이며, 기업의 입장에서는 서류전형만으로 알 수 없는 지원자에 대한 정보를 직접적으로 수집하고 평가하는 것이다.

② **면접의 특징** … 면접은 기업의 입장에서 서류전형이나 필기전형에서 드러나지 않는 지원자의 능력이나 성향을 볼 수 있는 기회로, 면대면으로 이루어지며 즉흥적인 질문들이 포함될 수 있기 때문에 지원자가 완벽하게 준비하기 어려운 부분이 있다. 하지만 지원자 입장에서도 서류전형이나 필기전형에서 모두 보여주지 못한 자신의 능력 등을 기업의 인사담당자에게 어필할 수 있는 추가적인 기회가 될 수도 있다.

[서류 · 필기전형과 차별화되는 면접의 특징]

- 직무수행과 관련된 다양한 지원자 행동에 대한 관찰이 가능하다.
- 면접관이 알고자 하는 정보를 심층적으로 파악할 수 있다.
- 서류상의 미비한 사항과 의심스러운 부분을 확인할 수 있다.
- 커뮤니케이션 능력, 대인관계 능력 등 행동 · 언어적 정보도 얻을 수 있다.

③ **면접의 유형**

　㉠ **구조화 면접** : 구조화 면접은 사전에 계획을 세워 질문의 내용과 방법, 지원자의 답변 유형에 따른 추가 질문과 그에 대한 평가 역량이 정해져 있는 면접 방식으로 표준화 면접이라고도 한다.

　　• 표준화된 질문이나 평가요소가 면접 전 확정되며, 지원자는 편성된 조나 면접관에 영향을 받지 않고 동일한 질문과 시간을 부여받을 수 있다.

- 조직 또는 직무별로 주요하게 도출된 역량을 기반으로 평가요소가 구성되어, 조직 또는 직무에서 필요한 역량을 가진 지원자를 선발할 수 있다.
- 표준화된 형식을 사용하는 특성 때문에 비구조화 면접에 비해 신뢰성과 타당성, 객관성이 높다.

© 비구조화 면접 : 비구조화 면접은 면접 계획을 세울 때 면접 목적만을 명시하고 내용이나 방법은 면접관에게 전적으로 일임하는 방식으로 비표준화 면접이라고도 한다.
- 표준화된 질문이나 평가요소 없이 면접이 진행되며, 편성된 조나 면접관에 따라 지원자에게 주어지는 질문이나 시간이 다르다.
- 면접관의 주관적인 판단에 따라 평가가 이루어져 평가 오류가 빈번히 일어난다.
- 상황 대처나 언변이 뛰어난 지원자에게 유리한 면접이 될 수 있다.

④ 경쟁력 있는 면접 요령

㉠ 면접 전에 준비하고 유념할 사항
- 예상 질문과 답변을 미리 작성한다.
- 작성한 내용을 문장으로 외우지 않고 키워드로 기억한다.
- 지원한 회사의 최근 기사를 검색하여 기억한다.
- 지원한 회사가 속한 산업군의 최근 기사를 검색하여 기억한다.
- 면접 전 1주일 간 이슈가 되는 뉴스를 기억하고 자신의 생각을 반영하여 정리한다.
- 찬반토론에 대비한 주제를 목록으로 정리하여 자신의 논리를 내세운 예상답변을 작성한다.

㉡ 면접장에서 유념할 사항
- 질문의 의도 파악 : 답변을 할 때에는 질문 의도를 파악하고 그에 충실한 답변이 될 수 있도록 질문사항을 유념해야 한다. 많은 지원자가 하는 실수 중 하나로 답변을 하는 도중 자기 말에 심취되어 질문의 의도와 다른 답변을 하거나 자신이 알고 있는 지식만을 나열하는 경우가 있는데, 이럴 경우 의사소통능력이 부족한 사람으로 인식될 수 있으므로 주의하도록 한다.
- 답변은 두괄식 : 답변을 할 때에는 두괄식으로 결론을 먼저 말하고 그 이유를 설명하는 것이 좋다. 미괄식으로 답변을 할 경우 용두사미의 답변이 될 가능성이 높으며, 결론을 이끌어 내는 과정에서 논리성이 결여될 우려가 있다. 또한 면접관이 결론을 듣기 전에 말을 끊고 다른 질문을 추가하는 예상치 못한 상황이 발생될 수 있으므로 답변은 자신이 전달하고자 하는 바를 먼저 밝히고 그에 대한 설명을 하는 것이 좋다.

- 지원한 회사의 기업정신과 인재상을 기억 : 답변을 할 때에는 회사가 원하는 인재라는 인상을 심어주기 위해 지원한 회사의 기업정신과 인재상 등을 염두에 두고 답변을 하는 것이 좋다. 모든 회사에 해당되는 두루뭉술한 답변보다는 지원한 회사에 맞는 맞춤형 답변을 하는 것이 좋다.
- 나보다는 회사와 사회적 관점에서 답변 : 답변을 할 때에는 자기중심적인 관점을 피하고 좀 더 넓은 시각으로 회사와 국가, 사회적 입장까지 고려하는 인재임을 어필하는 것이 좋다. 자기중심적 시각을 바탕으로 자신의 출세만을 위해 회사에 입사하려는 인상을 심어줄 경우 면접에서 불이익을 받을 가능성이 높다.
- 난처한 질문은 정직한 답변 : 난처한 질문에 답변을 해야 할 때에는 피하기보다는 정면 돌파로 정직하고 솔직하게 답변하는 것이 좋다. 난처한 부분을 감추고 드러내지 않으려 회피하려는 지원자의 모습은 인사담당자에게 입사 후에도 비슷한 상황에 처했을 때 회피할 수도 있다는 우려를 심어줄 수 있다. 따라서 직장생활에 있어 중요한 덕목 중 하나인 정직을 바탕으로 솔직하게 답변을 하도록 한다.

(2) 면접의 종류 및 준비 전략

① 인성면접

㉠ 면접 방식 및 판단기준

- 면접 방식 : 면접관이 가지고 있는 개인적 면접 노하우나 관심사에 의해 질문을 실시한다. 주로 입사지원서나 자기소개서의 내용을 토대로 지원동기, 과거의 경험, 미래 포부 등을 이야기하도록 하는 방식이다.
- 판단기준 : 면접관의 개인적 가치관과 경험, 해당 역량의 수준, 경험의 구체성·진실성 등

㉡ 특징 : 그 방식으로 인해 역량과 무관한 질문들이 많고 지원자에게 주어지는 면접질문, 시간 등이 다를 수 있다. 또한 입사지원서나 자기소개서의 내용을 토대로 하기 때문에 지원자별 질문이 달라질 수 있다.

ⓒ 예시 문항 및 준비전략

• 예시 문항

> • 3분 동안 자기소개를 해 보십시오.
> • 자신의 장점과 단점을 말해 보십시오.
> • 학점이 좋지 않은데 그 이유가 무엇입니까?
> • 최근에 인상 깊게 읽은 책은 무엇입니까?
> • 회사를 선택할 때 중요시하는 것은 무엇입니까?
> • 일과 개인생활 중 어느 쪽을 중시합니까?
> • 10년 후 자신은 어떤 모습일 것이라고 생각합니까?
> • 휴학 기간 동안에는 무엇을 했습니까?

• 준비전략: 인성면접은 입사지원서나 자기소개서의 내용을 바탕으로 하는 경우가 많으므로 자신이 작성한 입사지원서와 자기소개서의 내용을 충분히 숙지하도록 한다. 또한 최근 사회적으로 이슈가 되고 있는 뉴스에 대한 견해를 묻거나 시사상식 등에 대한 질문을 받을 수 있으므로 이에 대한 대비도 필요하다. 자칫 부담스러워 보이지 않는 질문으로 가볍게 대답하지 않도록 주의하고 모든 질문에 입사 의지를 담아 성실하게 답변하는 것이 중요하다.

② 발표면접

㉠ 면접 방식 및 판단기준

• 면접 방식: 지원자가 특정 주제와 관련된 자료를 검토하고 그에 대한 자신의 생각을 면접관 앞에서 주어진 시간 동안 발표하고 추가 질의를 받는 방식으로 진행된다.

• 판단기준: 지원자의 사고력, 논리력, 문제해결력 등

㉡ 특징: 지원자에게 과제를 부여한 후, 과제를 수행하는 과정과 결과를 관찰·평가한다. 따라서 과제수행 결과뿐 아니라 수행과정에서의 행동을 모두 평가할 수 있다.

ⓒ 예시 문항 및 준비전략

• 예시 문항

[신입사원 조기 이직 문제]

※ 지원자는 아래에 제시된 자료를 검토한 뒤, 신입사원 조기 이직의 원인을 크게 3가지로 정리하고 이에 대한 구체적인 개선안을 도출하여 발표해 주시기 바랍니다.

※ 본 과제에 정해진 정답은 없으나 논리적 근거를 들어 개선안을 작성해 주십시오.

• A기업은 동종업계 유사기업들과 비교해 볼 때, 비교적 높은 재무안정성을 유지하고 있으며 업무강도가 그리 높지 않은 것으로 외부에 알려져 있음.

• 최근 조사결과, 동종업계 유사기업들과 연봉을 비교해 보았을 때 연봉 수준도 그리 나쁘지 않은 편이라는 것이 확인되었음.

• 그러나 지난 3년간 1~2년차 직원들의 이직률이 계속해서 증가하고 있는 추세이며, 경영진 회의에서 최우선 해결과제 중 하나로 거론되었음.

• 이에 따라 인사팀에서 현재 1~2년차 사원들을 대상으로 개선되어야 하는 A기업의 조직문화에 대한 설문조사를 실시한 결과, '상명하복식의 의사소통'이 36.7%로 1위를 차지했음.

• 이러한 설문조사와 함께, 신입사원 조기 이직에 대한 원인을 분석한 결과 파랑새 증후군, 셀프홀릭 증후군, 피터팬 증후군 등 3가지로 분류할 수 있었음.

〈동종업계 유사기업들과의 연봉 비교〉   〈우리 회사 조직문화 중 개선되었으면 하는 것〉

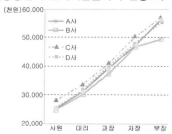
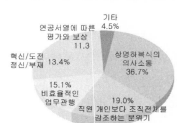

〈신입사원 조기 이직의 원인〉

• 파랑새 증후군
– 현재의 직장보다 더 좋은 직장이 있을 것이라는 막연한 기대감으로 끊임없이 새로운 직장을 탐색함.
– 학력 수준과 맞지 않는 '하향지원', 전공과 적성을 고려하지 않고 일단 취업하고 보자는 '묻지마 지원'이 파랑새 증후군을 초래함.

• 셀프홀릭 증후군
– 본인의 역량에 비해 가치가 낮은 일을 주로 하면서 갈등을 느낌.

• 피터팬 증후군
– 기성세대의 문화를 무조건 수용하기보다는 자유로움과 변화를 추구함.
– 상명하복, 엄격한 규율 등 기성세대가 당연시하는 관행에 거부감을 가지며 직장에 답답함을 느낌.

- 준비전략 : 발표면접의 시작은 과제 안내문과 과제 상황, 과제 자료 등을 정확하게 이해하는 것에서 출발한다. 과제 안내문을 침착하게 읽고 제시된 주제 및 문제와 관련된 상황의 맥락을 파악한 후 과제를 검토한다. 제시된 기사나 그래프 등을 충분히 활용하여 주어진 문제를 해결할 수 있는 해결책이나 대안을 제시하며, 발표를 할 때에는 명확하고 자신 있는 태도로 전달할 수 있도록 한다.

③ 토론면접

　㉠ 면접 방식 및 판단기준
- 면접 방식 : 상호갈등적 요소를 가진 과제 또는 공통의 과제를 해결하는 내용의 토론 과제를 제시하고, 그 과정에서 개인 간의 상호작용 행동을 관찰하는 방식으로 면접이 진행된다.
- 판단기준 : 팀워크, 적극성, 갈등 조정, 의사소통능력, 문제해결능력 등

　㉡ 특징 : 토론을 통해 도출해 낸 최종안의 타당성도 중요하지만, 결론을 도출해내는 과정에서의 의사소통능력이나 갈등상황에서 의견을 조정하는 능력 등이 중요하게 평가되는 특징이 있다.

　㉢ 예시 문항 및 준비전략
- 예시 문항

> - 군 가산점제 부활에 대한 찬반토론
> - 담뱃값 인상에 대한 찬반토론
> - 비정규직 철폐에 대한 찬반토론
> - 대학의 영어 강의 확대 찬반토론
> - 워크숍 장소 선정을 위한 토론

- 준비전략 : 무엇보다 팀워크와 적극성이 강조된다. 따라서 토론과정에 적극적으로 참여하며 자신의 의사를 분명하게 전달하며, 갈등상황에서 자신의 의견만 내세울 것이 아니라 다른 지원자의 의견을 경청하고 배려하는 모습도 중요하다. 갈등상황을 일목요연하게 정리하여 조정하는 등의 의사소통능력을 발휘하는 것도 좋은 전략이 될 수 있다.

④ 상황면접

　㉠ 면접 방식 및 판단기준
- 면접 방식 : 상황면접은 직무수행 시 접할 수 있는 상황들을 제시하고, 그러한 상황에서 어떻게 행동할 것인지를 이야기하는 방식으로 진행된다.
- 판단기준 : 해당 상황에 적절한 역량의 구현과 구체적 행동지표

ⓒ 특징 : 실제 직무 수행 시 접할 수 있는 상황들을 제시하므로 입사 이후 지원자의 업무 수행능력을 평가하는 데 적절한 면접 방식이다. 또한 지원자의 가치관, 태도, 사고방식 등의 요소를 통합적으로 평가하는 데 용이하다.

ⓒ 예시 문항 및 준비전략

• 예시 문항

> 당신은 생산관리팀의 팀원으로, 생산팀이 기한에 맞춰 효율적으로 제품을 생산할 수 있도록 관리하는 역할을 맡고 있습니다. 3개월 뒤에 제품A를 정상적으로 출시하기 위해 생산팀의 생산 계획을 수립한 상황입니다. 그러나 원가가 곧 실적으로 이어지는 구매팀에서는 최대한 원가를 줄여 전반적 단가를 낮추려고 원가절감을 위한 제안을 하였으나, 연구개발팀에서는 구매팀이 제안한 방식으로 제품을 생산할 경우 대부분이 구매팀의 실적으로 산정될 것이므로 제대로 확인도 해보지 않은 채 적합하지 않은 방식이라고 판단하고 있습니다. 당신은 어떻게 하겠습니까?

• 준비전략 : 먼저 주어진 상황에서 핵심이 되는 문제가 무엇인지를 파악하는 것에서 시작한다. 주질문과 세부질문을 통하여 질문의 의도를 파악하였다면, 그에 대한 구체적인 행동이나 생각 등에 대해 응답할수록 높은 점수를 얻을 수 있다.

⑤ 역할면접

㉠ 면접 방식 및 판단기준

• 면접 방식 : 역할면접 또는 역할연기 면접은 기업 내 발생 가능한 상황에서 부딪히게 되는 문제와 역할을 가상적으로 설정하여 특정 역할을 맡은 사람과 상호작용하고 문제를 해결해 나가도록 하는 방식으로 진행된다. 역할연기 면접에서는 면접관이 직접 역할연기를 하면서 지원자를 관찰하기도 하지만, 역할연기 수행만 전문적으로 하는 사람을 투입할 수도 있다.

• 판단기준 : 대처능력, 대인관계능력, 의사소통능력 등

ⓒ 특징 : 실제 상황과 유사한 가상 상황에서의 행동을 관찰함으로서 지원자의 성격이나 대처 행동 등을 관찰할 수 있다.

ⓒ 예시 문항 및 준비전략

• 예시 문항

> **[금융권 역할면접의 예]**
> 당신은 ○○은행의 신입 텔러이다. 사람이 많은 월말 오전 한 할아버지(면접관 또는 역할담당자)께서 ○○은행을 사칭한 보이스피싱으로 500만 원을 피해 보았다며 소란을 일으키고 있다. 실제 업무상황이라고 생각하고 상황에 대처해 보시오.

- 준비전략 : 역할연기 면접에서 측정하는 역량은 주로 갈등의 원인이 되는 문제를 해결하고 제시된 해결방안을 상대방에게 설득하는 것이다. 따라서 갈등해결, 문제해결, 조정·통합, 설득력과 같은 역량이 중요시된다. 또한 갈등을 해결하기 위해서 상대방에 대한 이해도 필수적인 요소이므로 고객 지향을 염두에 두고 상황에 맞게 대처해야 한다. 역할면접에서는 변별력을 높이기 위해 면접관이 압박적인 분위기를 조성하는 경우가 많기 때문에 스트레스 상황에서 불안해하지 않고 유연하게 대처할 수 있도록 시간과 노력을 들여 충분히 연습하는 것이 좋다.

2 면접 이미지 메이킹

(1) 성공적인 이미지 메이킹 포인트

① 복장 및 스타일

㉠ 남성

- 양복 : 양복은 단색으로 하며 넥타이나 셔츠로 포인트를 주는 것이 효과적이다. 짙은 회색이나 감청색이 가장 단정하고 품위 있는 인상을 준다.
- 셔츠 : 흰색이 가장 선호되나 자신의 피부색에 맞추는 것이 좋다. 푸른색이나 베이지색은 산뜻한 느낌을 줄 수 있다. 양복과의 배색도 고려하도록 한다.
- 넥타이 : 의상에 포인트를 줄 수 있는 아이템이지만 너무 화려한 것은 피한다. 지원자의 피부색은 물론, 정장과 셔츠의 색을 고려하며, 체격에 따라 넥타이 폭을 조절하는 것이 좋다.
- 구두 & 양말 : 구두는 검정색이나 짙은 갈색이 어느 양복에나 무난하게 어울리며 깔끔하게 닦아 준비한다. 양말은 정장과 동일한 색상이나 검정색을 착용한다.
- 헤어스타일 : 머리스타일은 단정한 느낌을 주는 짧은 헤어스타일이 좋으며 앞머리가 있다면 이마나 눈썹을 가리지 않는 선에서 정리하는 것이 좋다.

ⓛ 여성

- 의상 : 단정한 스커트 투피스 정장이나 슬랙스 슈트가 무난하다. 블랙이나 그레이, 네이비, 브라운 등 차분해 보이는 색상을 선택하는 것이 좋다.
- 소품 : 구두, 핸드백 등은 같은 계열로 코디하는 것이 좋으며 구두는 너무 화려한 디자인이나 굽이 높은 것을 피한다. 스타킹은 의상과 구두에 맞춰 단정한 것으로 선택한다.
- 액세서리 : 액세서리는 너무 크거나 화려한 것은 좋지 않으며 과하게 많이 하는 것도 좋은 인상을 주지 못한다. 착용하지 않거나 작고 깔끔한 디자인으로 포인트를 주는 정도가 적당하다.
- 메이크업 : 화장은 자연스럽고 밝은 이미지를 표현하는 것이 좋으며 진한 색조는 인상이 강해 보일 수 있으므로 피한다.
- 헤어스타일 : 커트나 단발처럼 짧은 머리는 활동적이면서도 단정한 이미지를 줄 수 있도록 정리한다. 긴 머리의 경우 하나로 묶거나 단정한 머리망으로 정리하는 것이 좋으며, 짙은 염색이나 화려한 웨이브는 피한다.

② 인사

ⓐ 인사의 의미 : 인사는 예의범절의 기본이며 상대방의 마음을 여는 기본적인 행동이라고 할 수 있다. 인사는 처음 만나는 면접관에게 호감을 살 수 있는 가장 쉬운 방법이 될 수 있기도 하지만 제대로 예의를 지키지 않으면 지원자의 인성 전반에 대한 평가로 이어질 수 있으므로 각별히 주의해야 한다.

ⓑ 인사의 핵심 포인트

- 인사말 : 인사말을 할 때에는 밝고 친근감 있는 목소리로 하며, 자신의 이름과 수험번호 등을 간략하게 소개한다.
- 시선 : 인사는 상대방의 눈을 보며 하는 것이 중요하며 너무 빤히 쳐다본다는 느낌이 들지 않도록 주의한다.
- 표정 : 인사는 마음에서 우러나오는 존경이나 반가움을 표현하고 예의를 차리는 것이므로 살짝 미소를 지으며 하는 것이 좋다.
- 자세 : 인사를 할 때에는 가볍게 목만 숙인다거나 흐트러진 상태에서 인사를 하지 않도록 주의하며 절도 있고 확실하게 하는 것이 좋다.

③ 시선처리와 표정, 목소리

㉠ 시선처리와 표정 : 표정은 면접에서 지원자의 첫인상을 결정하는 중요한 요소이다. 얼굴 표정은 사람의 감정을 가장 잘 표현할 수 있는 의사소통 도구로 표정 하나로 상대방에게 호감을 주거나, 비호감을 사기도 한다. 호감이 가는 인상의 특징은 부드러운 눈썹, 자연스러운 미간, 적당히 볼록한 광대, 올라간 입 꼬리 등으로 가볍게 미소를 지을 때의 표정과 일치한다. 따라서 면접 중에는 밝은 표정으로 미소를 지어 호감을 형성할 수 있도록 한다. 시선은 면접관과 고르게 맞추되 생기 있는 눈빛을 띄도록 하며, 너무 빤히 쳐다본다는 인상을 주지 않도록 한다.

㉡ 목소리 : 면접은 주로 면접관과 지원자의 대화로 이루어지므로 목소리가 미치는 영향이 상당하다. 답변을 할 때에는 부드러우면서도 활기차고 생동감 있는 목소리로 하는 것이 면접관에게 호감을 줄 수 있으며 적당한 제스처가 더해진다면 상승효과를 얻을 수 있다. 그러나 적절한 답변을 하였음에도 불구하고 콧소리나 날카로운 목소리, 자신감 없는 작은 목소리는 답변의 신뢰성을 떨어뜨릴 수 있으므로 주의하도록 한다.

④ 자세

㉠ 걷는 자세
- 면접장에 입실할 때에는 상체를 곧게 유지하고 발끝은 평행이 되게 하며 무릎을 스치듯 11자로 걷는다.
- 시선은 정면을 향하고 턱은 가볍게 당기며 어깨나 엉덩이가 흔들리지 않도록 주의한다.
- 발바닥 전체가 닿는 느낌으로 안정감 있게 걸으며 발소리가 나지 않도록 주의한다.
- 보폭은 어깨넓이만큼이 적당하지만, 스커트를 착용했을 경우 보폭을 줄인다.
- 걸을 때도 미소를 유지한다.

㉡ 서있는 자세
- 몸 전체를 곧게 펴고 가슴을 자연스럽게 내민 후 등과 어깨에 힘을 주지 않는다.
- 정면을 바라본 상태에서 턱을 약간 당기고 아랫배에 힘을 주어 당기며 바르게 선다.
- 양 무릎과 발뒤꿈치는 붙이고 발끝은 11자 또는 V형을 취한다.
- 남성의 경우 팔을 자연스럽게 내리고 양손을 가볍게 쥐어 바지 옆선에 붙이고, 여성의 경우 공수자세를 유지한다.

ⓒ 앉은 자세
  • 남성

> • 의자 깊숙이 앉고 등받이와 등 사이에 주먹 1개 정도의 간격을 두며 기대듯 앉지 않도록 주의한다. (남녀 공통 사항)
> • 무릎 사이에 주먹 2개 정도의 간격을 유지하고 발끝은 11자를 취한다.
> • 시선은 정면을 바라보며 턱은 가볍게 당기고 미소를 짓는다. (남녀 공통 사항)
> • 양손은 가볍게 주먹을 쥐고 무릎 위에 올려놓는다.
> • 앉고 일어날 때에는 자세가 흐트러지지 않도록 주의한다. (남녀 공통 사항)

  • 여성

> • 스커트를 입었을 경우 왼손으로 뒤쪽 스커트 자락을 누르고 오른손으로 앞쪽 자락을 누르며 의자에 앉는다.
> • 무릎은 붙이고 발끝을 가지런히 하며, 다리를 왼쪽으로 비스듬히 기울이면 여성스러워 보이는 효과가 있다.
> • 양손을 모아 무릎 위에 모아 놓으며 스커트를 입었을 경우 스커트 위를 가볍게 누르듯이 올려놓는다.

(2) 면접 예절

① 행동 관련 예절

  ㉠ 지각은 절대금물 : 시간을 지키는 것은 예절의 기본이다. 지각을 할 경우 면접에 응시할 수 없거나, 면접 기회가 주어지더라도 불이익을 받을 가능성이 높아진다. 따라서 면접 장소가 결정되면 교통편과 소요시간을 확인하고 가능하다면 사전에 미리 방문해 보는 것도 좋다. 면접 당일에는 서둘러 출발하여 면접 시간 20~30분 전에 도착하여 회사를 둘러보고 환경에 익숙해지는 것도 성공적인 면접을 위한 요령이 될 수 있다.

  ㉡ 면접 대기 시간 : 지원자들은 대부분 면접장에서의 행동과 답변 등으로만 평가를 받는다고 생각하지만 그렇지 않다. 면접관이 아닌 면접진행자 역시 대부분 인사실무자이며 면접관이 면접 후 지원자에 대한 평가에 있어 확신을 위해 면접진행자의 의견을 구한다면 면접진행자의 의견이 당락에 영향을 줄 수 있다. 따라서 면접 대기 시간에도 행동과 말을 조심해야 하며, 면접을 마치고 돌아가는 순간까지도 긴장을 늦춰서는 안 된다. 면접 중 압박적인 질문에 답변을 잘 했지만, 면접장을 나와 흐트러진 모습을 보이거나 욕설을 한다면 면접 탈락의 요인이 될 수 있으므로 주의해야 한다.

ⓒ **입실 후 태도** : 본인의 차례가 되어 호명되면 또렷하게 대답하고 들어간다. 만약 면접장 문이 닫혀 있다면 상대에게 소리가 들릴 수 있을 정도로 노크를 두세 번 한 후 대답을 듣고 나서 들어가야 한다. 문을 여닫을 때에는 소리가 나지 않게 조용히 하며 공손한 자세로 인사한 후 성명과 수험번호를 말하고 면접관의 지시에 따라 자리에 앉는다. 이 경우 착석하라는 말이 없는데 먼저 의자에 앉으면 무례한 사람으로 보일 수 있으므로 주의한다. 의자에 앉을 때에는 끝에 앉지 말고 무릎 위에 양손을 가지런히 얹는 것이 예절이라고 할 수 있다.

ⓔ **옷매무새를 자주 고치지 마라.** : 일부 지원자의 경우 옷매무새 또는 헤어스타일을 자주 고치거나 확인하기도 하는데 이러한 모습은 과도하게 긴장한 것 같아 보이거나 면접에 집중하지 못하는 것으로 보일 수 있다. 남성 지원자의 경우 넥타이를 자꾸 고쳐 맨다거나 정장 상의 끝을 너무 자주 만지작거리지 않는다. 여성 지원자는 머리를 계속 쓸어 올리지 않고, 특히 짧은 치마를 입고서 신경이 쓰여 치마를 끌어 내리는 행동은 좋지 않다.

ⓜ **다리를 떨거나 산만한 시선은 면접 탈락의 지름길** : 자신도 모르게 다리를 떨거나 손가락을 만지는 등의 행동을 하는 지원자가 있는데, 이는 면접관의 주의를 끌 뿐만 아니라 불안하고 산만한 사람이라는 느낌을 주게 된다. 따라서 가능한 한 바른 자세로 앉아 있는 것이 좋다. 또한 면접관과 시선을 맞추지 못하고 여기저기 둘러보는 듯한 산만한 시선은 지원자가 거짓말을 하고 있다고 여겨지거나 신뢰할 수 없는 사람이라고 생각될 수 있다.

② **답변 관련 예절**

ⓝ **면접관이나 다른 지원자와 가치 논쟁을 하지 않는다.** : 질문을 받고 답변하는 과정에서 면접관 또는 다른 지원자의 의견과 다른 의견이 있을 수 있다. 특히 평소 지원자가 관심이 많은 문제이거나 잘 알고 있는 문제인 경우 자신과 다른 의견에 대해 이의가 있을 수 있다. 하지만 주의할 것은 면접에서 면접관이나 다른 지원자와 가치 논쟁을 할 필요는 없다는 것이며 오히려 불이익을 당할 수도 있다. 정답이 정해져 있지 않은 경우에는 가치관이나 성장배경에 따라 문제를 받아들이는 태도에서 답변까지 충분히 차이가 있을 수 있으므로 굳이 면접관이나 다른 지원자의 가치관을 지적하고 고치려 드는 것은 좋지 않다.

ⓛ **답변은 항상 정직해야 한다.** : 면접이라는 것이 아무리 지원자의 장점을 부각시키고 단점을 축소시키는 것이라고 해도 절대로 거짓말을 해서는 안 된다. 거짓말을 하게 되면 지원자는 불안하거나 꺼림칙한 마음이 들게 되어 면접에 집중을 하지 못하게 되고 수많은 지원자를 상대하는 면접관은 그것을 놓치지 않는다. 거짓말은 그 지원자에 대한 신뢰성을 떨어뜨리며 이로 인해 다른 스펙이 아무리 훌륭하다고 해도 채용에서 탈락하게 될 수 있음을 명심하도록 한다.

ⓒ **경력직의 경우 전 직장에 대해 험담하지 않는다.** : 지원자가 전 직장에서 무슨 업무를 담당했고 어떤 성과를 올렸는지는 면접관이 관심을 둘 사항일 수 있지만, 이전 직장의 기업문화나 상사들이 어땠는지는 그다지 궁금해 하는 사항이 아니다. 전 직장에 대해 험담을 늘어놓는다든가, 동료와 상사에 대한 악담을 하게 된다면 오히려 지원자에 대한 부정적인 이미지만 심어줄 수 있다. 만약 전 직장에 대한 말을 해야 할 경우가 생긴다면 가능한 한 객관적으로 이야기하는 것이 좋다.

ⓔ **자기 자신이나 배경에 대해 자랑하지 않는다.** : 자신의 성취나 부모 형제 등 집안사람들이 사회·경제적으로 어떠한 위치에 있는지에 대한 자랑은 면접관으로 하여금 지원자에 대해 오만한 사람이거나 배경에 의존하려는 나약한 사람이라는 이미지를 갖게 할 수 있다. 따라서 자기 자신이나 배경에 대해 자랑하지 않도록 하고, 자신이 한 일에 대해서 너무 자세하게 얘기하지 않도록 주의해야 한다.

3 면접 질문 및 답변 포인트

(1) 가족 및 대인관계에 관한 질문

① **당신의 가정은 어떤 가정입니까?**
면접관들은 지원자의 가정환경과 성장과정을 통해 지원자의 성향을 알고 싶어 이와 같은 질문을 한다. 비록 가정 일과 사회의 일이 완전히 일치하는 것은 아니지만 '가화만사성'이라는 말이 있듯이 가정이 화목해야 사회에서도 화목하게 지낼 수 있기 때문이다. 그러므로 답변 시에는 가족사항을 정확하게 설명하고 집안의 분위기와 특징에 대해 이야기하는 것이 좋다.

② 아버지의 직업은 무엇입니까?

아주 기본적인 질문이지만 지원자는 아버지의 직업과 내가 무슨 관련성이 있을까 생각하기 쉬워 포괄적인 답변을 하는 경우가 많다. 그러나 이는 바람직하지 않은 것으로 단답형으로 답변하면 세부적인 직종 및 근무연한 등을 물을 수 있으므로 모든 걸 한 번에 대답하는 것이 좋다.

③ 친구 관계에 대해 말해 보십시오.

지원자의 인간성을 판단하는 질문으로 교우관계를 통해 답변자의 성격과 대인관계능력을 파악할 수 있다. 새로운 환경에 적응을 잘하여 새로운 친구들이 많은 것도 좋지만, 깊고 오래 지속되어온 인간관계를 말하는 것이 더욱 바람직하다.

(2) 성격 및 가치관에 관한 질문

① 당신의 PR포인트를 말해 주십시오.

PR포인트를 말할 때에는 지나치게 겸손한 태도는 좋지 않으며 적극적으로 자기를 주장하는 것이 좋다. 앞으로 입사 후 하게 될 업무와 관련된 자기의 특성을 구체적인 일화를 더하여 이야기하도록 한다.

② 당신의 장ㆍ단점을 말해 보십시오.

지원자의 구체적인 장ㆍ단점을 알고자 하기보다는 지원자가 자기 자신에 대해 얼마나 알고 있으며 어느 정도의 객관적인 분석을 하고 있나, 그리고 개선의 노력 등을 시도하는지를 파악하고자 하는 것이다. 따라서 장점을 말할 때는 업무와 관련된 장점을 뒷받침할 수 있는 근거와 함께 제시하며, 단점을 이야기할 때에는 극복을 위한 노력을 반드시 포함해야 한다.

③ 가장 존경하는 사람은 누구입니까?

존경하는 사람을 말하기 위해서는 우선 그 인물에 대해 알아야 한다. 잘 모르는 인물에 대해 존경한다고 말하는 것은 면접관에게 바로 지적당할 수 있으므로, 추상적이라도 좋으니 평소에 존경스럽다고 생각했던 사람에 대해 그 사람의 어떤 점이 좋고 존경스러운지 대답하도록 한다. 또한 자신에게 어떤 영향을 미쳤는지도 언급하면 좋다.

(3) 학교생활에 관한 질문

① 지금까지의 학교생활 중 가장 기억에 남는 일은 무엇입니까?

가급적 직장생활에 도움이 되는 경험을 이야기하는 것이 좋다. 또한 경험만을 간단하게 말하지 말고 그 경험을 통해서 얻을 수 있었던 교훈 등을 예시와 함께 이야기하는 것이 좋으나 너무 상투적인 답변이 되지 않도록 주의해야 한다.

② 성적은 좋은 편이었습니까?

면접관은 이미 서류심사를 통해 지원자의 성적을 알고 있다. 그럼에도 불구하고 이 질문을 하는 것은 지원자가 성적에 대해서 어떻게 인식하느냐를 알고자 하는 것이다. 성적이 나빴던 이유에 대해서 변명하려 하지 말고 담백하게 받아들이고 그것에 대한 개선노력을 했음을 밝히는 것이 적절하다.

③ 학창시절에 시위나 집회 등에 참여한 경험이 있습니까?

기업에서는 노사분규를 기업의 사활이 걸린 중대한 문제로 인식하고 거시적인 차원에서 접근한다. 이러한 기업문화를 제대로 인식하지 못하여 학창시절의 시위나 집회 참여 경험을 자랑스럽게 답변할 경우 감점요인이 되거나 심지어는 탈락할 수 있다는 사실에 주의한다. 시위나 집회에 참가한 경험을 말할 때에는 타당성과 정도에 유의하여 답변해야 한다.

(4) 지원동기 및 직업의식에 관한 질문

① 왜 우리 회사를 지원했습니까?

이 질문은 어느 회사나 가장 먼저 물어보고 싶은 것으로 지원자들은 기업의 이념, 대표의 경영능력, 재무구조, 복리후생 등 외적인 부분을 설명하는 경우가 많다. 이러한 답변도 적절하지만 지원 회사의 주력 상품에 관한 소비자의 인지도, 경쟁사 제품과의 시장점유율을 비교하면서 입사동기를 설명한다면 상당히 주목받을 수 있을 것이다.

② 만약 이번 채용에 불합격하면 어떻게 하겠습니까?

불합격할 것을 가정하고 회사에 응시하는 지원자는 거의 없을 것이다. 이는 지원자를 궁지로 몰아넣고 어떻게 대응하는지를 살펴보며 입사 의지를 알아보려고 하는 것이다. 이 질문은 너무 깊이 들어가지 말고 침착하게 답변하는 것이 좋다.

③ 당신이 생각하는 바람직한 사원상은 무엇입니까?

직장인으로서 또는 조직의 일원으로서의 자세를 묻는 질문으로 지원하는 회사에서 어떤 인재상을 요구하는가를 알아두는 것이 좋으며, 평소에 자신의 생각을 미리 정리해두어 당황하지 않도록 한다.

④ 직무상의 적성과 보수의 많음 중 어느 것을 택하겠습니까?

이런 질문에서 회사 측에서 원하는 답변은 당연히 직무상의 적성에 비중을 둔다는 것이다. 그러나 적성만을 너무 강조하다 보면 오히려 솔직하지 못하다는 인상을 줄 수 있으므로 어느 한 쪽을 너무 강조하거나 경시하는 태도는 바람직하지 못하다.

⑤ 상사와 의견이 다를 때 어떻게 하겠습니까?

과거와 다르게 최근에는 상사의 명령에 무조건 따르겠다는 수동적인 자세는 바람직하지 않다. 회사에서는 때에 따라 자신이 판단하고 행동할 수 있는 직원을 원하기 때문이다. 그러나 지나치게 자신의 의견만을 고집한다면 이는 팀원 간의 불화를 야기할 수 있으며 팀 체제에 악영향을 미칠 수 있으므로 선호하지 않는다는 것에 유념하여 답해야 한다.

⑥ 근무지가 지방인데 근무가 가능합니까?

근무지가 지방 중에서도 특정 지역은 되고 다른 지역은 안 된다는 답변은 바람직하지 않다. 직장에서는 순환 근무라는 것이 있으므로 처음에 지방에서 근무를 시작했다고 해서 계속 지방에만 있는 것은 아님을 유의하고 답변하도록 한다.

(5) 여가 활용에 관한 질문

① 취미가 무엇입니까?

기초적인 질문이지만 특별한 취미가 없는 지원자의 경우 대답이 애매할 수 밖에 없다. 그래서 가장 많이 대답하게 되는 것이 독서, 영화감상, 혹은 음악감상 등과 같은 흔한 취미를 말하게 되는데 이런 취미는 면접관의 주의를 끌기 어려우며 설사 정말 위와 같은 취미를 가지고 있다하더라도 제대로 답변하기는 힘든 것이 사실이다. 가능하면 독특한 취미를 말하는 것이 좋으며 이제 막 시작한 것이라도 열의를 가지고 있음을 설명할 수 있으면 그것을 취미로 답변하는 것도 좋다.

② 술자리를 좋아합니까?

이 질문은 정말로 술자리를 좋아하는 정도를 묻는 것이 아니다. 우리나라에서는 대부분 술자리가 친교의 자리로 인식되기 때문에 그것에 얼마나 적극적으로 참여할 수 있는가를 우회적으로 묻는 것이다. 술자리를 싫어한다고 대답하게 되면 원만한 대인관계에 문제가 있을 수 있다고 평가될 수 있으므로 술을 잘 마시지 못하더라도 술자리의 분위기는 즐긴다고 답변하는 것이 좋으며 주량에 대해서는 정확하게 말하는 것이 좋다.

(6) 여성 지원자들을 겨냥한 질문

① 결혼은 언제 할 생각입니까?

지원자가 결혼예정자일 경우 기업은 채용을 꺼리게 되는 경향이 있다. 업무를 어느 정도 인식하고 수행할 정도가 되면 퇴사하는 일이 흔하기 때문이다. 가능하면 향후 몇 년간은 결혼 계획이 없다고 답변하는 것이 현실적인 대처 요령이며, 덧붙여 결혼 후에도 일하고자 하는 의지를 강하게 내보인다면 더욱 도움이 된다.

② 만약 결혼 후 남편이나 시댁에서 직장생활을 그만두라고 강요한다면 어떻게 하겠습니까?

결혼적령기의 여성 지원자들에게 빈번하게 묻는 질문으로 의견 대립이 생겼을 때 상대방을 설득하고 타협하는 능력을 알아보고자 하는 것이다. 따라서 남편이나 시댁과 충분한 대화를 통해 설득하고 계속 근무하겠다는 의지를 밝히는 것이 좋다.

③ 여성의 취업을 어떻게 생각합니까?

여성 지원자들의 일에 대한 열의와 포부를 알고자 하는 질문이다. 많은 기업들이 여성들의 섬세하고 꼼꼼한 업무능력과 감각을 높이 평가하고 있으며, 사회 전반적인 분위기 역시 맞벌이를 이해하고 있으므로 자신의 의지를 당당하고 자신감 있게 밝히는 것이 좋다.

④ 커피나 복사 같은 잔심부름이 주어진다면 어떻게 하겠습니까?

여성 지원자들에게 가장 난감하고 자존심상하는 질문일 수 있다. 이 질문은 여성 지원자에게 잔심부름을 시키겠다는 요구가 아니라 직장생활 중에서의 협동심이나 봉사정신, 직업관을 알아보고자 하는 것이다. 또한 이 과정에서 압박기법을 사용해 비꼬는 투로 말하는 수 있는데 이는 자존심이 상하거나 불쾌해질 때의 행동을 알아보려는 것이다. 이럴 경우 흥분하여 과격하게 답변하면 탈락하게 되며, 무조건 열심히 하겠다는 대답도 신뢰성이 없는 답변이다. 직장생활을 위해 필요한 일이면 할 수 있다는 정도의 긍정적인 답변을 하되, 한 사람의 사원으로서 당당함을 유지하는 것이 좋다.

(7) 지원자를 당황하게 하는 질문

① **성적이 좋지 않은데 이 정도의 성적으로 우리 회사에 입사할 수 있다고 생각합니까?**

비록 자신의 성적이 좋지 않더라도 이미 서류심사에 통과하여 면접에 참여하였다면 기업에서는 지원자의 성적보다 성적 이외의 요소, 즉 성격·열정 등을 높이 평가했다는 것이라고 할 수 있다. 그러나 이런 질문을 받게 되면 지원자는 당황할 수 있으나 주눅 들지 말고 침착하게 대처하는 면모를 보인다면 더 좋은 인상을 남길 수 있다.

② **우리 회사 회장님 함자를 알고 있습니까?**

회장이나 사장의 이름을 조사하는 것은 면접일을 통고받았을 때 이미 사전 조사되었어야 하는 사항이다. 단답형으로 이름만 말하기보다는 그 기업에 입사를 희망하는 지원자의 입장에서 답변하는 것이 좋다.

③ **당신은 이 회사에 적합하지 않은 것 같군요.**

이 질문은 지원자의 입장에서 상당히 곤혹스러울 수밖에 없다. 질문을 듣는 순간 그렇다면 면접은 왜 참가시킨 것인가 하는 생각이 들 수도 있다. 하지만 당황하거나 흥분하지 말고 침착하게 자신의 어떤 면이 회사에 적당하지 않는지 겸손하게 물어보고 지적당한 부분에 대해서 고치겠다는 의지를 보인다면 오히려 자신의 능력을 어필할 수 있는 기회로 사용할 수도 있다.

④ **다시 공부할 계획이 있습니까?**

이 질문은 지원자가 합격하여 직장을 다니다가 공부를 더 하기 위해 회사를 그만 두거나 학습에 더 관심을 두어 일에 대한 능률이 저하될 것을 우려하여 묻는 것이다. 이때에는 당연히 학습보다는 일을 강조해야 하며, 업무 수행에 필요한 학습이라면 업무에 지장이 없는 범위에서 야간학교를 다니거나 회사에서 제공하는 연수 프로그램 등을 활용하겠다고 답변하는 것이 적당하다.

⑤ **지원한 분야가 전공한 분야와 다른데 여기 일을 할 수 있겠습니까?**

수험생의 입장에서 본다면 지원한 분야와 전공이 다르지만 서류전형과 필기전형에 합격하여 면접을 보게 된 경우라고 할 수 있다. 이는 결국 해당 회사의 채용 방침상 전공에 크게 영향을 받지 않는다는 것이므로 무엇보다 자신이 전공하지는 않았지만 어떤 업무도 적극적으로 임할 수 있다는 자신감과 능동적인 자세를 보여주도록 노력하는 것이 좋다.

02 면접기출

■ 건강보험 심사평가원에서 자주묻는 면접질문

(1) 일반면접(인성, 기본)

- 자기소개를 해 보라.
- 당사 지원 동기는?
- 마지막으로 하고 싶은 말은?
- 당사에 대해 아는 대로 말해 보라.
- 자신의 취미를 소개해 보라.
- 입사 후 포부를 말해 보라.
- 자신의 장점(강점)을 말해 보라.
- 자신을 채용해야 하는 이유는?
- 주량은 어느 정도인가?
- 자신의 특기를 설명해 보라.
- 자신의 장단점을 말해 보라.
- 자신의 전공을 소개해 보라.
- 가족소개를 해 보라.
- 자신만의 경쟁력을 말해 보라.
- 봉사활동 경험을 말해 보라.
- 존경하는 인물은?

- 전공이 회사 및 지원 분야에 어떻게 도움이 되는지 말해 보라.

- 상사와 갈등이 계속 생긴다면?

- 자신의 생활신조 또는 좌우명은?

- 최근 관심있게 본 신문, 뉴스 기사는?

- 자신의 논문 또는 졸업 작품에 대해 말해 보라.

- 당사 홈페이지를 보고 느낀 점은?

- 식사했는가? 어떤 메뉴였는가?

- 면접 보러 와서 회사에 대해 느낀 점은?

- 직장인으로서 갖추어야 할 덕목은?

- 우리 회사에 몇 시에 도착했나?

- 자신의 멘토는 누구인가?

- 회사의 방침과 자신의 생각이 다를 경우 어떻게 하겠는가?

- 심평원이 원주로 이전한 것에 대해 어떻게 생각하는가?

- 의식주 중 어떤 것에 가장 많은 돈을 투자하는가? 그 이유는?

- 입사 후 5년 뒤엔 무엇을 하고 있을 것 같은가?

- 공직자로서 가져야 할 가치관 및 태도는?

(2) 일반면접(직무 질문)

- 입사하면 어떤 일을 하고 싶은가?

- 전공이 직무와 안 맞는데 지원한 이유는?

- 희망하지 않는 분야에 배치된다면?

- 자신의 직무경험을 말해 보라.

- 전공이 지원 분야에 어떻게 도움이 되겠는가?

- 지원 분야를 위해 어떤 준비를 했는가?

- 심평원 관련 기사를 접한 것이 있다면?

(3) 일반면접(업종 질문)

• 최근 당사 또는 당사 업종의 이슈는 무엇인가?

• 공기업인 및 공무원이 갖추어야 할 덕목은?

(4) 토론면접(업직종 공통)

• 원격진료에 대한 찬반토론

• AIIB에 대한 논의 및 대응방안에 대한 토론

• 사드 배치에 대한 견해 토론

• 조직변화에 따른 거부감의 최소화 방안

MEMO

MEMO

서원각이 취업을 찢었다!

봉투모의고사 **찐!5회** 횟수로 플렉스해 버렸지 뭐야 ~

국민건강보험공단 봉투모의고사(행정직/기술직)

국민건강보험공단 봉투모의고사(요양직)

합격을 위한 준비
서원각 온라인강의

요점만 담은
알짜이론

믿고보는
교수진

www.sojungedu.co.kr

공 무 원	자 격 증	취 업	부사관/장교
9급공무원	건강운동관리사	NCS코레일	육군부사관
9급기술직	관광통역안내사	공사공단 전기일반	육해공군 국사(근현대사)
사회복지직	사회복지사 1급		공군장교 필기시험
운전직	사회조사분석사		
계리직	임상심리사 2급		
	텔레마케팅관리사		
	소방설비기사		